W0072045

ALFRINK · RENN- UND SPORTRÄDER

Bert Alfrink

RENN- UND SPORTRÄDER

Technik · Wartung · Reparatur

Motorbuch Verlag Stuttgart

Einbandgestaltung: Siegfried Horn, unter Verwendung eines Dias der Gazelle-Reifenfabrik BV.

Copyright © 1980 by Kluwer Technische Boeken B.V., Deventer/Niederlande.
Die Originalausgabe ist dort erschienen unter dem Titel ›Race- en toerfietsen‹.

Die Übersetzung ins Deutsche besorgte:

Erwin Peters

ISBN 3-613-01139-5

3. Auflage 1987

Copyright © by Motorbuch Verlag, Postfach 1370, 7000 Stuttgart 1.
Eine Abteilung des Buch- und Verlagshauses Paul Pietsch GmbH & Co. KG
Sämtliche Rechte der Verbreitung in deutscher Sprache sind vorbehalten.
Satz und Druck: Druckhaus Schwaben GmbH, 7100 Heilbronn.
Bindung: Großbuchbinderei Ernst Riethmüller, 7000 Stuttgart.
Printed in Germany.

Inhalt

Zum Geleit

Joop Zoetemelk – international bekanntes holländisches Radrenn-As – schreibt zum Geleit:

„Ich bin davon überzeugt, daß der Erfolg des Radrennfahrers und das Vergnügen, das der Benutzer eines Sportrades erlebt, weitgehend von der Qualität der Räder abhängt, auf denen sie fahren; noch wichtiger aber ist es, daß die modernen Fahrräder auch richtig angewendet und gut gepflegt werden.
Deshalb empfehle ich allen Freunden des Radsportes dieses Buch, das sich ausführlich mit allen Aspekten des Renn- und des Sportrades beschäftigt. Bert Alfrink, der bekannte Veteran des Radrennsportes, ist ein kompetenter Kenner der Materie."

Vorwort

Nach drei Auflagen innerhalb von zwei Jahren bedurfte das Buch Renn- und Sporträder einer Überarbeitung. Nicht alleine wegen der ständig fortschreitenden Entwicklung und Verfeinerung der Rennräder, sondern auch aufgrund zahlreicher Hinweise und Anregungen, für die ich hiermit meinen Dank bekunden möchte.

Ich hoffe und – in aller Bescheidenheit – erwarte, daß dieses Buch auch wiederum vielen Renn- und Supersportrad-Fahrern die erforderliche Information vermitteln wird, damit sie ihr Fahrvergnügen noch intensiver erleben können.

Selbstverständlich bin ich allen künftigen Anregungen und Hinweisen gegenüber weiterhin aufgeschlossen.

Bert Alfrink

Unsere erste und sehr angenehme Bekanntschaft mit den Renn- und Supersporträdern. Zwei Modelle, auf denen man in seiner Freizeit unbesorgt rennen oder trimmen kann.

Kapitel 1

Ein Fahrrad anschaffen – aber welches?

Nach den jüngsten Schätzungen gibt es in der Bundesrepublik zur Zeit etwa 30 Millionen Fahrräder. Im Vergleich zur Zahl der Einwohner ist das eine ganz beachtliche Menge, auch wenn die Zahl der Fahrräder sich über alle Arten, vom Kinder- und Klapprad bis hin zum Rennrad von Didi Thurau erstreckt. Andere Statistiken weisen nach, daß die Gesamtzahl der Fahrräder ungefähr zur Hälfte aus Renn- und Rennsporträdern besteht.

Und mit den Renn- und Sporträdern wollen wir uns in diesem Buch näher befassen. Würden wir uns nämlich in der Behandlung der Fahrräder nicht von vornherein auf diese Arten beschränken, dann könnte leicht ein Wälzer in der Form einer Fahrradenzyklopädie entstehen, für den Fachmann, der beruflich mit Rädern und Radsport zu tun hat, sicher interessant, aber für die meisten doch unlesbar. Wir beschränken uns also auf die Renn- und Sporträder.

Auch die Wahl eines bestimmten Modells und Fabrikats wollen wir dem künftigen Käufer ganz allein überlassen. Es soll lediglich versucht werden, allgemeine Empfehlungen zu geben, bei denen die individuellen Wünsche des Käufers berücksichtigt werden. Ein Fahrrad bleibt eben ein Fahrrad, gleich welche äußere Erscheinungsform es hat, solange es uns auf zwei Rädern mittels der Energie menschlicher Körperkraft ans Ziel bringt. Aber entscheidend ist es schon, welche innere Einstellung man seinem Zweirad gegenüber hat.

Infolge der großen Anzahl von Fahrradmodellen und -arten war es schwierig, bestimmte Fahrräder genau zu typisieren. Um mit diesem Wirrwarr aufzuräumen, hat die „Stichting Fiets" eine Liste erstellt, in der jedem Fahrrad seinen Platz zugewiesen wurde. So kam es endlich zu einer sehr sinnvollen Standardisierung, die Begriffsverwechslungen ausschließen soll. Wir werden uns im weiteren Verlauf nach dieser Liste richten.

Welche Fahrradmodelle gibt es nun? Die Liste ist recht lang:

A: **Stadtrad:** das frühere klassische Sportrad, schwarz und mit Rücktrittbremse.

B: **Modernes Stadtrad:** wie zuvor, jedoch mit Felgenbremsen, ansprechender Farbe und etwas sportlicher.

C: **Supersportrad:** schon ein leichtes Rad mit mehreren Gängen und Umwerfer, kleinen Schutzblechen und Drahtreifen.

D: **Semi-Rennrad:** abgeleitet vom echten Rennrad, aber eher für große Tourenrennen geeignet.

E: **Rennrad:** superleicht und superschnell, das Rennrad für Amateur oder Profi.

Auch dies ist ein ideales Trimmrad. Der einfache Lenker dient der Bequemlichkeit, denn die vorgebeugte Rennhaltung ist nun einmal nicht jedermanns Sache. Sowohl als Damen- als auch als Herrenfahrrad verwendbar, mit dem die Trimmer beiderlei Geschlechts gut zurechtkommen werden. Drahtreifen zur Sicherheit, nicht das allerschnellste Modell, aber man kann noch einiges an Gepäck aufladen. Die Gangschaltung sorgt dafür, daß man auch bei Gegenwind oder an einer kleinen Steigung nicht gleich die Lust verliert.

F: **Schüler-Rennrad:** ein kleines Modell für den Anfang.

G: **Tandem:** Radfahren zu zweit. Es gibt sie in Semi-Renn- und Super-Sportausführung.

H: **Hollandrad:** das ursolide Fahrrad aus längst vergangenen Zeiten, das plötzlich wieder Freunde gefunden hat. Schwarz, schwer und solide.

J: **Familienfahrrad:** ein niedriges Allroundrad für Einkaufsfahrten u. ä.

K: **Klapprad:** leicht im Kofferraum des Autos unterzubringen. Für kleine Besorgungen oder fürs Camping.

L: **Cross-Fahrrad:** die neue Leidenschaft geschwindigkeitsbesessener Jugendlicher, die für das Moped noch zu jung sind.

Rennsportrad für den Langstreckenfahrer. Schon fast eine Rennmaschine. Auch Gepäck kann man mitnehmen, denn die Drahtreifen lassen das zu. Schutzbleche für den Komfort und zehn Gänge zur Bequemlichkeit.
Rechts: Das sind schon Rennräder. Ideale Maschinen für Langstreckenfahrer. Das Rahmenmaterial ist leichter als das der vorhergezeigten Fahrräder, so daß man mit weniger Kraftaufwand fahren kann. Und das ist wichtig, wenn man Strecken fährt, die 100 Kilometer überschreiten. Die schmalen Drahtreifen ähneln den Schlauchreifen. Gepäck läßt sich hier nicht mehr mitnehmen, aber das ist auf den sportlichen Langstreckenfahrten auch nicht nötig. Ein Beutel mit Butterbroten auf der Schulter und eine Regenjacke reichen aus. Diese Modelle wiegen ca. 12 kg.

Bei der Wahl des Fahrrades muß die Art, in der wir das Rad benutzen wollen, den Ausschlag geben; mit anderen Worten, das Rad muß sich für unser spezielles Vorhaben eignen. Die Kategorie a) können wir deshalb gleich aus unserer Betrachtung ausklammern, denn Leute, die nur notgedrungen radfahren, werden darüber kaum noch in einem Buch etwas lesen wollen. Wir wollen uns also den Rädern der Kategorie b) und c) zuwenden. Dabei sei aber am Rande vermerkt, daß man natürlich auch mit dem superschnellen leichten Rennrad mal 20 km weit zum Einkaufen fahren kann, ebenso

wie man mit einem Sportrad mit Hochdruck-Drahtreifen und ohne Schutzbleche einmal an einem Straßenrennen teilnehmen kann. Die Wahl des Fahrrades bestimmt und begrenzt zugleich die Möglichkeiten, die sein Besitzer mit ihm hat.

Und welche sportlichen Möglichkeiten gibt es mit dem Fahrrad?

Da wären zunächst einmal die *Radrennfahrer:* die blitzschnellen Fahrer, von denen der erste, der ins Ziel kommt, die Blumen kriegt. Sie brauchen für ihren Rennsport das beste Material – Räder, die möglichst wenig wiegen, die zugleich stabil und mit den feinsten Zubehörteilen ausgestattet sind.

Ein Super-Rennrad für den anspruchsvollen Rennfahrer. Der Rahmen wurde aus besonders leichten Rohren gefertigt, zudem wurde das beste Zubehör verwendet. Ein handgearbeitetes Stück verfeinerter Technik, mit dem man sich an jedem Wettkampf beteiligen kann. Auch der Leistungsfahrer wird auf seinen langen Fahrten an so einem Fahrrad seine Freude haben. Das Modell wiegt nur 8,8 kg, und dieses Gewicht wird vielen Rennfahrern wie Langstreckenfahrern zusagen. Je weniger Gewicht, desto weniger Energie braucht man, um das Rad zu bewegen.

Ihnen bietet die Fahrradindustrie schon einiges, zumal jetzt, nachdem das Leichtmetall seinen Siegeszug angetreten hat. Das Beste vom Besten ist den Radrennfahrern gerade gut genug, und Industrie wie Handel haben sich darauf eingestellt.

Übrigens versteht man es heutzutage, die Gesetze der Aerodynamik zu nutzen. Nach der weit fortgeschrittenen Gewichtsreduzierung machen die Hersteller nunmehr weiter, indem sie den Luftwiderstand mittels aerodynamischer Formen auf ein Minimum zurückdrängen.

Und dann kommen die *Langstreckenfahrer:* die fahren zwar nicht so schnell, kommen aber dafür auch eine ganz beachtliche Strecke weit.
Diesen echten Leistungsfahrern ist eine Fahrt von 300 km nicht zu lang. Auch für sie ist es dabei wichtig, auf einem möglichst leichten Rad zu fahren, aber sie können hinsichtlich des Gewichts schon ein paar Konzessionen machen, indem sie ein bescheidenes Schutzblech anbringen und sehr schmale Hochdruckreifen montieren.
Die *Tourenfahrer:* sie nehmen in der Gruppe der Radrennfahrer eine Vorrangstellung ein.

Noch ein Super-Rennrad. Hier geht die Gewichtseinsparung noch weiter: dieses Rad wiegt nur 7,8 kg. Der Rahmen besteht nämlich aus Rohren von Vitus Duralinox, einer Alu-Legierung besonderer Festigkeit, die dennoch superleicht ist. Später werden die leichten und superleichten Materialien noch mehrfach zur Sprache kommen.

Ein Rassepferdchen. Dieses Modell wiegt nur 5,3 kg, und es handelt sich hier um einen Spezialentwurf für bestimmte Wettbewerbe. Bei der Konstruktion legte man die Gesetze der Aerodynamik zugrunde. Der scharfe Beobachter wird sehen, daß dieses Fahrrad keine Sattelstütze hat, denn das Sattelstützrohr ist bis an den Sattel hochgezogen. Ein Fahrrad, ganz auf einen bestimmten Fahrer abgestellt.

Auch sie geben heute dem Rennsportrad den Vorzug, aber mit geringfügigen Zusätzen. Dazu gehören leichte Schutzbleche und ein kleiner Gepäckträger für das Unentbehrliche. Natürlich darf die Mehrgangschaltung hier nicht fehlen, denn die meisten Tourenfahrer haben oft gegen Hügel und Gegenwind und sogar gegen Berge anzukämpfen.

Die *Trimmfahrer:* sie fahren, und sei es nur wenige Stunden in jeder Woche, um in Kondition zu bleiben. Ein sportliches, bequemes Fahrrad, gleich, ob mit Sport- oder Rennlenker, sympathische Farben, drei, fünf oder zehn Gänge und die Freude ist vollkommen. Damit haben wir eine Reihe von Fahrradmodellen betrachtet. Für jeden Anspruch gibt es einen Typ, wenn auch unter zahlreichen unterschiedlichen Namen und in vielen Farben.

In den folgenden Kapiteln werden wir uns näher mit all den Einzelteilen beschäftigen, die zusammen erst das Fahrrad ausmachen.

Eine futuristische Ausführung eines Rennrades. Zukunftsbild oder nur ein gelungenes Experiment? Von der Konstruktion her aber wesentlich anders als die bisher gezeigten Fahrräder. In diesem experimentellen Modell wurden die Zug- und Druckkräfte genutzt, die auf ein Fahrrad einwirken. Es wiegt nur noch etwa 3 kg. Wieviel leichter geht's noch?

Kapitel 2

Der Fahrradrahmen

Der Rahmen stellt gewissermaßen das Rückgrat der komplizierten Maschine dar, die *Fahrrad* genannt wird. Und ebenso, wie ein kräftiges Rückgrat bei den lebenden Geschöpfen unerläßlich ist, damit ein stabiles Ganzes entsteht, braucht auch das Fahrrad einen zweckmäßigen und soliden Rahmen. Der Fahrradrahmen besteht aus Rohren, aus hohlen eisernen Stangen also. Und mit dem Material dieser Rohre wollen wir uns zunächst einmal etwas näher befassen, denn es dürfte ja wohl klar sein, daß diese Rohre keine x-beliebigen Röhren sind, und daß das Eisen kein alltägliches Gußeisen ist. Das erste, was uns bereits auffiel, ist also die Tatsache, daß der Rahmen nicht nur das größte Einzelteil des Fahrrades ist, sondern auch das schwerste.

Man könnte nun von dem Gedanken ausgehen, daß das wichtigste Teil des Fahrrades auch das gewichtigste sein müßte, aber das wäre weit gefehlt. Wir könnten ja ohne weiteres einen ganz stabilen Rahmen bauen, der unverformbar und unverwüstbar ist, aber . . . dann müßten wir dazu auch ganz massive Stangen verwenden. Damit würden wir das gesteckte Ziel jedoch nicht erreichen. Wir erwarten nämlich von unserem Fahrrad, vor allem vom Rennrad, daß es zwar möglichst stabil, aber zugleich auch

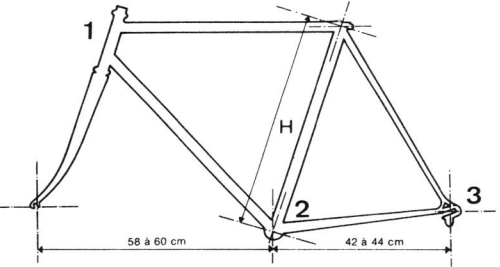

Der Rahmen: das Gestell, an dem alles hängt und von dem auch alles abhängt.
1 = **das Lenkungslager, das doppelte Lager, in dem sich die Vorderradgabel dreht,**
2 = **das Tretlager, auch ein doppeltes Lager, in dem sich die Tretwelle mit Tretkurbeln und dem Kettenblatt bewegt,**
3 = **die Ausfall-Enden der Hinterradgabel, in denen das Hinterrad befestigt wird.**
H = **die Höhe oder das Maß des Fahrradrahmens.**
Die Zahlen links und rechts des Tretlagers ergeben miteinander addiert die Rahmenlänge. Logisch ist es, daß die Länge sich bei einer steileren Vorderradgabel vermindert, das Fahrrad wird also kürzer. Befestigt man das Hinterrad weiter vorn, dann ändert sich die Zahl auf der rechten Seite. Je kürzer der Rahmen, desto wendiger ist das Fahrrad.

möglichst leicht sei. Deshalb mußten die Fahrradkonstrukteure sich Gedanken über das Gewicht des Rahmens machen, der dabei nichts hinsichtlich der drei Hauptforderungen einbüßen sollte: *leicht, stark* und *nicht zu steif,* und gerade diese drei Anforderungen haben den Technikern manche schlaflose Nacht bereitet.

Der Rahmen darf nicht zu leicht sein, denn dadurch könnte er zugleich schwach und federnd werden, aber ebensowenig sollte er übertrieben stark sein, denn auch das würde seine Brauchbarkeit beeinträchtigen. Auch ein steifer Rahmen macht Schwierigkeiten, denn durch diese Eigenschaft wird jede Unebenheit der Straße erkennbar und spürbar, und mit der Zeit wird das dem Radfahrer gewiß auf die Nerven gehen.

Aufgrund all dieser Bedingungen hat man also nach einem mehr oder weniger idealen Mittelweg suchen müssen.

Fast alle Rohre, aus denen man Rennrahmen macht, bestehen aus Eisen und die wenigen Ausnahmen aus Aluminium.

Aber dieses Eisen ist natürlich auch kein gewöhnliches, sondern eine ganz spezielle Eisenlegierung, nämlich Stahl; genau genommen ist es Röhrenstahl.

Für ein einfaches Rennsport- oder Sportrad verwendet man eine einfache Legierung, die nicht allzuviele kostspielige Bestandteile enthält. Auf diese Weise fertigt man ganz annehmbare Rohre, die für die gestellten Anforderungen, leicht, stark und nicht allzu steif, ohne weiteres ausreichen. Aber da die Standardrohre eine größere Wandstärke haben und das Material, aus dem sie gefertigt sind, relativ schwer ist, eignen sich diese einfachen Rohre nicht sonderlich gut für die modernen Rennräder, an die ja sehr hohe Ansprüche gestellt werden. Man hat lange gesucht, und dabei halfen die Erfahrungen der Flugzeugindustrie und der modernen Raumfahrt, welche neuen magischen Legierungen wohl alle die Qualitäten aufweisen, damit sie den hohen Anforderungen an einen brauchbaren Rennrahmen genügen.

An dieser Stelle sei noch das Folgende erwähnt: es gibt wohl hunderte unterschiedlicher Fahrradmarken, aber mit diesen Markennamen werden nur die *Hersteller* oder *Konstrukteure* der Fahrradrahmen bezeichnet. Sie wiederum fertigen ihre Fahrräder mit Hilfe des Materials, das sie von anderen Herstellern beziehen.

Das Rohrmaterial, aus dem der moderne

1   **2**   **3**   **4**

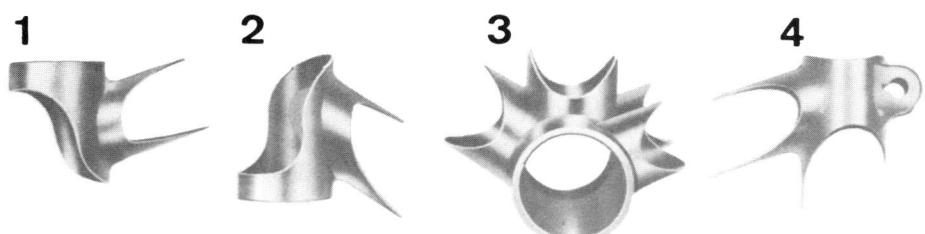

Die Rahmenmuffen.
Diese Muffen sind stählerne Rohrstücke, in die die Rahmenrohre geschoben und dann verlötet werden.
1 = die obere Lenkkopfmuffe;
2 = die untere Lenkkopfmuffe;
3 = die Tretlagermuffe;
4 = die Sattelmuffe.

Fahrradrahmen gebaut wird, wird nur von wenigen Herstellern produziert. Die bekanntesten Rohrproduzenten für Fahrradrahmen sind: in England TI-Reynolds, in Italien Columbus, in Japan Ishiwata und Tange, und in Frankreich Vitus/Duralinox, um einige der wesentlichen zu nennen. Die Produkte dieser Hersteller haben in Westeuropa einen sehr guten Namen, und sie haben sich seit langem bewährt. Jeder dieser Rohrhersteller aber liefert sein Material an Dutzende von Fahrradfabriken.

Ehe wir nun fortfahren, sollten noch ein paar Begriffe verdeutlicht werden.
Alle diese Rohre sind nahtlos gezogen. Das ist wohl leicht verständlich, denn man kann sich kaum vorstellen, daß ein gerolltes Rohr mit einer Schweißnaht ebenso stark sein könnte wie ein nahtloses Rohr, das gewis-

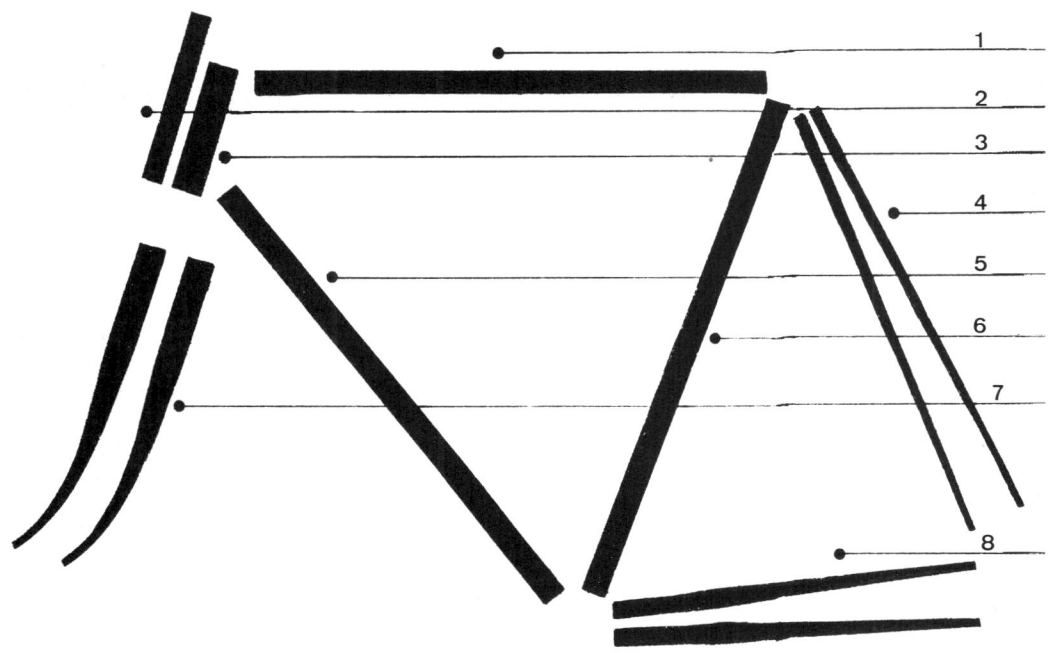

Die einzelnen Rohre, aus denen der Rahmen besteht:

1 = Oberrohr;	5 = Unterrohr;
2 = Gabelrohr;	6 = Sattelrohr;
3 = Lenkkopfrohr;	7 = Rohre der Vorderradgabel;
4 = Hinterstreben;	8 = Hinterrohre.

Die Rohrhersteller beliefern die Rahmenfabriken mit Rohren unterschiedlicher Maße und Längen. In der Rahmenfabrik werden die Rohre dann nach Bedarf zusammengestellt. So läßt sich für jedes Maß und für jeden Anspruch ein individueller Rahmen bauen.

sermaßen homogen ist. Die Rohre sind ferner kaltgezogen, weil die modernen Legierungen, auf die wir gleich noch näher eingehen werden, temperaturempfindlich sind. Durch zu hohe Temperatur könnte die Materialqualität beeinträchtigt werden. Wir haben es also mit nahtlosen, kaltgezogenen Rohren zu tun.

den Enden, die in die Muffen eingeschoben werden, eine bestimmte Mindestwandstärke haben, sonst wäre die Verbindung nicht stabil genug.
Man hat also die Wandstärke der endverstärkten Rohre an den Stellen, an denen es sinnvoll ist, schwächer gemacht. Nicht unmittelbar an den Muffen, sondern beginnend

Längsschnitt durch ein doppelt endverstärktes („konifiziertes") Rohr. Die schwarze Farbe zeigt die jeweilige Materialstärke. Bei 1 sehen wir das dicke Ende, das in die Muffe geschoben und verlötet wird. Da in den Muffen an den Verbindungsstellen zusätzliche Kräfte wirken, ist die Wandstärke des Rohres hier größer als bei 2.

Dabei beschäftigen wir uns jetzt schon mit den Qualitätsrohren, aus denen die Rahmen der Spitzenräder gefertigt werden, der teureren Räder also. Aber andererseits, welches wirklich gute Sport- oder Rennrad ist heutzutage noch billig? Das nur am Rande.
Die Rohre selbst haben auch noch etwas Charakteristisches.
Wir hatten bereits gesehen, daß das Material, die Stahl-Legierung, ein wenig leichter gemacht wurde, als es der normale Rohrstahl ist. Aber auch das leichteste Material wäre noch immer zu schwer, wenn man zuviel davon verwendet. Und deshalb erfand man die endverstärkten (konifizierten) Rohre.
Der Name sagt es schon: diese Rohre sind an den Enden etwas stärker als in der Mitte. Da sie mit Hilfe von Muffen (Verbindungsstücken) an den Enden zum Fahrradrahmen zusammengelötet werden, müssen sie an

in einiger Entfernung von der einen bis kurz vor der anderen Muffe. Dadurch konnte wieder ein kleines Quantum an Material eingespart werden, und, alles in allem, wurde das Fahrrad dadurch wieder ein wenig leichter. Um aber keine Mißverständnisse hervorzurufen: der Außendurchmesser der endverstärkten Rohre ist überall gleich, die Wandstärke des Rohres nimmt zwar zur Mitte hin ab, aber das ist nur im Rohrinnern erkennbar. Das war möglich, weil das Material sich als stark genug erwies. Das Prinzip der endverstärkten Rohre wurde bereits im Jahre 1897 von Reynolds praktiziert, aber heute findet es bei allen Qualitätsrahmen Verwendung.
Die modernen Rahmenrohre gibt es in zweierlei Legierungen. Entweder sind sie aus Mangan-Molybdän-Stahl oder aber aus Chrom-Molybdän-Stahl. Beide Legierungen sind sehr fest und sehr leicht.

1

2

3

4

5

6

7

8

9

10

11

12

Aufkleber renommierter Rohrhersteller:

1, 2 und 3 sind von den Rohren des englischen Industriegiganten TI/Reynolds, von dem wir unter 3 das leichteste Rohr sehen.

4 und 5 sind die Markenzeichen der italienischen Fabrik Columbus. 5 ist ein superleichtes Rohr, das eigentlich nur für Rekordversuche auf glatten Bahnen gedacht ist.

6 und 7 sind japanische Rohre, gefertigt von Tange. Diese werden im allgemeinen für die Koga Miyata Fahrräder verwendet. Auch hier wieder ein leichtes und ein superleichtes Rohr (6).

8 eine Neuigkeit: das Alu-Rohr von Vitus, von dem in Zukunft bestimmt noch oft die Rede sein wird.

Natürlich ist das keine vollständige Aufzählung, aber Sie sehen hier die am häufigsten vorkommenden Rohrmarken.

9 Ein noch leichteres Alu-Rohr von Vitus, das Super Vitus 980, das auch doppelt endverstärkt ist.

10 Noch ein Super-Vitus-Rohr, aber mit speziellem Arcor-Profil. Dies ist die ovale Form des Rohrdurchmessers, wie sie bei den aerodynamischen Fahrrädern zur Anwendung kommt.

11 Das neue japanische Mangan-Molybdän-Rohr.

12 Der spezielle Full-power-drive-Rahmen von Miyata. F.P.D.-Rahmen wurden speziell dazu konstruiert, möglichst großen Vorteil bei der Verwendung der Shimano-DD-Pedale zu haben. Da der Fuß bei diesen DD-Pedalen etwa 17 mm tiefer sitzt, als beim konventionellen Pedal, müßten Sattel und Lenker für die richtige Position tiefergestellt werden. Dadurch kommt das Arm-/Beinverhältnis wieder in Gefahr. Durch Änderung des Winkels zwischen dem Oberrohr und dem Sattelrohr erhielt man den F.P.D.-Rahmen. Jetzt nutzt man die kraftsparenden Eigenschaften der DD-Pedale voll aus.

Diese Sammlung ist nicht vollständig; sie zeigt nur die häufigsten Rohrmarken.

Nur die Firma TI/Reynolds verwendet Mangan-Molybdän-Stahl, und zwar unter der Bezeichnung 531. Diese Zahl gibt ein Verhältnis an, und zwar 5:3:1, nämlich das Verhältnis der Beigaben zum Eisen, durch die man zu diesem edlen Rohrmaterial kam. Auf jedem Spitzen-Rahmen kann man ein Etikett des Rohrherstellers finden, das angibt, aus welchem Material die Rohre bestehen. Die 531-Rohre haben an den Enden eine Wandstärke von nur 0,8 und in der Mitte eine von 0,6 mm. Eigentlich schon unvorstellbar dünn, aber das Material ist so hervorragend, daß sich dies leicht verwirklichen ließ. Daraus kann man wohl erkennen, daß hier eine enorme Gewichtsersparnis eintrat. Daneben führt TI/Reynolds noch 531(SL) special light. Das verwendete Material ist dasselbe wie bei 531, aber die Wandstärke an den Rohrenden wurde auf 0,7 mm reduziert. Auch wieder eine Gewichtsminderung.

Reynolds 753 ist auch ein Mangan-Molybdän-Stahl, jedoch mit einer speziellen Behandlung. An den Enden haben die Rohre hier eine Wandstärke von 0,7 mm (an den Muffen also), aber in der Mitte ist das Rohr nur 0,38 mm stark. Obwohl das Material so dünn ist, erweist sich das Rohr als solide und stark. 753 ist das leichteste Rohr von Reynolds.

Die übrigen bekannten Rohrhersteller, wie Columbus, Ishiwata und Tange, verwenden eine Legierung von Chrom-Molybdän-Stahl. Was nun die beste Legierung ist, mag dahingestellt bleiben, aber jedenfalls sind beide Legierungen edle Produkte mit ganz hervorragenden Eigenschaften.

Columbus hat die Chrom-Molybdän-Rohre nach Gewicht geordnet und bezeichnet, und auch hier kam es zu Gewichtsunterschieden, indem man die Wandstärke der Rohre verringerte.

Die wichtigsten Typen von Columbus sind: das leichteste Columbus SL (SL = strada leggera) mit Wandstärken von 0,6 bis 0,9 mm und Columbus SP (SP = strada pesante) mit Wandstärken von 0,7 bis 1 mm. Wissenswert noch, daß Columbus vorschreibt, ein Radfahrer mit mehr als 70 kg Körpergewicht müsse SP-Rohre verwenden.

Die japanischen Rohre von Ishiwata und Tange stimmen im großen und ganzen mit denen von Columbus überein.

Welche Anstrengungen man unternommen hat, einen möglichst leichten Rennrahmen zu produzieren, kann man aus den folgenden Gewichtsangaben ersehen. Rahmen mit Gabel, aus den vorgenannten Materialien gefertigt, wiegen zwischen 2,1 und 2,6 kg. Und das ist doch wahrhaftig leicht.

Aber es gibt ja auch noch etwas anderes als nur das Rohrmaterial aus Stahl. Das Aluminium fand Eingang in den Rennrahmenbau, wobei die Erfahrungen aus der Luftfahrt von großem Nutzen waren. Aluminium (man spricht besser von Duralumin) findet mehr und mehr Verwendung im Rohrbau. Anfangs betrachtete man Aluminium mit einigem Mißtrauen, weil behauptet wurde, daß die Rahmen „schwämmen", aber das hat sich offenbar gelegt und jetzt ist auch der französische Rohrhersteller Vitus mit dem Duralinox-Rohr auf dem Markt erschienen. Motobecane – in der Fahrradwelt bestimmt kein unbekannter Name – fertigt Vitus/Duralinox-Rahmen, die zusammen mit der Gabel nur 1,8 kg wiegen, also erheblich leichter sind als Stahlrahmen. Auch Jan Janssen, der einstmals bekannte Radrennfahrer, hat Duralinox-Rahmen in sein Programm aufgenommen. Eine Besonderheit dieser Duralumin-Rahmen ist es, daß die Rohre nicht in die Muffen gelötet, sondern mit einem Spezialkleber eingeklebt werden. Vor dem Wort *Kleben* braucht man nicht zu erschrecken, denn sogar die Bauteile moderner Flugzeuge sind zu einem nicht unerheblichen Teil miteinander verklebt. Und wenn man schon im Flugzeugbau zum Kleben übergegangen ist, weshalb sollte das dann im Fahrradbau nicht möglich sein?

Von außen kann man kaum erkennen, ob es sich nun wirklich um einen starken Leichtgewichtsrahmen handelt. Den einzigen Anhalt bietet das aufgeklebte Etikett mit der Angabe des Rohrherstellers, aber . . . na ja, es ist ja im Grunde keine Kunst, nachträglich irgendwo ein Etikett aufzukleben, solche Geschichten kennt man ja auch vom Weinhandel her. Aber man kann einige Schlüsse aus dem Klang ziehen, wenn man leicht an das Rohr klopft. Die Superrohre haben einen hellen, hohen Klang. Eventuell kann man die Tretlagermuffe an der Innen- und Außenseite prüfen. Findet sich da eine Schweißnaht, dann ist das Rohr bestimmt von minderwertigem Material, denn es wurde ja bereits gesagt, daß hochwertige Rohre nur hart gelötet sein dürfen. Durch das Schweißen mit viel höheren Temperaturen würde die erwärmte Stelle des Leichtgewichtrohres unwiderruflich zerstört.

Für welchen Rahmen soll man sich nun ent-

Wenn alles gut zusammenpaßt und die Maßverhältnisse stimmen, wird der bis jetzt noch lose zusammengeschobene Rahmen unlösbar und unverformbar mit den Muffen verlötet. Zum Hartlöten verwendet man eine Silberlegierung, wobei die erforderliche Hitze nicht zu hoch sein darf. Um etwa 700 °C liegt die ideale Temperatur, bei der die Rohre noch nicht durch übermäßige Hitze beschädigt werden und bei der das Silber zugleich flüssig wie Wasser in die Muffe fließt, so daß eine stabile Verbindung entsteht.

Bei der Rahmenkonstruktion wird ein Rahmen aus den gewünschten oder vorgeschriebenen Rohrstücken zusammengestellt. Die Verbindung erfolgt mittels der Muffen.

scheiden? Das ist eigentlich genau so wie die Frage nach dem richtigen Anzug. Der kann ja auch aus den schönsten und besten Stoffen gefertigt sein, wenn er nicht paßt, dann hilft die Materialqualität auch nichts. Ebenso ist es mit dem Fahrradrahmen, der muß vor allem einmal „passen", also die richtigen Abmessungen haben. Es gibt zwar ein paar Faustregeln, mit deren Hilfe man den richtigen Rahmen finden kann („zur

Körperlänge X gehört die Rahmenhöhe Y"), aber diese Regeln sind doch sehr allgemein gehalten, und wenn jemand längere oder kürzere Arme oder Beine hat, dann stimmen diese Faustregeln nicht mehr. Also nochmals: mit dem Fahrrad ist es genau so, wie mit dem Anzug: es muß passen, es muß „sitzen".

Deshalb muß man ein Rennrad auch „anprobieren", und zwar muß man die zur Wahl stehenden Räder solange ausprobieren, bis man den idealen Sitz gefunden hat. Ein guter Händler wird seinem Kunden ohne weiteres Gelegenheit geben, zehn verschiedene Räder zu probieren, denn er wird gleich sehen, ob er gut darauf sitzt, und auch er selbst wird erst dann zufrieden sein, wenn sein Kunde perfekt auf dem Rad sitzt.

Die Rahmenmaße werden im allgemeinen durch die Länge des Sitzrohrs bestimmt, des Rohrs also, in das die Sattelstütze gescho-

Auch das Löten der Vorderradgabel erfordert größte Sorgfalt, damit das Rad genau die gewünschte Stellung bekommt. Die Gabel ist ein wichtiges Teil des Fahrrades, weil auf sie besonders viele und starke Kräfte einwirken.

Für manche Verbindungen muß das noch rohe Rohr sorgfältig nachgefräst werden.

ben wird. Gemessen wird von der Achse der Tretkurbel bis zum oberen Rand des Rohrs zur Aufnahme der Sattelstütze. Man beachte, daß dieses Rohr zuweilen eine leichte Aussparung hat; man mißt in diesem Fall nicht bis zum tiefsten Punkt der Aussparung, sondern bis zum äußersten Rand.

Die Standard-Rahmen sind von Größe zu Größe meist um 1 oder 2 cm voneinander verschieden. Ganz spezielle und teure Rahmen weisen auch geringere Maßunterschiede auf, zuweilen um je einen halben Zentimeter. Das ist keinesfalls übertrieben, denn die Spezialrahmen für die renommier-

Auf diesem Foto sehen wir ein normales Tretlager. Das Sattelrohr steht hierbei senkrecht auf der Tretlagermuffe. Bei a sehen wir die Querstrebe der Hinterradgabel, durch die das hintere Laufrad nicht mehr weiter nach vorn kann.

Was haben die Konstrukteure von Gazelle hier gemacht? Das Sattelrohr ist ein wenig nach vorn versetzt. Natürlich wurde auch das Oberrohr ein wenig verkürzt, denn sonst bekäme das Stattelrohr eine falsche Schrägstellung. Wer scharf hinsieht wird bemerken, daß auch die Querstrebe der Hinterradgabel verschwunden ist. Das Hinterrad kann dadurch etwas weiter nach vorn versetzt werden, wodurch das Fahrrad kürzer wird. Natürlich sind bei dieser Konstruktion auch die Hinterrohre kürzer, sonst müßten die Ausfall-Enden übermäßig lang sein, länger als die üblichen kurzen Ausfall-Enden.

25

Wenn der Rahmen gelötet ist, beginnt die Kontrolle auf eventuelle Abweichungen. Auf diesem Foto sieht man, wie der Abstand der Hinterradgabel überprüft wird.

gegen kann man mit einem hohen Tretlager und normalen Tretkurbeln in der Kurve länger durchtreten.

Aber dies sind alles ganz spezielle Rahmeneigenschaften, und solche Rahmen werden im allgemeinen auch nur auf Bestellung geliefert.

Zuvor haben wir bereits festgestellt, daß man den Rahmen auch verkürzen kann, indem man eine steilere Vordergabel nimmt. Dabei geht man aber das Risiko ein (wenn der Winkel allzu steil ist), daß man mit dem Fuß bei Horizontalstellung der Tretkurbel gegen das Rad stößt, wenn der Lenker gedreht wird. Und das kann lebensgefährlich sein.

ten Rennfahrer werden sogar auf den Millimeter genau nach Maß gefertigt. Die übrigen Rohre der meisten Standardrahmen haben entsprechende Verhältnisgrößen, aber manche Konstrukteure bauen auch davon abweichende Rahmen, die dann bestimmte Eigenschaften haben.

Die Länge eines Fahrrades wird durch den Abstand zwischen den Mitten von Vorder- und Hinterachse bestimmt, vorausgesetzt, daß das Hinterrad sich in der äußersten Stellung des Ausfall-Endes befindet. Die Länge läßt sich um etwa 3 bis 4 cm variieren, weil die Hinterachse um diese Distanz im Ausfall-Ende verschiebbar ist. Kurze Fahrräder sind besonders wendig. Das ist bei einem kurvenreichen Wettbewerb ein großer Vorteil, und bei Bahnrennen ist ein kurzer Rahmen sogar unabdingbar.

Es gibt auch Spezialkonstruktionen von Rennrahmen mit hochliegendem Tretlager. Das hat den Vorteil, daß man längere Tretkurbeln verwenden kann, wodurch mehr Kraft auf das Hinterrad übertragen wird. Da-

Nachdem die Hinterradgabel auf die richtige Stellung hin überprüft wurde, werden die Ausfall-Enden gerichtet. Sie müssen präzise in der Verlängerung des Rahmens liegen, parallel zur Fluchtlinie, denn bei falscher Stellung könnte man das Hinterrad niemals fest in der Hinterradgabel verklemmen.

Tips
zur Pflege des Rahmens

Der Rahmen ist ein statisches Bauteil, das selbst keine bewegten Teile aufweist. Deswegen brauchen wir bei ihm auch kein Wort über Schmierung zu verlieren.
Das größte Sorgenkind des Rahmens ist die Lackschicht.
Renn- oder Sporträder werden in lebhaften Farben gespritzt. Dieser „blendende Augenschein" des Lacks muß erhalten bleiben. Er muß also sauber sein und darüberhinaus auch glänzen, genau wie beim Auto, das ja auch regelmäßig gewaschen und poliert wird. Es trifft sich dabei gut, daß die Lackschicht des Fahrrades der des Automobils entspricht, so daß wir dieselben Pflegemittel wie beim Auto verwenden können – und auch dieselbe Arbeitsmethode. Der Rahmen muß also regelmäßig gereinigt und poliert werden.
Falls der Lack einmal beschädigt wurde, dann kann man das mit einer Lackspraydose beheben oder auch mit einem Lackstift in der entsprechenden Farbe. Die bekommt man im Fahrradgeschäft, im Autohandel, an der Tankstelle oder im Farbgeschäft.
Sollte es zur Rostbildung kommen, dann müssen die Roststellen gründlich blankgescheuert, anschließend mit Bleimennige überstrichen und dann schließlich in der richtigen Farbe ausgebessert werden.
Es ist auch zu empfehlen, dem Rahmeninneren einmal ein bißchen frische Luft zu gönnen. Bei schönem Wetter nehmen wir dazu den Sattel mit der Sattelstütze aus dem Rahmen und stellen das Rad eine Weile umgekehrt auf.
Und zum Schluß: Ein Rahmen, der gut gewachst ist und glänzt, nimmt nicht so leicht Staub und Schmutz an. Und überhaupt . . . schnelle Fahrräder glänzen doch immer!

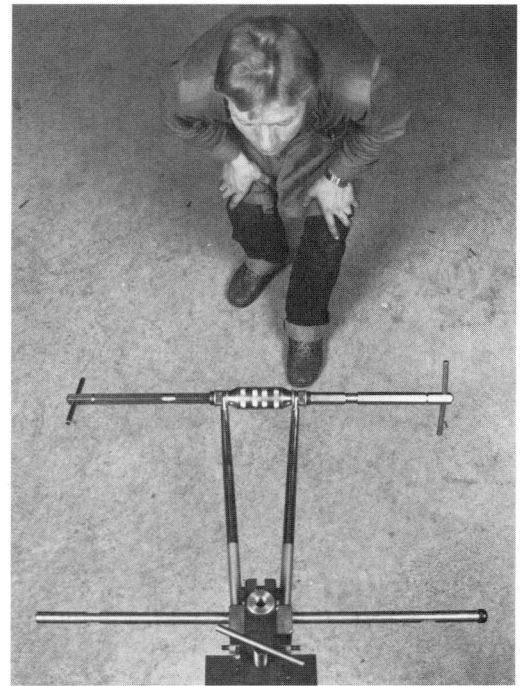

Auch das Einspuren und Richten der Vorderradgabel erfordert viel Sorgfalt – auf zehntel Millimeter genau.

Kapitel 3

Das Tretlager

Das Tretlager ist gewissermaßen die Kurbelwelle des Fahrrades. Die auf- und niedergehenden Beinbewegungen des Radfahrers, der Kraftquelle also, werden hier in eine rotierende, drehende Radbewegung umgewandelt. Hier sind ganz enorme Kräfte im Spiel, vor allem bei Bergfahrten und bei einem plötzlichen Vorstoß im Etappenrennen. Diese Kräfte müssen möglichst verlustfrei auf das Hinterrad übertragen werden, damit es zur Vorwärtsbewegung kommt.

Moderne Rennräder haben „keillose Tretlager", sie haben also keine Tretkurbelkeile mehr. In normalen Fahrrädern und in manchen Sporträdern dagegen gibt es in Ausnahmefällen noch Tretkurbelkeile. Da hat die Tretlagerwelle runde Wellenenden, an denen beiderseits eine Nut eingefräst ist. Die Tretkurbeln werden auf die Welle geschoben und mit Hilfe des Keils gesichert. Wenn alles ordentlich montiert ist, stecken die Tretkurbeln dann bombenfest auf der Welle. Die Tretkurbeln müssen aber hierzu aus Stahl bestehen, und dadurch haben sie ein erhebliches Eigengewicht.

Das moderne Rennrad dagegen hat eine keillose Tretlagerwelle. Im vorigen Kapitel wurde bereits dargelegt, wie wichtig das Gewicht für das Rennrad ist. Je leichter, desto besser, allerdings auch um so teurer. Es

Das Tretlager, das wichtigste Fahrradlager. Auf dem Foto ist ein keilloses Lager gezeigt.

wurde lange experimentiert, ehe man eine leichte aber dennoch starke Metallegierung fand. Die hat man heute endlich im Duralumin. Dabei hat die Flugzeugindustrie den Vorreiter gemacht, und sie stellte zwangsläufig auch die höchsten Ansprüche. Duralumin ist kein gewöhnliches Aluminium, sondern eine Legierung dieses Leichtmetalls mit Kupfer und Magnesium. So erhielt man schließlich ein Metall, das nicht nur sehr leicht ist, sondern zugleich auch stark, und das sich durch eine außergewöhnliche Zugfestigkeit auszeichnet. Das war natürlich besonders wichtig für Einzelteile, die sehr große Kräfte zu verarbeiten haben, wie in diesem Falle die Tretkurbeln, die man als Pleuel des Fahrrades bezeichnen könnte. Die Firma Shimano bezeichnet ihre Super-Serie deshalb nicht ohne Grund mit dem Namen Dura-Ace.

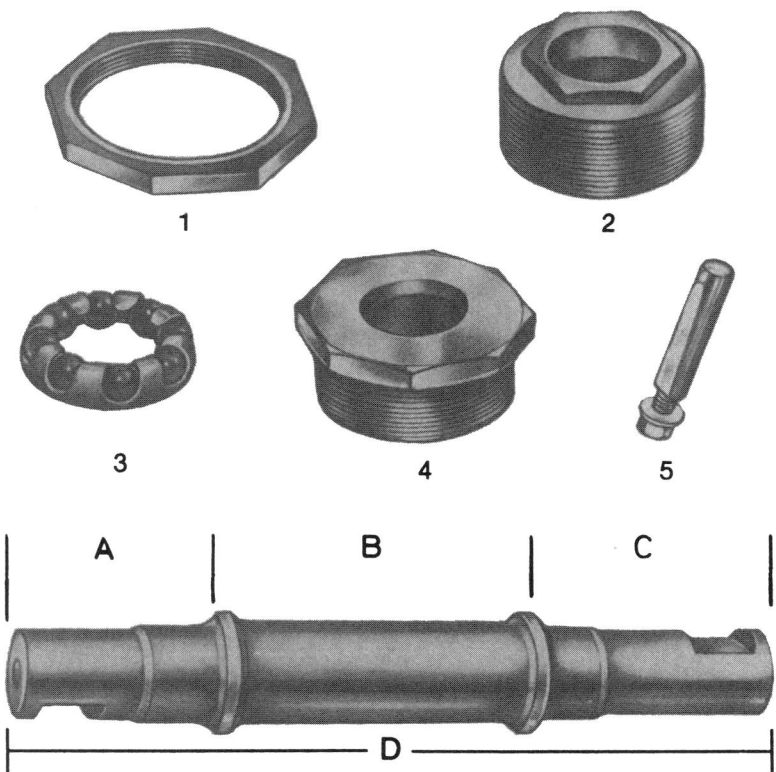

Das vollständige traditionelle Tretlager.
Dies ist die Ausführung mit Kurbelkeilen und zylindrischen Wellenenden.
1 = der Sicherungsring, der die linke Tretlagerschale fixiert, nachdem die richtige Einstellung erfolgt ist;
2 = die linke Lagerschale;
3 = Kugellagerring (zwei in jedem Tretlager). Die üblichen Tretlagerkugeln haben einen Durchmesser von ¼" (Zoll);
4 = die feste Tretlagerschale, die rechts in das Tretlagergehäuse eingesetzt wird;
5 = Kurbelkeil;
D = die Tretlagerwelle. Die Keilnuten an den beiden Wellenenden sind ebenso klar zu erkennen wie die zwei Kugellaufbahnen auf der Welle.
Diese Kombination besteht im allgemeinen ganz aus Stahl.

Die Tretkurbeln der keillosen Tretlager haben viereckige Aussparungen, die auf die ebenfalls viereckigen Enden der Tretlagerwelle passen. Auch das hat natürlich seinen Sinn. Bei der Tretkurbel mit Keil, der stählernen Ausführung also, hat die Tretkurbel nur einen einzigen Befestigungspunkt mit der Tretkurbelwelle.

Bei der keillosen Ausführung mit der viereckigen Aussparung hat man dagegen – jedenfalls bei gutem Sitz – vier Angriffsflächen auf der Tretlagerwelle. Es bedarf wohl keiner weiteren Ausführung, daß diese Verbindung erheblich besser ist; die Kräfte werden optimal auf die Welle übertragen, und es kommt auch nicht so leicht zur Lockerung.

Die Tretkurbeln müssen gerade und mit aller Sorgfalt aufgesetzt werden. Nachdem die Tretlagerwelle im Tretlager montiert wurde, müssen Wellenenden und Tretkurbelöffnungen völlig fettfrei und absolut trocken gemacht werden. Am besten ist es, wenn man die Tretkurbeln an den Befestigungsstellen vor dem Aufsetzen ein wenig anwärmt, denn dann sitzen sie nach dem Abkühlen schon ordentlich straff. Die Verschlußschraube, die in das Innengewinde der Tretlagerwelle geschraubt wird, sichert die Tretkurbel dann absolut fest auf der Welle. Es sei aber empfohlen, die Verschlußschrauben nach einer gewissen Fahrzeit zu überprüfen und nachzuziehen, falls sie sich gelockert haben sollten. Das ist sogar äußerst wichtig, denn die Tretkurbeln aus Duralumin könnten schon nach einer kurzen Zeit, in der sie locker sitzen, schadhaft geworden sein, und der Schaden läßt sich dann nicht mehr beheben. Übrigens kann man dieses Spiel leicht hören oder fühlen. Duralumin ist zwar ein edles und starkes Metall, aber gegen diese primitive Gewalt – Spiel auf der Welle – ist es nun einmal nicht beständig. Es ist also sehr wich-

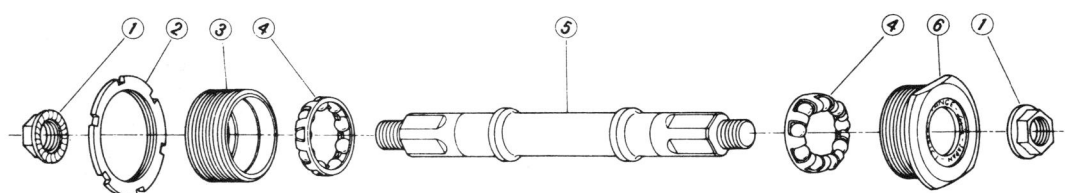

Das vollständige keillose Tretlager.
Auch diese Kombination wird aus Stahl gefertigt, die Welle besteht aber oft auch aus Titan. (Titan ist zwar ebenso stark, aber viel leichter.) An den Wellenenden sehen wir deutlich den Vierkant, auf den die Tretkurbel geschoben wird.
1 = die Sicherungsmuttern, die die Tretkurbeln bombenfest auf der Welle halten;
2 = der Sicherungsring der linken Einstell-Lagerschale;
3 = das linke Gewinde zum Einstellen des Tretlagers;
4 = die Kugelkäfige des Lagers; lose Kugeln sind besser;
5 = die Tretlagerwelle;
6 = die feste Tretlagerschale; die rechts im Rahmen sitzt.
Auf den Zeichnungen sieht man, daß das Gewinde der Sicherungsmuttern auf die Wellenenden paßt; das ist eine Ausnahme. In den meisten Tretlagern (wohlgemerkt, den keillosen) ist das Gewinde in der Welle ein Innengewinde. Die Sicherung erfolgt durch eine Schraube, die quer zur Wellenachse steht.

tig, in regelmäßigen Abständen den Sitz zu überprüfen.

Die Montage der Tretlagerwelle ist eine Präzisionsarbeit, zu der man Spezialwerkzeug benötigt. Im Grunde sollte man diese Arbeit lieber dem Fachmann überlassen, aber ein begeisterter Amateur, der seinen Sport optimal betreiben und auch erleben will, kann das mit einem bißchen gutem Willen auch selbst machen.

Das Tretlager besteht aus einer Welle, der Tretlagerwelle, die auf beiden Seiten in einem Kugellager gelagert ist. Diese Kugellager bestehen aus einer Lagerschale, die in den Rahmen eingeschraubt wird, dem Käfig mit den Kugeln und der Kugellauffläche auf der Tretlagerwelle.

Wie erwähnt, wird die Tretlagerschale in das Tretlagergehäuse geschraubt und hier berühren wir einen wesentlichen Punkt, nämlich das Gewinde. Darin gibt es Unterschiede: es gibt nämlich englisches, französisches und italienisches Gewinde. Diese unterschiedlichen Gewindearten lassen sich leicht in einer Formel wiedergeben. Manche Hersteller schlagen diese Formel in die Tretlagerschalen ein, um so einer Verwechslung vorzubeugen.

Die Formel besteht aus zwei Zahlen, deren erste den Durchmesser des Gewindeäußeren wiedergibt, den größten Durchmesser also. Die zweite Zahl nennt die Anzahl der Gewindegänge je Zoll oder die Steigung des Gewindes in mm.

Die Formel für ein englisches Gewinde lautet folgendermaßen: 1,37" × 24 TPI (äußerer Gewindedurchmesser 1,37 Zoll; 24 TPI bedeutet 24 Gewindegänge je Zoll).

Die Formel für ein französisches Gewinde sieht so aus: 35 (mm) × 1,0 (mm) oder aber 35 × P 1 (äußerer Gewindedurchmesser 35 mm und Gewindesteigung ist 1 mm).

Ein italienisches Gewinde gibt man so wieder: 36 (mm) × 24 TPI oder aber 36 × 24 T (der äußere Durchmesser des Gewindes ist 36 mm und je Zoll gibt es 24 Gewindegänge).

Die meisten der führenden Markenhersteller, wie z. B. Campagnola und Shimano, um nur zwei zu nennen, liefern die Tretlager auf Wunsch mit englischem, französischem oder italienischem Gewinde. Wenn man also einen italienischen Rahmen kauft, muß man das besonders berücksichtigen. Keinesfalls darf man die Tretlagerschalen nach dem Motto einbauen „und bist du nicht willig, so brauch'ich Gewalt", sondern man muß sich mit feinem Fingerspitzengefühl davon überzeugen, ob Innen- und Außengewinde gleich sind und leicht aufeinander passen. Sonst kann es geschehen, daß der Rahmen ernsthaft beschädigt wird, und abgesehen von den Kosten verliert man dann auch leicht die Lust.

Auf der Verpackung des Tretlagers findet sich im allgemeinen die Angabe, welches Gewinde verwendet ist. Die vollständigen Tretlagersätze enthalten im allgemeinen auch die Kugellager. Die Kugeln werden von einem Käfig gehalten, der sie zueinander im richtigen Abstand hält. Damit ist das Einsetzen des Kugellagers zu einem Kinderspiel geworden, man muß nur aufpassen, daß der Kugelkäfig in der richtigen Stellung sitzt. Besser als ein Käfig ist freilich der Einsatz loser Kugeln; dann nimmt das Lager mehr Kugeln auf, und dadurch wird die tragende Fläche vergrößert, und auch die Einstellung kann dann viel genauer erfolgen. Überdies läuft man keine Gefahr, daß der Messingkäfig einmal bricht und daß dadurch lose Späne oder Messingbrocken ins Lager kommen. Das alles mag vielleicht übertrieben klingen, aber durch ein bißchen Mehrarbeit und vor allem durch mehr Kugeln kriegt man nun einmal wirklich eine bessere Lagerung. Da die Tretlagerwelle sehr große Kräfte zu verarbeiten hat, ist das wirklich keine Nebensache. Ebenso wichtig ist es auch, daß eine ausreichende Schmierung mit Lagerfett erfolgt. Campagnolo liefert ein spezielles Lagerfett von heller Farbe, das allen Anforderungen genügt; auch die Firma Duckham bringt solches Fett unter dem Namen Keenol in den Handel.

Die rechte Tretlagerschale (auf der Seite des Kettenrades also) wird mit Fett und Kugeln bombenfest eingedreht. Hier muß man aber aufpassen. Das Gewinde der festen Tretlagerschale kann rechts- oder linksgängig sein, und das heißt, daß man die Tretlagerschale mit Rechtsgewinde im Uhrzeigersinn einschrauben muß, während man bei Linksgewinde entgegen dem Uhrzeigersinn dreht. Manche französischen Hersteller verwenden eine feste Tretlagerschale mit Linksgewinde. Will man diese herausnehmen, dann muß man sich vorher gewissenhaft davon überzeugen, um welche Gewindeart es sich handelt. Vielleicht zweifeln Sie, vor allem wenn das Drehen nach links trotz guten Werkzeugs und großen Kraftaufwandes nicht gelingen will. Versuchen Sie es dann einmal rechts herum. Meist wird sich dann zeigen, daß die Tretlagerschale ein

Linksgewinde hat. Im übrigen dürfte es klar sein, daß man eine Lagerschale mit Linksgewinde niemals in ein Gehäuse mit Rechtsgewinde schrauben kann.

Auch hier bedeutet Probieren soviel wie Zerstören. Für die meisten Ausführungen von Tretlagern gibt es zu diesem Zweck Spezialwerkzeug, mit dem man alle Montage- und Einstellarbeiten präzise durchführen kann. Anschließend erst wird die Tretlagerwelle eingeführt, dann wird die Tretlagerhülse über die Welle geschoben, und erst dann folgt das linke Lager mit der Tretlagerschale, mit deren Hilfe die Lagerung eingestellt werden kann. Die Tretlagerhülse wird leicht einmal vergessen, aber sie ist unentbehrlich. Am besten bewährt hat sich eine Hülse aus Kunststoff, die sich dank ihrer gewellten Wandung wie eine Feder zusammendrücken läßt. Mit den beiden Enden liegt sie an

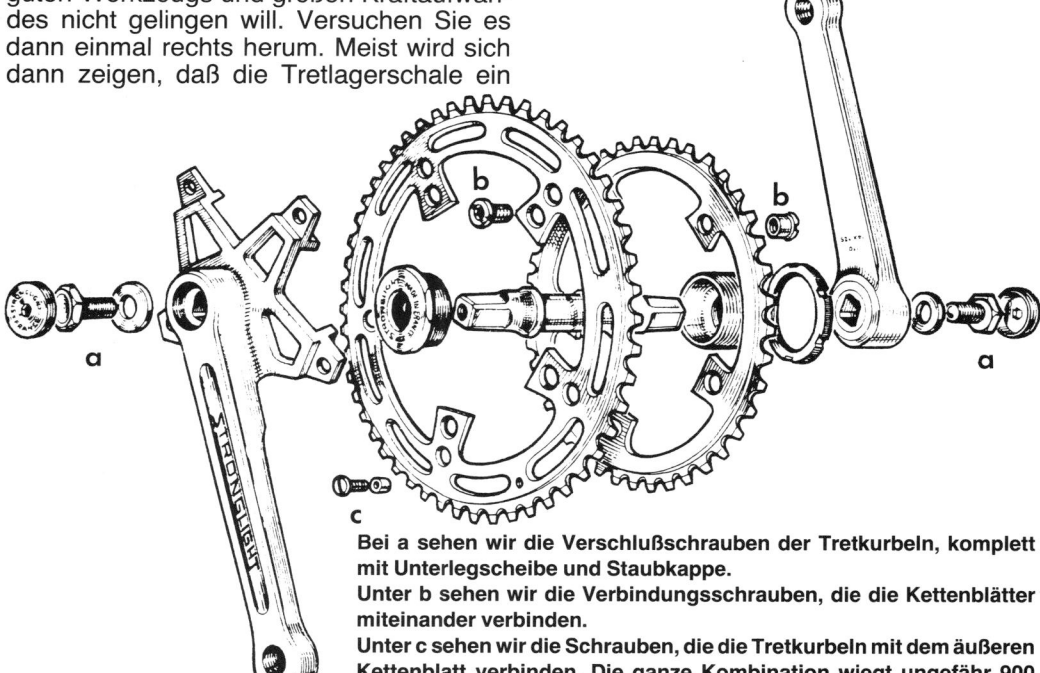

Bei a sehen wir die Verschlußschrauben der Tretkurbeln, komplett mit Unterlegscheibe und Staubkappe.
Unter b sehen wir die Verbindungsschrauben, die die Kettenblätter miteinander verbinden.
Unter c sehen wir die Schrauben, die die Tretkurbeln mit dem äußeren Kettenblatt verbinden. Die ganze Kombination wiegt ungefähr 900 Gramm.

Das vollständige keillose Tretlager in Duralumin von Stronglight, einer der ältesten französischen Fabriken auf diesem Gebiet. Die Antriebstretkurbel hat auf dieser Zeichnung eine fünfarmige Verbindung zum Kettenblatt. Die Verbindung kann auch nur dreiarmig sein, und der Verbindungsarm kann kurz oder lang sein. Daraus geht hervor, daß man das Kettenblatt nicht so ohne weiteres austauschen kann. Beim Kauf eines neuen Kettenblattes muß man sich genau nach den Maßen der antreibenden Tretkurbel richten.

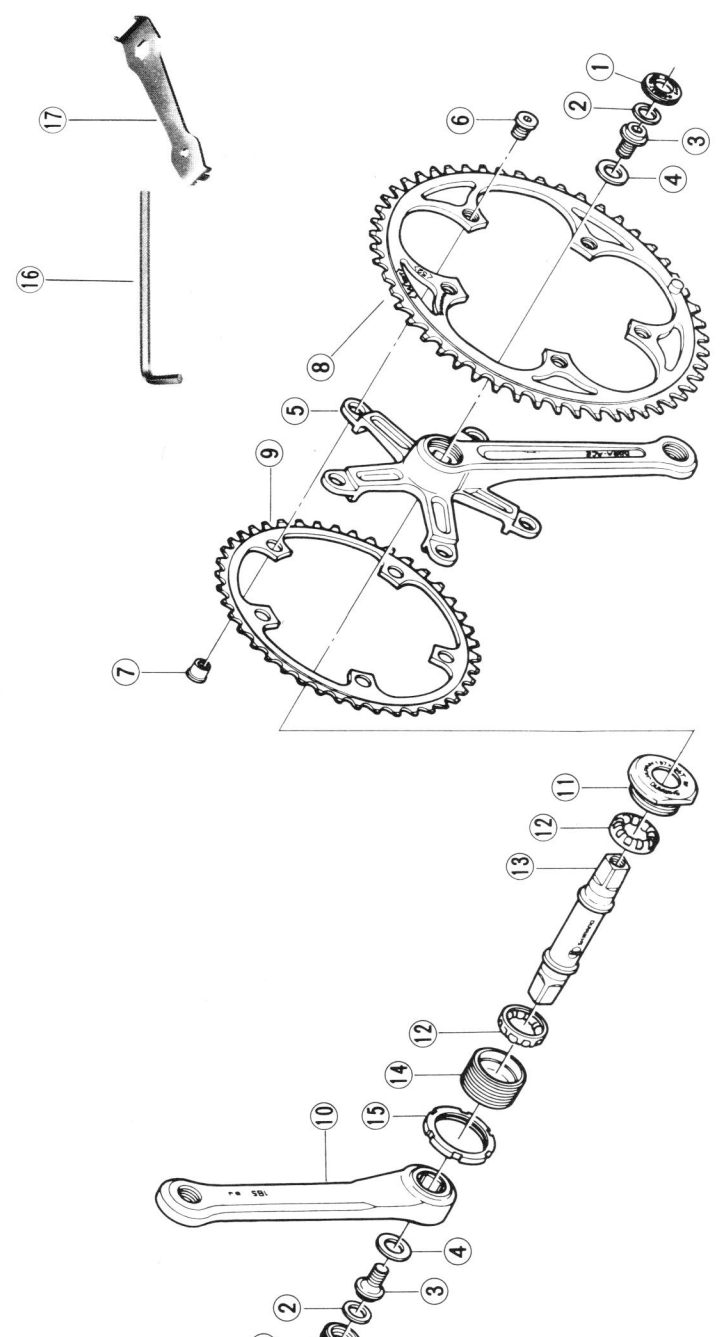

Ein Dura-Ace-Tretlager von Shimano.

Es gibt keine prinzipiellen Unterschiede zu anderen Marken. Sollte es doch Unterschiede geben, dann handelt es sich nur um Kleinigkeiten. Bei diesem Modell werden die beiden Kettenblätter zusammen mit einer Verbindungsschraube (6 und 7) bei 5 an der Tretkurbel befestigt. 16 und 17 sind Spezialwerkzeuge, die man braucht, um die Kettenblätter an die Tretkurbel zu montieren. Bei 16 handelt es sich um einen Inbus-Schlüssel, ein Werkzeug, das man für das Fahrrad der Zukunft wohl ohnehin mehr brauchen wird.

der Innenseite der Kugellager an, so daß diese sicher gegen Verschmutzung geschützt werden.

Vor allem bei Rahmen mit geschlossenem Tretlagergehäuse ist das wichtig, denn im Inneren der Rahmenrohre kann Kondensfeuchtigkeit entstehen, die sich dann im unteren Teil des Rahmens, im Tretlager also, sammelt. Die Tretlagerhülse verhindert, wenn sie sorgfältig eingesetzt wurde, daß Feuchtigkeit oder Staub in die Kugellager kommt.

Manche Superrahmen haben Tretlagermuffen, die nach unten offen sind; einerseits eine geringe Gewichtseinsparung, andererseits eine Möglichkeit, den Rahmen nach unten ein wenig „atmen" zu lassen. Gerade hier ist die Tretlagerhülse von größter Bedeutung, denn ohne sie wären die Lager gegen aufspritzenden Schmutz und Wasser schutzlos.

Das Tretlager wird in zwei Phasen eingestellt. Die erste Einstellung wird vorgenommen, ehe die Tretkurbeln auf der Welle sitzen. Die linke Tretlagerschale (sie ist die eigentliche Einstellschale) hat einen Sicherungsring mit Gewinde, der rundum gleichmäßig an der Außenseite der Tretlagermuffe anliegen muß. Man zieht die linke Tretlagerschale einfach an, bis sie sich gegen die Kugeln anlegt. Dann wird der Sicherungsring aufgesetzt und angezogen. Zum Schutz des Materials sollte man möglichst das dafür vorgesehene Spezialwerkzeug verwenden, aber natürlich . . . wenn's sein muß, kann man auch mit Hammer und Dorn arbeiten, nur wird sich eine Beschädigung dabei kaum vermeiden lassen.

Durch kräftiges Anziehen des Sicherungsrings wird die Tretlagerschale um ein Geringes aus dem Tretlager gezogen, und gerade durch diesen Effekt kann das Lager gut eingestellt werden.

Nachdem dann die Tretkurbeln, wie zuvor beschrieben, angebracht sind, muß die Ein-

Die Tretlagerhülse.
Ein wichtiger Bestandteil des Tretlagers, das das Lager von innen gegen Schmutz schützt. Tretlagerhülsen bestehen aus Kunststoff, und infolge der welligen Ausführung sitzen sie federnd zwischen den beiden Lagern. So können die Lager zuverlässig vor Verschmutzung bewahrt werden.

stellung nochmals überprüft werden. Das läßt sich ganz einfach bewerkstelligen, indem man die Tretkurbeln jeweils um eine Viertelumdrehung bewegt und dann ver-

Nach dem Lackieren wird das vorgeschnittene Gewinde im Tretlagergehäuse noch einmal sorgfältig nachgeschnitten. Es ist sehr wichtig, daß das Gewinde für die Tretlagerschalen genau senkrecht geschnitten wird. Schon die geringste Abweichung ergibt ein schiefstehendes Lager.

sucht, sie axial mit der Tretlagerwelle ruckhaft zu bewegen. Wenn das Lager richtig eingestellt ist, darf an keiner Stelle auch nur das geringste Spiel spürbar sein. Und es sei nochmals gesagt: die Einstellung des Tretlagers ist überaus wichtig, es muß sich leicht, aber spielfrei bewegen lassen.

Das Ganze wird nach einigen hundert Kilometern nochmals überprüft, und diese Prüfung sollte auch später in größeren Abständen hin und wieder erfolgen.

Wenn das Tretlager nach längerer Zeit zur Kontrolle und zur Reinigung demontiert wird, dann wird man unter Umständen feststellen, daß auf der rechten Kugelbahn der Tretlagerwelle leichte Verschleißerscheinungen zu erkennen sind: die Kugeln haben sich in die Welle eingefressen. Und das ist auch logisch, denn auf der rechten Seite sitzen die Kettenräder, die die Pedalkraft über die Kette auf das Hinterrad übertragen. Man kann in einem solchen Fall die Tretlagerwelle einfach umdrehen und – das versteht sich wohl von selbst – mit neuen Kugeln der richtigen Abmessung (1/4") und neuem Lagerfett das Tretlager erneut montieren. Bei mehrblättrigen Kettenrädern sollte man aber aufpassen, ob genug Platz ist.

Montage und Einstellung des Tretlagers ist Präzisionsarbeit, zu der man Spezialwerkzeug braucht.

Dem Tretlager muß also entsprechende Aufmerksamkeit gewidmet werden. Es will nicht nur nach- und eingestellt werden, sondern es muß auch ständig gründlich gefettet sein und auf Verschleiß hin überprüft werden. Für den echten Radsportler und Bastler sind das keine Probleme. Dennoch haben Konstrukteure und Erfinder sich nicht damit zufriedengegeben, sondern sich Verbesserungen und neue Erfindungen einfallen lassen.

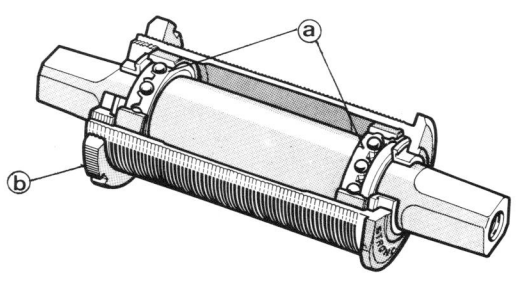

Das vollständige Tretlager von Stronglight. Bei a sehen wir die festen Kugellager, und b ist der Sicherungsring.
Dieses Modell kann ausschließlich in solchen Rahmen verwendet werden, deren Rechtsgewinde durch das Tretlager durchgehend geschnitten ist. In der neueren Ausführung hat man einen Zylinder, der in das Tretlager geschoben werden kann. Auf beiden Seiten befindet sich ein Gewinde, auf das ein Sicherungsring paßt.
Auf diese Weise kann man den Zylinder so im Rahmen befestigen und sichern, daß die optimal ideale Kettenführung entsteht. Auch wenn man z. B. ein zusätzliches, drittes, Kettenblatt montieren will, kann man das Lager durch Lösen des linken und Anziehen des rechten Sicherungsringes horizontal verschieben, bis man genügend Raum zwischen dem dritten Kettenblatt und der Hinterradgabel hat.

So hat Gazelle zum Beispiel ein System von Tretlagern entwickelt, das einen sehr leichten Lauf garantiert. Auf der Achse befinden sich zwei feste Kugellager, die demnach nicht eingestellt zu werden brauchen. Das hat der Kugellagerhersteller bereits getan. Außerdem sind die Lager auf einer Seite abgedichtet, so daß von dieser Seite her kein Schmutz eindringen kann. Sie sind von Kunststoff umschlossen und bilden so ein recht stabiles Tretlager.

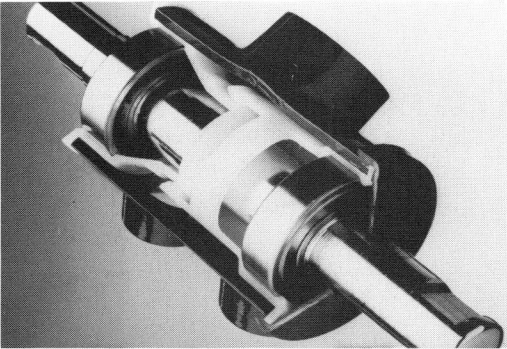

Das vollständige Tretlager von Gazelle.

Auf dem Foto ist zu sehen, wie man das bei Gazelle geschafft hat. Allerdings eignet dieses Lager sich wegen der Achse mit Keilen besser für Sporträder. Für die Supersport- und Rennräder hat man sich auch etwas einfallen lassen; man hat jetzt eine Serie kompletter Tretlager, bei denen die Achse mit den beiden Lagern gewissermaßen eine geschlossene Einheit darstellt. Alles wurde bereits im Werk sorgfältig eingestellt und für alle Zeiten mit Fett versehen, so daß man sich weiterhin nicht mehr darum zu kümmern braucht.

Das Prinzip ist recht einfach. In einen Zylinder wurde auf beiden Seiten ein festes Kugellager gepreßt. Also keine Lagerschalen mit losen Kugeln mehr, die später noch eingestellt werden müssen. Die Kurbelachse sitzt auch fest in den Lagern, und die Abdichtung ist beiderseitig so gut, daß tatsächlich nichts mehr in die Lager eindringen kann.

Der Zylinder hat an beiden Enden ein Gewinde. Rechts ist das Gewinde, das in das Gewinde paßt, in das normalerweise die feste Lagerschale geschraubt wird. Auf der anderen Seite wird der Sicherungsring auf den Zylinder geschraubt, um das Ganze bombenfest im Rahmen zu befestigen.

Über Tretlager und Tretkurbeln haben wir nun schon eine ganze Menge gesagt, aber der Vollständigkeit halber müssen wir uns auch noch um die Pedale kümmern, denn die gehören ja auch zum Tretlager.

Die Pedale stellen die „Ausläufer" der Tretkurbeln dar, und so unscheinbar sie auf den ersten Blick wirken mögen – man kann sich kaum vorstellen, welchen Belastungen sie ausgesetzt sind. Dennoch erlebt man kaum jemals, daß eine Pedalwelle bricht.

Auch zwischen den verschiedenen Pedalen gibt es Unterschiede. Aber alle haben sie miteinander gemeinsam, daß sie sich um eine Achse drehen und daß sie eine Fläche haben, an der der Fußhalter montiert sein kann. Auch die Pedale müssen – wie alle Teile des Fahrrades – gut eingestellt werden, denn auch sie haben zwei Kugellager. Das Einstellen erfolgt in derselben Weise wie beim Tretlager und bei den Naben. Mit anderen Worten: den Einstellkonus anziehen und dann mit Scheibe und Mutter sichern. Beachten Sie aber, daß das Pedallager – und das gilt allein für dieses Lager – ein wenig Spiel haben sollte. Das hat folgenden Grund: wenn die Pedale stark belastet werden, dann biegt sich deren Achse ein ganz klein wenig durch; wäre nun überhaupt kein Spiel vorhanden, dann würde das Pedal sich zu schwer drehen, und dadurch könnte der Druck in den Lagern zu groß werden. Wenn wir also bei der Montage der Pedale ein geringes Spiel zulassen, kommt es unter hoher Belastung gerade zur richtigen Lagerluft.

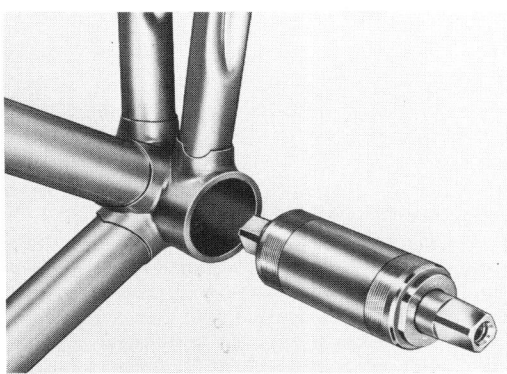

Das komplette Tretlager von Dubied, Modell Edcogrip. Ein Meisterwerk schweizerischer Präzision. Dieses Lager kann in Rahmen mit beliebigem Gewinde im Lagergehäuse verwendet werden, ja sogar in solchen ohne Gewinde. Die Sicherung im Rahmen kommt dadurch zustande, daß die Tretlagerschalen an den Enden des Zylinders exzentrisch ausgeführt sind. Mit einem Spezialschlüssel werden die Lagerschalen ein wenig gedreht, wodurch sie sich fest in den Rahmen klemmen. Auch bei diesem System kann man die ganze Achse horizontal verschieben, um die optimalste Kettenführung zu erhalten.
Dubied liefert auch eine einfache Ausführung unter der Bezeichnung Edco-competition; bei ihr ist an den Enden des Lagerzylinders ein Gewinde für den linken und rechten Sicherungsring geschnitten. Sie wird in Leichtmetallausführung und auf Wunsch mit einer Titan-Achse geliefert.

Die aerodynamischen Tretkurbel von Shimano. Dieses flotte Bauteil wurde im Windkanal getestet, und die Resultate bestätigen den reduzierten Luftwiderstand. In Kombination mit dem speziellen DD-Pedal kann man seine Kräfte noch besser nutzen.

Es ist auch bekannt, daß die Pedale der Sport- und Rennräder bei einem unglücklichen Sturz zu den empfindlichsten Teilen des Rades gehören. Oft kann man danach äußerlich nicht einmal etwas bemerken. Wenn Sie hinsichtlich der Pedale, nach einem Sturz oder wenn das Rad beim Transport unsachgemäß behandelt wurde, unsicher geworden sind, dann sollten Sie einen anderen kundigen Radfahrer bitten, eine Proberunde zu drehen. Oft merkt man es selbst nämlich nicht mehr, daß die Pedale nicht gut stehen und drehen, weil man sich sehr schnell an eine abweichende Stellung gewöhnt; ein anderer dagegen, der gerade noch auf einem Rad mit guter Pedalstellung gefahren ist, wird dafür dann ein feineres Gespür haben, daß mit Ihrem Rad etwas nicht in Ordnung ist. So sollte man sich gegenseitig schon einmal einen Freundesdienst erweisen und das Rad eines anderen unter die Lupe nehmen. Wenn man nämlich

mit den leicht verbogenen Pedalwellen weiterfährt, dann bekommt man erstens früher oder später erhebliche Lendenschmerzen, und zweitens würden die empfindlichen Pedallager schon bald den Geist aufgeben.
Am Pedal sitzt der Fußhalter; er hält den Fuß am Pedal. Auch hier ist es wichtig, daß die richtige Länge eingestellt ist. Als Faustregel läßt sich sagen, daß der breiteste Teil des Fußes auf der hinteren Seite des Pedals ruhen sollte. An diese Stelle muß die Schuhplatte kommen, und zwar mit dem Spalt, in den der hochstehende oder hintere Rand des Pedals paßt. Die Schuhspitze sollte eigentlich nicht ganz bis an die Innenseite des Pedalhakens reichen. Sollte der Schuh so weit nach vorn gehen (und während eines Rennens oder bei einer anstrengenden Fahrt neigen die Schuhe dazu), dann werden wir schon bald ein unangenehmes Gefühl in den Zehen verspüren.
Pedalhaken müssen die richtige Länge haben. Sollten Sie aber doch zu kurze gekauft haben, dann läßt sich der Schaden eventuell noch mit ein paar Unterlegscheiben zwischen dem Pedal und der Platte des Hakens beheben; das macht gleich ein paar Millimeter aus, und so kann der Pedalhaken dann doch noch auf die richtige Länge kommen.
Die Schuhplatten unter den Fahrradschuhen sind sehr wichtig, denn sie stellen die feste Verbindung zwischen Fuß und Pedal her. Wo diese Schuhplatten sitzen müssen, findet man leicht heraus, wenn man zuvor ein Stück mit den Schuhen ohne Platten gefahren ist. Der nach oben gerichtete Rand der Pedale prägt dann eine deutliche Zeichnung auf die Schuhsohle. Die Platten werden so angebracht, daß der Spalt in ihnen etwa zwei bis drei Millimeter vor den Abdruck (in Richtung Schuhspitze) kommt. So wird man dann mit den Schuhspitzen nicht bis zum Inneren der Pedalhaken vorrutschen können.
Auch die Riemen der Fußhalter müssen in

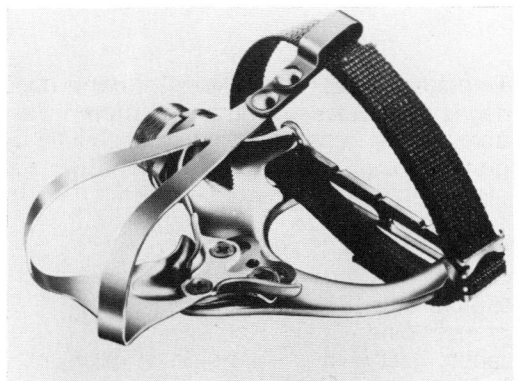

Das DD-Pedal von Shimano.
Eine ganz besondere Konstruktion. Bei Verwendung des DD-Pedals liegt der Fuß um 17 mm niedriger, als bei den konventionellen Pedalen. Auch der Drehpunkt liegt anders, als beim normalen Pedal. Dadurch ist das Pedal ausgewogener und es braucht weniger, vielleicht unbewußten, Kraftaufwand, um es in der richtigen Stellung zu halten.
Die Übertragung von Muskelkraft auf das Pedal verläuft harmonischer, spart Energie und macht das Radfahren bequemer. Die aerodynamische Tretkurbel in Kombination mit dem DD-Pedal und dazu noch der spezielle F.P.D.-Rahmen garantieren die optimale Nutzung der Muskelkraft.

gutem Zustand sein, richtig eingestellt und von Zeit zu Zeit überprüft werden. Sie sichern schließlich zusammen mit dem Pedalhaken den Fuß.

Tips zur Pflege des Tretlagers

Wenn das Fahrrad noch neu ist, dann sollte man unter allen Umständen schon nach einigen hundert Kilometern ein paar Kontrollen machen. Vor allem müssen die Gewinde der Tretkurbelbefestigung nachgezogen werden und ebenso die Verbindungsschrauben der Kettenblätter mit der Tretkurbel.
Regelmäßig muß ferner überprüft werden, ob im Tretlager kein Spiel ist. Dazu bewegt man die Tretkurbel hin und her. Sollte das

Tretlager knarren oder klopfen, dann muß das ganze Lager unverzüglich demontiert und gereinigt werden. Dabei müssen die Kugeln des Lagers erneuert werden, und zugleich muß man die Laufbahnen der Kugeln auf der Welle und in den Tretlagerschalen sorgfältig prüfen. Eine dünne, glänzende Spur von etwa einem halben Millimeter Breite, die dabei auch noch ganz glatt ist, braucht einem keine Kopfschmerzen zu bereiten. Wenn aber statt dessen die Kugelbahn schon angefressen ist, dann müssen Tretlagerwelle und Tretlagerschalen auch erneuert werden. Bei der Montage muß darauf geachtet werden, daß die Plastik-Tretlagerhülse keine Risse hat, sonst muß sie ebenfalls erneuert werden, damit die Lager geschützt bleiben.

Tips zur Pflege der Kette

Wir haben bereits festgestellt, daß das Tretlager gewissermaßen die Kurbelwelle des Fahrrades ist, über die mittels der Kette das Hinterrad angetrieben wird.

Diese Kette muß nun von Zeit zu Zeit gereinigt werden, denn sie ist ja Wind und Wetter ausgesetzt und wird dabei ständig mit Schmutz beworfen. Die beste Methode, eine Kette zu reinigen, besteht im Waschen mit Benzin. Damit diese Reinigung auch gründlich erfolgt, muß die Kette vom Fahrrad genommen werden. Die Kette wird dazu auseinandergenommen, und das läßt sich mit einem Kettennietenentferner ganz leicht bewerkstelligen. Mit diesem Spezialwerkzeug läßt sich der Niet soweit herausdrücken, bis die Kette auseinander genommen werden kann. Man kann jeden beliebigen Niet der Kette nehmen. Im Benzin wird die Kette gut ausgepinselt, dann wird sie getrocknet, bis das Benzin völlig verdunstet ist. Dann wird die Kette wieder aufgelegt (und dabei funktioniert der Kettennietenentferner jetzt umgekehrt, denn er drückt den Niet wieder in die frühere Position zurück) und gut geölt. Dazu verwenden wir dünnes Öl. Dickes Öl dringt nämlich nicht so leicht ein, und außerdem bliebe am dicken Öl viel mehr Schmutz und Sand hängen, denn das dicke Öl hängt meist auch in der einer dicken Schicht auf der Kette. Ein dünnes Öl also, aber das heißt zugleich, daß die Kette regelmäßig geölt werden muß, und das insbesondere nach Fahrten im Regen. Bei einer gut geölten Kette reicht es schon, wenn wir sie mit einem dünnen Öl nachpinseln. Aber das muß natürlich auch regelmäßig geschehen. Eine quietschende Kette verschleißt erheblich schneller, und sie läuft auch nicht geschmeidig durch den Schaltarm.

Sehr gut zum Schmieren der Kette bewähren sich die Sprühdosen mit Silikon-Spray. Dieser Spray dringt tief ein, und bei der Kette kommt es ja gerade darauf an, daß die Achse, die fest im Außenglied sitzt und sich im Innenglied dreht, gut geschmiert bleibt. Der Raum ist hier sehr beengt, und deshalb ist dickes Öl wirkungslos. Der Silikon-Spray stößt Wasser ab und hat Schmutz gegenüber praktisch kein Haftvermögen. Jedenfalls muß sehr regelmäßig geschmiert werden.

Wie weit die Kette verschlissen ist, läßt sich überprüfen, indem wir die Kette mit Daumen und Zeigefinger auf dem Kettenrad anheben. Wenn da viel Raum entstanden ist, dann sollte die Kette erneuert werden. Mit der Erneuerung der Kette zeigt sich auch oft die Notwendigkeit zur Erneuerung des Zahnkranzes, denn eine neue Kette läuft nicht gerade gut auf einem verschlissenen Zahnrad. Vielleicht ist auch nur ein einzelnes Ritzel des Zahnkranzes verschlissen, das kann dann eine gute Fahrrad-Werkstatt auch einzeln austauschen.

Mit dem Zahnkranz bzw. dem Ritzel werden wir uns in einem gesonderten Kapitel noch eingehender beschäftigen.

Kapitel 4

Die Laufräder

Die Laufräder sind beim Fahrrad so wichtig, daß sie ihm sogar den Namen gegeben haben. Spricht man vom Rad, dann meint man meist das ganze Fahrzeug; meint man nur ein einzelnes Rad, dann sollte man es „Laufrad" nennen. Die geballte Kraft, die der Radrennfahrer aus seiner Muskulatur herausholt, wird auf dem Weg über Tretlager, Kettenrad, Kette und Zahnkranz auf das Hinterrad übertragen. Je mehr Kraft eingesetzt wird, desto mehr Bewegung kommt zustande. In diesem Kapitel wollen wir uns nun einmal mit der Frage beschäftigen, wie man dabei einerseits so schonend wie möglich mit seiner Körperkraft umgehen kann und wie man andererseits aus dieser Antriebskraft eine möglichst große Geschwindigkeit herausholt. Dabei werden wir dann auch noch sehen, daß die Räder etwas mehr als nur einfache Räder sind, und daß man darüber einiges wissen und beherzigen sollte. Wenn wir nun schon die Laufräder betrachten, dann wollen wir zugleich einmal überlegen, was wir von diesen Rädern fordern; es geht also um die Anforderungen, die erfüllt werden müssen, damit wir eine maximale Geschwindigkeit unter dem Einsatz der geringstmöglichen Energie erreichen. Dabei wollen wir unsere Anforderungen auch so stellen, daß wir uns zugleich so komfortabel und so verkehrssicher wie möglich fortbewegen. Die Laufräder sind ja nun einmal äußerst wichtige Einzelteile des Fahrrades. Sie müssen schon allerhand aushalten, besser gesagt, sehr viel erleiden. Zum ersten durch das Körpergewicht des Fahrers, zum zweiten durch dessen Muskelkraft, die ja schließlich die Räder zum Drehen bringt, zum dritten durch die Beschaffenheit des Straßenpflasters, über das sie sich bewegen müssen und viertens durch das Quetschen, Walken und Wringen, das die Räder mitsamt der Bereifung durch Lenkmanöver und Kurvenfahrten zwangsläufig erleiden.

Alle diese Anforderungen lassen sich am leichtesten erfüllen, wenn die Räder stark sind; die Stabilität ist optimal, wenn das Rad steif geflochten und straff gespannt ist, denn nur so kann es sich gegenüber den verformenden Einflüssen von außen her behaupten.

Das Laufrad ist eine harmonische Konstruktion aus Felge, Speichen und Nabe; diese drei Einzelteile zusammen bilden das rollende Wunderwerk.

In den vorausgegangenen Kapiteln haben wir bereits festgestellt, daß ein gutes Rennrad so leicht wie möglich sein muß, ohne daß die Stabilität darunter leidet, und im Gegensatz zum Sportrad darf es auch keinen über-

Das Einspeichen. Neun Speichen werden auf einer Seite in den Nabenflansch eingehängt.

flüssigen Ballast mitschleppen. Nicht zuletzt darum hat man gerade bei den Laufrädern viel mit Gewichtseinsparungen experimentiert. Und deshalb hat man die Felgen und die Naben schließlich aus einer möglichst leichten Legierung gemacht. Überwiegend ist das Material Duralumin. Natürlich wäre eine stählerne Felge viel stabiler, steifer und widerstandsfähiger gegen Verformung, aber aus Gewichtsgründen hat man dem Aluminium den Vorzug gegeben. Zur Erlangung der gewünschten Stabilität werden die Speichen aufs Äußerste gespannt.

Das Rennrad ist ohne Schlauchreifen im Grunde fast unvorstellbar, aber in letzter Zeit gewinnen die sehr schmalen Drahtreifen mehr und mehr Freunde, vor allem auch bei den Langstreckenfahrern, die so ein wenig mehr Sicherheit vor Reifenpannen haben. Für diese beiden Reifenarten gibt es auch zwei verschiedene Felgenarten.

Die Felgen für Räder mit Schlauchreifen sind eigentlich Röhren, die aus einem rechteckigen Querschnitt in das Felgenprofil gepreßt wurden. An der Außenseite bilden sie ein Bett mit nur geringer Tiefe, auf dem der Schlauchreifen liegt. Beim Aufpumpen drückt sich der Schlauchreifen fest in dieses Bett ein, und seine Befestigung wird dann noch verstärkt durch einen doppelseitigen

Klebestreifen oder durch einen Spezialkleber. Darauf werden wir gleich noch näher eingehen.

Wenn der Schlauchreifen gut aufgezogen ist, dann läßt er sich kaum noch von der Felge herunterschieben. Aber bei einem Sturz oder unter außergewöhnlichen Beanspruchungen kann es schon vorkommen, daß ein Schlauchreifen von der Felge abspringt, aber das sind nur seltene Ausnahmen.

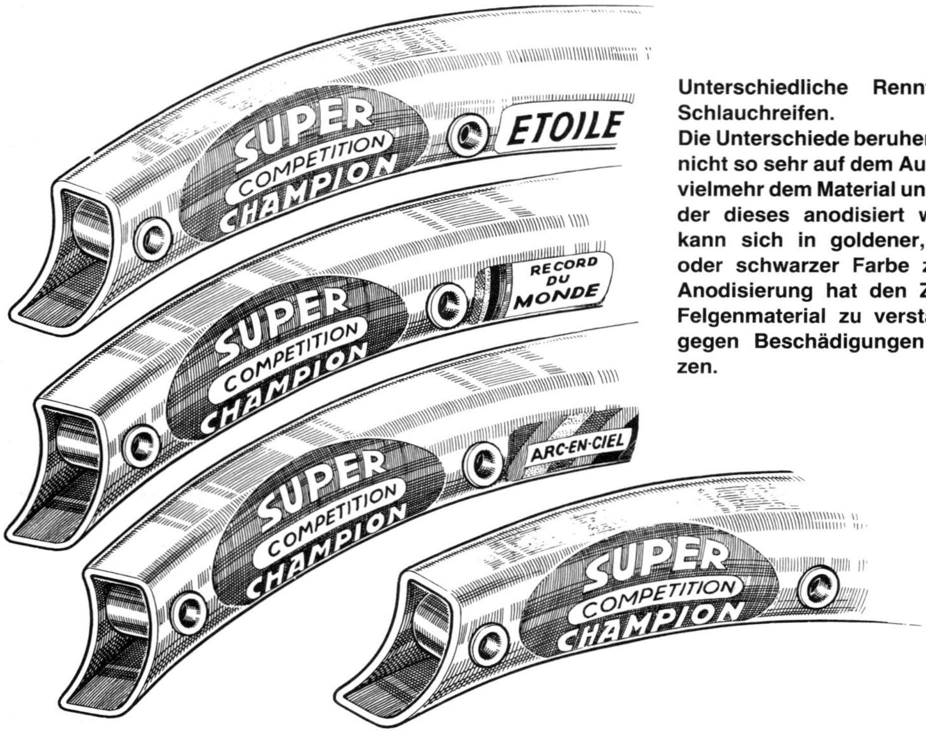

Unterschiedliche Rennfelgen für Schlauchreifen.
Die Unterschiede beruhen eigentlich nicht so sehr auf dem Aussehen, als vielmehr dem Material und der Art, in der dieses anodisiert wurde. Das kann sich in goldener, bläulicher oder schwarzer Farbe zeigen. Die Anodisierung hat den Zweck, das Felgenmaterial zu verstärken bzw. gegen Beschädigungen zu schützen.

Dies ist eine ganz andere Felge, nämlich die „Double-purpose"- oder „Mixte"-Felge von Wolber. Die Bezeichnung deutet schon an, daß diese Felge auf zweierlei Weise verwendet werden kann, nämlich sowohl für Schlauchreifen als auch für Drahtreifen. An den Querschnitten ist deutlich zu erkennen, wie die Felge verwendet wird. Allerdings gibt es einige Einschränkungen; so kann man z. B. keine breiten Schlauchreifen verwenden, denn die maximale Breite des Schlauchreifens ist 23 mm, aber das ist ja schließlich auch ein gängiges Maß. Breite Drahtreifen passen auch nicht; für sie gelten als Maximum die Wolbers von 20 und 23 mm sowie die Vredestein Racer von 20 und 25 mm.

Zu den Felgen wird ein Satz Hilfsmittel geliefert, wie ein Spezialkitt für Schlauchreifen und ein besonderes Felgenband zum Montieren von Drahtreifen.

Die Felge für Drahtreifen ist wesentlich anders gebaut. Sie hat einen Querschnitt mit einem tiefen Bett, in das sich der Reifen legt. Auf beiden Seiten gibt der Metallrand dem Reifen Halt, damit seine Flanken nicht nach außen gedrückt werden, wenn der Schlauch aufgepumpt wird. Die beiden Felgenarten haben also völlig verschiedene Querschnitte, jeweils nur zu der einen Reifenart passend.

Im Gewicht unterscheiden sich die beiden Felgenarten dagegen kaum vorneinander, denn sie werden aus etwa derselben Menge Material hergestellt; es ist nur die Form, in der sie sich unterscheiden. Eine Felge für Drahtreifen ist allerdings stabiler. Diese Eigenschaft ist ausschließlich auf das U-Profil der Felge zurückzuführen.

Querschnitt einer Rennfelge für Schlauchreifen. Deutlich sieht man, daß die Felge hohl ist und ein Felgenbett hat, in das der Schlauchreifen eingeklebt oder eingekittet wird.

Links bei Verwendung von Drahtreifen und rechts als Schlauchreifenfelge.

Querschnitt durch eine andere Weinmann-Felge für Drahtreifen. Hier ist die Felge etwas breiter, so daß sie für etwas größere Drahtreifen geeignet ist. In diesem Fall könnte man mit etwas breiteren Reifen bereits längere Fahrten mit leichtem Gepäck unternehmen – aber die Belastung darf keinesfalls übertrieben werden. Der breitere Reifen hat etwas mehr Luftvolumen und demzufolge auch etwas mehr Stehvermögen.

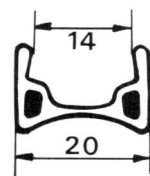

Querschnitt durch eine Weinmann-Felge für Drahtreifen. Die Felgenbreite beträgt hier nur 14 mm und ist somit für einen superschmalen Reifen geeignet. Diese Felge mit dem schmalen Reifen ist besonders gut für Langstreckenfahrer geeignet, die nicht weiter durch Gepäck belastet sind. Schließlich sind diese Drahtreifen noch schmaler als manche Schlauchreifen, und deshalb haben sie auch ein geringeres Luftvolumen. Würde man das Fahrrad noch mit zusätzlichem Ballast beladen, dann hätte ein so dünner Reifen kaum genügendes Stehvermögen.

Die Nabe mit der doppelten Kugellagerung, um die sich das Laufrad dreht, ist durch die Speichen mit der Felge verbunden. Diese haben die Aufgabe, die unterschiedlichen Kräfte aufzunehmen, die auf das Rad einwirken. Manche Kräfte zielen dabei von der Felge zur Nabe hin, andere aber auch in entgegengesetzter Richtung, von der Nabe zur Felge hin.
Welche Kräfte sind das nun, die von der Nabe zur Felge hin wirken, und welche in entgegengesetzter Richtung?
Das sind zunächst einmal die Kräfte, die durch Unebenheiten der Straße auf die Fel-

ge einwirken sowie diejenigen, die beim Abbremsen entstehen. Kräfte, die von der Nabe zur Felge hin wirken, entstehen dadurch, daß die Nabe durch das Gewicht des Fahrers eigentlich nach unten gedrückt würde; aber die Speichen, natürlich nur die jeweils nach oben gerichteten, verhindern dies. Eine weitere, nicht zu unterschätzende Kraft liegt in der Vorwärtsbewegung, denn die Kette, die das Ritzel antreibt, überträgt die Energie auf dem Weg über Nabe und Speichen auf die Felge.

Die Speichen werden durch die Nippellöcher gesteckt, und der Nippel wird aufgeschraubt.

Wenn alle Speichen im Flansch und in der Felge eingehängt sind, wird das Rad auf Spannung gebracht, indem die Nippel angezogen werden. Wenn man alle Nippel gleichmäßig anzieht, bekommt man schon ein recht ordentliches Rad. Das Richten geschieht anschließend auf einem speziellen Richtgerät. Dabei werden die seitlichen Abweichungen und die Höhenunterschiede beseitigt. Auf dem Foto gibt das linke Röllchen die Höhenunterschiede an, das rechte Röllchen mißt den Seitenschlag. Löst man die Speichen auf der einen Seite ein wenig und zieht man auf der anderen Seite etwas nach, dann kann man einen Seitenschlag aus dem Rad bringen. Solches Lösen und Nachspannen erfolgt immer über mehrere Speichen nebeneinander, weil sonst eine einzelne Speiche zuviel Spannung aufnehmen müßte.

So gesehen haben die Speichen schon eine ganze Menge zu leisten. Sie werden aus einem sehr starken Material gefertigt, nämlich aus Federstahldraht, der die Eigenschaft hat, Zugspannungen zu widerstehen; diese Zugspannungen entstehen sowohl beim Spannen der Speichen als auch durch die Belastung beim Fahren. Ferner ist Federstahldraht auch sehr beständig gegen Torsion (Verdrehung in der Längsrichtung also), und dazu kommt es, wenn die Speiche beim Anziehen der Nippel gespannt wird.

Man kann leicht hören, daß in den Speichen eines Laufrades eine Torsion erfolgte, wenn man auf einem neu eingespeichten oder nachgespannten Rad fährt. Man hört dann hin und wieder ein leichtes Piepsen aus dem Laufrad. Bei diesem Piepsen löst sich die Verdrehung ein wenig.
Die Speichen haben unterschiedliche Längen und Durchmesser. Die Länge wird in mm angegeben, zum Durchmesser der Speichen muß man sich folgendes merken: Je dicker die Speiche, desto kleiner ist die

Das gerichtete Rad wird mit dem Nabenprüfgerät untersucht. Mit Hilfe dieses Gerätes kann man überprüfen, ob die Lager der Nabe auf allen Seiten gleich weit von der Felge entfernt sind. Natürlich gilt diese Vorschrift nur für Vorderräder und für Hinterräder mit nicht mehr als einem Ritzel. Das Hinterrad wird mit dem Nabenprüfgerät erst untersucht, nachdem es „schirmartig" gezogen wurde, wobei die Stärke der „Schirmbildung" sich nach dem verwendeten Zahnkranz richtet (nach der Zahl der Gänge also).

Zahl, die die Stärke angibt, je dünner sie ist, desto größer wird die Zahl dagegen. Die erforderliche Speichenlänge wird vornehmlich durch die Bauart der Nabe (hoher oder niedriger Flansch) bestimmt. Und außerdem natürlich auch durch das „Muster", nach dem die Speichen eingesetzt werden müssen.

Zunächst einmal etwas über die *Dicke* der Speichen. Dazu wäre vor allem zu sagen, daß dickere Speichen natürlich schwerer, während dünnere Speichen leichter sind. Im Bestreben nach Gewichtseinsparung werden wir uns also für möglichst dünne Speichen entscheiden, aber auch da gibt es wieder Grenzen. Mit allzudünnen Speichen gehen wir ein zweifaches Risiko ein. Die empfindlichsten Stellen der Speichen sind nämlich die beiden Enden, an deren einem das Gewinde für den Nippel geschnitten ist und an deren anderem der Kopf sitzt, der in den Flansch eingehängt wird. Diese Stellen sollten eine bestimmte Mindeststärke haben. Als Kompromiß hat man nun Rennspeichen mit unterschiedlicher Dicke angefertigt. Deren Enden sind dicker als die Mitte. Im Grunde ist das dasselbe Prinzip, das man auch bei den Rahmenrohren angewendet hat, denn deren Enden sind ja auch stärker als die Rohrmitte. Die Stärke der Rennspeichen gibt man deshalb mit einer Doppelzahl an, z. B. 14/16 oder 15/17. Die letztgenannte ist eigentlich die einzig geeignete für superleichte Rennräder.

Die Speichen werden im Laufrad nur auf *Zug* belastet. Das ist auch leicht verständlich, denn wollte man eine so dünne Speiche auf Druck belasten, dann würde sie sich nur verbiegen, aber nicht standhalten können. Deshalb werden die Laufräder auch nach einem bestimmten Muster „geflochten", in dem die Speichen in einem Winkel tangential zum Nabenflansch stehen. Es wäre unmöglich, ein Drahtspeichenrad wie ein Wagenrad zu konzipieren. Dann müßte nämlich jeweils eine einzige Speiche, und zwar die senkrecht nach oben stehende, alle Kräfte aufnehmen, und das ist völlig ausgeschlossen.

Die Speichen können also nicht radial stehen, wie beim Wagenrad, sondern sie stehen tangential, im schrägen Winkel zum Flansch. Und das Muster, in dem die Speichen des Laufrades geflochten sind, stellt eigentlich den „Kunstkniff" dar, der es erst erlaubt, mit Hilfe von 36 dünnen Speichen ein Laufrad herzustellen, das bei geringstem Gewicht eine ganze Menge vertragen kann. Nimmt man ein Laufrad in beide Hände, dann sieht man deutlich daß auf jeder Seite des Flanschs die eine Hälfte der Speichen nach rechts und die andere Hälfte nach links verläuft. Auf diese Weise werden die einwirkenden Kräfte gleich in zwei Richtungen abgeführt. Die Laufräder moderner Rennräder werden im allgemeinen nach einem Prinzip eingefädelt, bei dem eine Speiche drei andere in der anderen Richtung kreuzt. Dieses Muster finden wir bei allen Laufrädern mit hohem Flansch und bei allen Vorderrädern mit niederem Flansch. Man nennt dieses System auch „Dreifachkreuzung". Die Zahl Vier läßt sich auf dem Flansch erkennen, sie bezeichnet die Zahl der Speichenköpfe, die zwischen den beiden Speichen liegen, welche das hohe Kreuz bilden. In jedem Laufrad sind nämlich jeweils zwei Kreuze beieinander, eines nahe am Flansch und eines weiter vom Flansch entfernt. Und auf das letzte Kreuz beziehen wir uns, wenn wir von der Dreifachkreuzung sprechen. Bei Hinterrädern mit niederem Flansch kreuzt eine Speiche sogar vier Speichen in der anderen Richtung. Das hängt damit zusammen, daß der Flanschdurchmesser der Hinternabe größer ist, als der einer Niederflansch-Vordernabe. Hier spricht man dann von „Vierfachkreuzung".

Die Vierfachkreuzung umschließt immer sechs Speichen, denn hier umfassen die Speichen des hohen Kreuzes sechs Speichenköpfe auf dem Flansch.

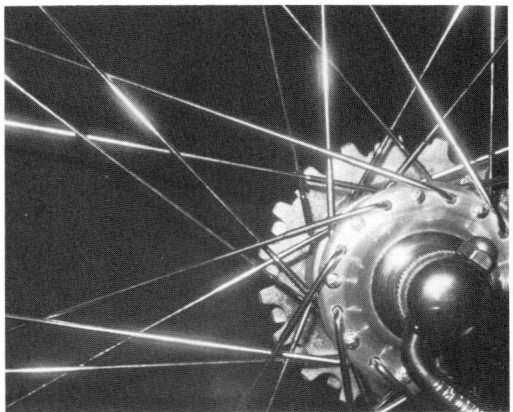

Detailaufnahme eines Rades, das eingespeicht wurde:
a) um jede vierte
   (das hohe Kreuz umfaßt vier Speichenköpfe),
b) Dreifachkreuzung
   (eine Speiche kreuzt drei andere).

Detailaufnahme eines Rades, das eingespeicht wurde:
a) um jede sechste
   (das hohe Kreuz umfaßt sechs Speichenköpfe),
b) Vierfachkreuzung
   (eine Speiche kreuzt vier andere).

Damit haben Sie ein paar Begriffe und die damit zusammenhängenden Probleme kennengelernt, und sie sollten sich einmal ein paar Räder unter diesen Gesichtspunkten betrachten.

Beim Einspeichen von Laufrädern werden wir noch ausführlich darauf eingehen.

Wenn wir uns nun mit den „Flechtmustern" beschäftigen, dann taucht früher oder später auch die Frage nach der Speichenlänge auf, denn die Speichen sind ja nicht alle gleich lang. Die Speichen gibt es nicht nur in unterschiedlichen Dicken, wie das zuvor beschrieben wurde, sondern es gibt sie auch in den verschiedensten Längen. Es ist von großer Bedeutung, daß eine Speiche die richtige Länge hat (und richtige Länge bedeutet hier auf Millimeter genau). Bei einer zu kurzen Speiche könnte der Nippel ja nur wenige Gewindegänge fassen, und er wird deshalb viel eher – mit zerstörtem Gewinde – beim Spannen von der Speiche abspringen. Eine

zu lange Speiche dagegen hätte sogar zwei Nachteile. Erstens wird der Nippel beim Spannen am Ende des Gewindes festlaufen und damit weiteres Spannen unmöglich machen, und zweitens könnte das Gewindeende einer zu langen Speiche über den Nippelkopf herausragen und – jedenfalls bei der Felge für Drahtreifen – den Schlauch oder den Schlauchreifen beschädigen, sofern der herausragende Kopf nicht abgeschliffen wird.

Es ist deshalb sehr wichtig, daß die Speichen die richtige Länge haben. Aber was ist die richtige Länge?

Als Faustregel könnte man etwa folgendes annehmen: Bei Laufrädern mit Niederflanschnaben beträgt die Speichenlänge 300 mm, bei Hochflanschnaben 295 mm. Das gilt aber nur bei der häufigsten Einspeichart, der Dreifachkreuzung, wenn also eine Speiche drei andere auf derselben Seite, aber in entgegengesetzer Richtung kreuzt.

Die Längen der verwendeten Speichen führen uns auch gleich zu einer spezifischen Eigenschaft des betreffenden Laufrades, denn eine „lange" Speiche – auch wenn der Unterschied nur 5 mm ist – hat mehr Dehnung als eine kurze Speiche. Mit anderen Worten: Ein Laufrad mit einer Hochflanschnabe und dementsprechend kürzeren Speichen ist steifer und stabiler als ein Rad mit niederem Flansch und demgemäß längeren Speichen.

Wir kommen jetzt zwangsläufig zur Frage: weshalb ein hoher und weshalb ein niederer Flansch? Die „Ur-Räder" hatten niedere Flansche und dazu noch Felgen aus Holz, die sehr eigenelastisch waren. Danach eroberten die hohen Flansche sich den ersten Platz, aber heute sieht man wieder fast ausschließlich Niederflanschnaben. Wahrscheinlich hat das auch etwas mit den Straßenverhältnissen zu tun, denn das frühere Pflaster ist ja überall der Bitumendecke gewichen, aber als alleinigen Grund läßt sich das nicht anführen. In den Heimatländern des Straßenrennens und der Tourenfahrten, wie Belgien, Frankreich und Italien, waren die Straßenverhältnisse ja lange Zeit nicht gerade günstig für den Radsport. Die bekannten belgischen „Katzenkopf"- und Backsteinstraßen waren berüchtigt, aber auch sie verschwinden immer mehr.

Die schlechten Wege erforderten starke Laufräder, nicht nur, weil die ständig zunehmende Kraft auf die Räder aufzufangen war, die durch die größeren Übersetzungen hervorgerufen wurde, sondern auch, weil man die bei größerer Geschwindigkeit wachsenden Schläge von Unebenheiten der Straße, Löcher oder Steine, ohne Beschädigung hinnehmen mußte. Aus diesem Grunde ging man zu Hochflanschnaben über, die – wie wir bereits feststellten – ein stärkeres und steiferes Laufrad entstehen ließen. Aber heute, wo die Strecken mehr und mehr über ebenen Asphalt führen, kehrt man wieder

zur Niederflanschnabe zurück. Auch das bringt wieder eine geringe Gewichtseinsparung, denn ein Satz Hochflanschnaben wiegt etwa 50 g mehr als der Satz Niederflanschnaben. Oder sollte es sich vielleicht doch nur um eine Modelaune handeln? Wir wissen es nicht; wir wissen eigentlich nur, daß es heute nicht sonderlich viel ausmacht, ob der Flansch hoch oder niedrig ist. Wer schnell fahren will, der muß kräftig treten, und dabei hilft die Flanschgröße wohl kaum.

Bei den Speichen sind wir bislang dem Leser noch eine Zahl schuldig geblieben, und zwar die Anzahl der Speichen pro Laufrad. Neun von zehn Rädern haben 36 Speichen, also 18 Stück auf jeder Seite, und von diesen 18 gehen 9 nach links und 9 nach rechts. Es gibt auch Laufräder mit 32, mit 28 oder gar nur mit 24 Speichen, aber das sind dann Räder zu Spezialzwecken, zu denen besonders leichte Räder erforderlich sind (Zeitfahrten auf glatter Strecke oder Rekordfahrten).

Ehe wir uns näher mit den Naben beschäftigen, noch eine Bemerkung zum Hinterrad. Wir haben bereits gesehen, wie die Laufräder gebaut sind, aber abgesehen von der Nabe unterscheidet sich das Hinterrad noch durch eine wesentliche Abweichung vom Vorderrad. Und diese Abweichung steht im Zusammenhang mit dem Zahnkranz bzw. dem Ritzelsatz. Bei einem gut eingespeichten Vorderrad sind beide Nabenflanschen gleich weit von der Radmittenebene entfernt, aber beim Hinterrad, das auf der rechten Seite noch den Zahnkranz trägt, ist der rechte Flansch ein wenig mehr zur Mitte gesetzt, damit zwischen ihm und dem Ausfall-Ende noch genügend Platz für den Zahnkranz bleibt. Ein solches Rad ist also schirmähnlich gebaut, es hat eine stärker kegelige Seite (links) und eine flachere (rechts). Diesen Effekt erhält man beim Einfädeln der Speichen. Es bedarf wohl keiner besonderen Betonung, daß die Speichen die richtige Länge haben müssen, sonst bliebe am Speichenende für den Nippel nicht genug Gewinde für die „Schirmbildung" übrig.

Es versteht sich von selbst, daß durch dieses schirmartige Aufziehen der Speichen eine zusätzliche Kraft auf diese einwirkt, die man keinesfalls unterschätzen darf, denn durch sie kann es sogar eher zum Speichenbruch kommen. Auch die Ingenieure von Shimano haben sich Gedanken über die Nachteile des schirmähnlichen Einspeichens gemacht. Und dann haben sie ein System entwickelt, durch das dieses mehr oder weniger gewalttätige Seitwärtsziehen auf ein Minimum reduziert wurde, um dadurch die Speichen – und mit ihnen das ganze Laufrad – ein wenig zu entlasten. Es handelt sich um das *„Uni-Balance-Technik"*. Ein etwas komplizierter Ausdruck für ein im Grunde einfaches, aber wirkungsvolles System.

Man hat eine Hinternabe mit eingebautem Freilauf. Es ist ein Aufsteckfreilauf, auf den nach Belieben diverse Zahnkränze mit der gewünschten Zähnezahl aufgeschoben werden können. Da der Freilauf mit der Nabe eine Einheit bildet, können die einzelnen Zahnräder viel näher an den Flansch gebracht werden, und dadurch kann der Unterschied zwischen den beiden Speichenseiten wesentlich geringer sein. Ein weiterer Vorteil des Uni-Balance-Technik besteht darin – aber das hat nichts mit der unterschiedlichen Speichenstellung zu tun –, daß man sich nun jeden Zahnkranz so zusammenstellen kann, wie er für die jeweilige Strecke am günstigsten erscheint. Man braucht jetzt nicht mehr zehn verschiedene Zahnkranzzusammenstellungen am Wandbrett aufzubewahren, sondern man hat nur noch eine einzige Uni-Balance-Technik-Hinterradnabe und dazu einen Satz loser Zahnräder.

Man nennt so einen Freilauf Kassettenfreilauf, und mit dem Namen ist eigentlich auch schon alles gesagt. Es ist wieder mal etwas Neues, und man wird sich erst dran gewöhnen müssen, aber mit diesem Uni-Balance-Technik wurden ausgiebige Versuche angestellt, und dabei hat er sich offenbar auch unter den härtesten Bedingungen bewährt. Mit dem Uni-Balance-Technik verringert man also auch die Spannung auf den Speichen, und das wird Speichen ersparen. Andererseits – Speichen werden immer wieder einmal brechen, ob nun schirmartig eingespeicht oder nicht, ob mit oder ohne Uni-Balance-Technik.

Mit dem Bruch von Speichen müssen wir uns hier auch einmal beschäftigen, denn der Speichenbruch hat oft nicht nur eine Reifenpanne zur Folge, sondern die gebrochene Speiche ist auch ein ganz übler Spielverderber, wenn sie z. B. in den Schaltarm gerät oder gar eine Acht in das Laufrad bringt. Die meisten Speichenbrüche gibt es im Hinterrad, jedenfalls unter normalen Bedingungen. Aber der Ausdruck „normale Bedingungen" kann eigentlich für die Speiche gar nicht gelten, denn die unterliegt ja ohnehin nur abnormalen Spannungen, mit denen sie fertigwerden muß. Wieso? Nun, die heute üblichen Übersetzungen haben es schon in sich. 54 x 13 ist das Normalste, was man sich denken kann, aber der Start aus dem Stand mit einer solchen Übersetzung läßt die Speichen in allen Tonarten seufzen. Eigentlich komisch, daß man sich hier nicht mal etwas von den Autofahrern abguckt, denn diese starten doch niemals gleich im dritten Gang. Der Motor würde beim Auto gleich protestieren, indem er zu klingeln beginnt, aber der starke Radfahrer holt munter die letzten Kraftreserven aus seinen Muskeln heraus.

Die rohe Gewalt geht eigentlich nur auf einen Teil der Speichen, und das sind genau neun an der Zahl. Es handelt sich dabei um die neun Speichen auf der rechten Seite des Hinterrades, die jeweils nach hinten gerichtet sind. Wir hatten bereits festgestellt, daß die Speichen ausschließlich auf Zug belastet werden können. Dasselbe gilt natürlich auch für die neun nach hinten gerichteten Speichen, die auf der linken Seite sitzen. Durch das ständig wiederholte Starten (vor allem mit großer Übersetzung) kann es in den Speichen zu Materialmüdigkeit kommen. Das ist auch logisch, denn jedes Material ermüdet früher oder später. Nimmt diese Erscheinung in der Speiche überhand, dann bricht diese, meist am Kopf im Nabenflansch. Also gut, und was macht man jetzt? Neue Speiche einsetzen, nachspannen und fortfahren mit der Mißhandlung der Speichen. Und was geschieht dann? Wieder bricht eine Speiche, und in drei von vier Fällen ist das ausgerechnet die neue.

Dafür gibt es eine Erklärung. Wenn eine Speiche bricht, dann ist das die eine von den genannten neun Speichen, die gerade nicht mehr genug Standfestigkeit hatte. Wenn die ersetzt wird, dann kommt die Ersatzspeiche zwischen die anderen acht, die auch schon eine ganze Menge mitgemacht haben. Dadurch sind sie schon ein wenig durchgeknetet, und können eigentlich nicht mehr allzuviel vertragen, aber gerade weil sie schon ein bißchen durchgeknetet sind, sind sie auch etwas geschmeidiger, und so kommt die Belastung neunfach auf die neue Speiche, und die Folge ist: Bruch.

Bei einem Speichenbruch ist es das Vernünftigste, alle neun Speichen derselben Gruppe zu ersetzen. Damit werden die Kräfte beim Starten wieder gleichmäßig auf die ganze Gruppe verteilt, und dann wird es auch wieder eine ganze Weile dauern, ehe die nächste Speiche bricht. Im Grunde ist es dasselbe bekannte Gesetz, das für die Kette gilt: sie ist nur so stark wie ihr schwächstes Glied. Nochmals mit anderen Worten: eine neue Speiche in einer Gruppe von acht alten, sturmerprobten Kampfgenossen ist unerprobt und unerfahren, sie wird bestimmt als erste den Geist aufgeben.

Die Naben

Wir haben bereits festgestellt, daß es Hoch- und Niederflanschnaben gibt. Aber die unterscheiden sich in der Funktion nicht voneinander. Eine komplette Nabe besteht aus der Nabenhülse, das ist also das Äußere, an dem man die Speichen befestigt, ferner gehört die Achse dazu und dann noch die beiden Nabenlager. Außer auf der Rennbahn werden die massiven Achsen mit Muttern beim modernen Radrennen nicht mehr verwendet. An ihre Stelle traten die Schnellspann-Naben.

Deren Prinzip beruht darauf, daß an die Stelle der Muttern ein Verriegelungsmechanismus getreten ist. Mit einer einfachen Drehbewegung wird die Nabe fest in der Gabel gehalten. Die Spannung, mit der die Achse festgeklemmt wird, kann mittels der Justiermutter geregelt werden, die dem Schnellspannhebel gegenüber liegt. Der Sinn dieses Nachstellens wird leider häufig übersehen, und das kann man sehen, wenn aus dem Stand gestartet wird. Das Rad verklemmt sich dann schräg in der Hinterradgabel, und die Folgen kann man sich leicht ausmalen.

Die Nabe muß so eingestellt sein, daß man den Sicherungshebel, den Schnellspannhebel also, ohne Hilfsmittel mit äußerster Anstrengung der Hand gerade noch umlegen kann. Man sollte auch darauf achten, daß der Schnellspannhebel der gespannten Nabe immer nach hinten gerichtet ist. Dadurch soll verhindert werden, daß man beim Fahren damit einmal hängen bleibt. Vielleicht klingt das nach übertriebener Vorsicht, aber durch den Hebel sind schon viele Unfälle geschehen. Der Schnellspannverschluß hat einen Stift, der durch die hohle Hinterradachse geschoben wird. Daß diese hohl ist, sollte niemanden erschrecken, denn Materialprüfungen haben längst erwiesen, daß eine hohle Achse mehr Widerstand gegen Verbiegen bietet, als eine massive. Auch darin liegt also ein Vorteil der Schnellspann-Naben.

Links und rechts in der Nabenhülse sitzen die Lager. In den meisten Nabenhülsen sind die Lagerschalen eingepreßt, so daß sie nur mit Schwierigkeiten ersetzt werden könnten. Dagegen steht aber der Vorteil, daß die Oberflächen gehärtet sind, so daß ein Einlaufen fast ausgeschlossen ist.

Wir gehen natürlich von der Unterstellung aus, daß die Naben gut gepflegt und behandelt werden; also regelmäßig überprüfen, regelmäßig neues Fett und eventuell auch neue Kugeln. Verschlissene Kugeln oder trockengelaufene Lager müssen selbst für die härtesten Kugelbahnen zur Katastrophe werden. Hier sollten Sie auch keine Kugelkäfige verwenden, sondern lose Kugeln. Das bedeutet zwar ein wenig Mehrarbeit,

Hochflansch-Ausfallnaben (Hochflanschnaben mit Schnellspannvorrichtung).

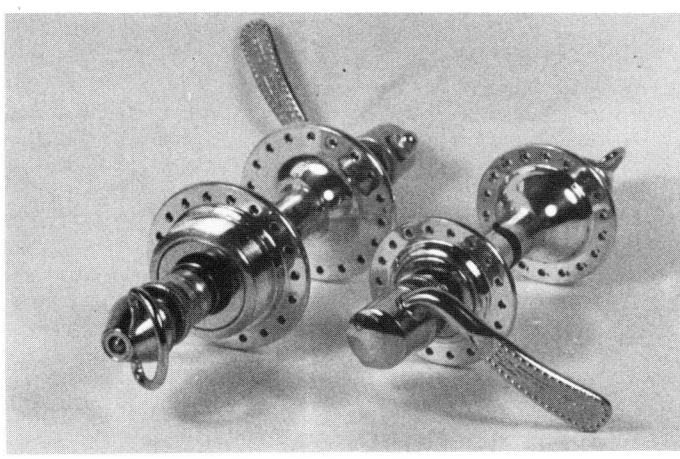

Niederflanschnaben mit Schnellspannvorrichtung (Niederflansch-Ausfallnaben).

aber das Lager ist mit losen Kugeln wesentlich kompakter, und man schließt ferner die Gefahr aus, daß der Käfig einmal bricht und daß seine Brocken dann das Lager zerstören.

Die Einstellung der beiden Nabenlager geschieht mit Hilfe des Stellkonus, der auf die Achse geschraubt wird und nach Anbringung der Sicherungsscheibe mittels der Achsmutter gesichert wird.

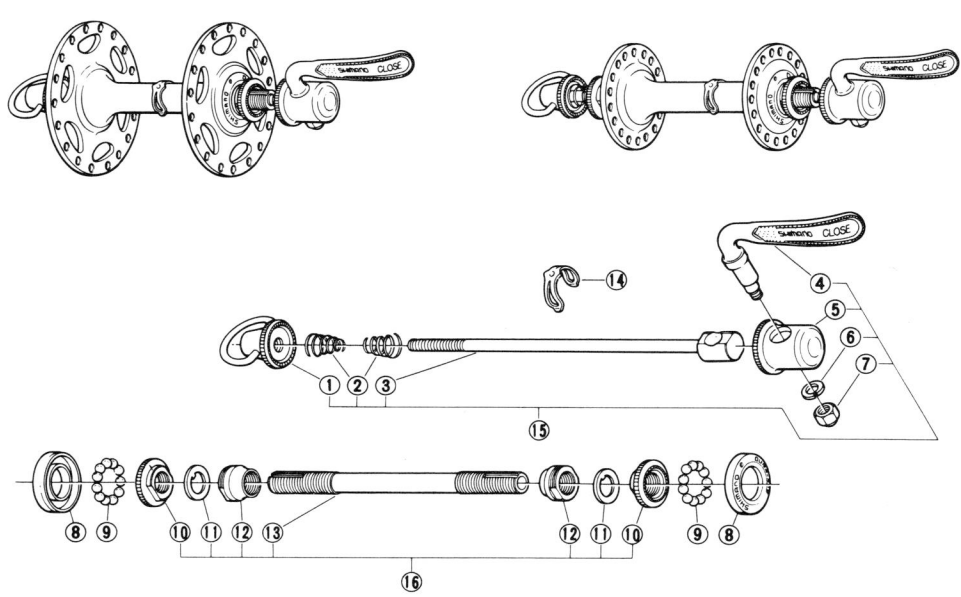

Hoch- und Niederflansch-Vorderradnaben mit ihren Einzelteilen.
1 = **Einstellschraube zur Regelung der Klemmspannung (so fest wie möglich);**
2 = **Zentrierfederchen, die links und rechts der Nabe sitzen müssen; sie sorgen dafür, daß der Raum, in den die Gabelenden kommen, zum mühelosen Einsetzen des Vorderrades links und rechts gleich ist.**
3 = **Spannstift, der durch die hohle Achse geschoben wird;**
4, 5, 6 und 7 = **Einzelteile des Spannhebels;**
8 = **die Staubkappen für die Lager (dürfen nicht vergessen werden!);**
9 = **die Kugelringe (lose Kugeln sind besser);**
10 = **Sicherungsmuttern für den Lagerkonus;**
11 = **Zwischenringe auf dem Konus (gegen Verdrehen während des Sicherns);**
12 = **Lagerkonus;**
13 = **Hohlachse;**
14 = **Verschlußstück für die Bohrung in der Nabenhülse;**
15 = **die vollständige Schnellspannvorrichtung;**
16 = **die vollständige Achse;**

Sorgen Sie immer dafür, daß der Konus gegenüber der Seite, die gerade eingestellt wird, gut gesichert ist. Die geeigneten Werkzeuge dazu sind die sehr flachen Schlüssel von Campagnolo, die genau die richtige Stärke haben, um Stellkonus und Achsmutter zu umfassen.

Es ist wohl logisch, daß die Einstellung sorgfältig erfolgen muß, denn ein Laufrad, das schleudert oder das zu straff läuft, ist keines-

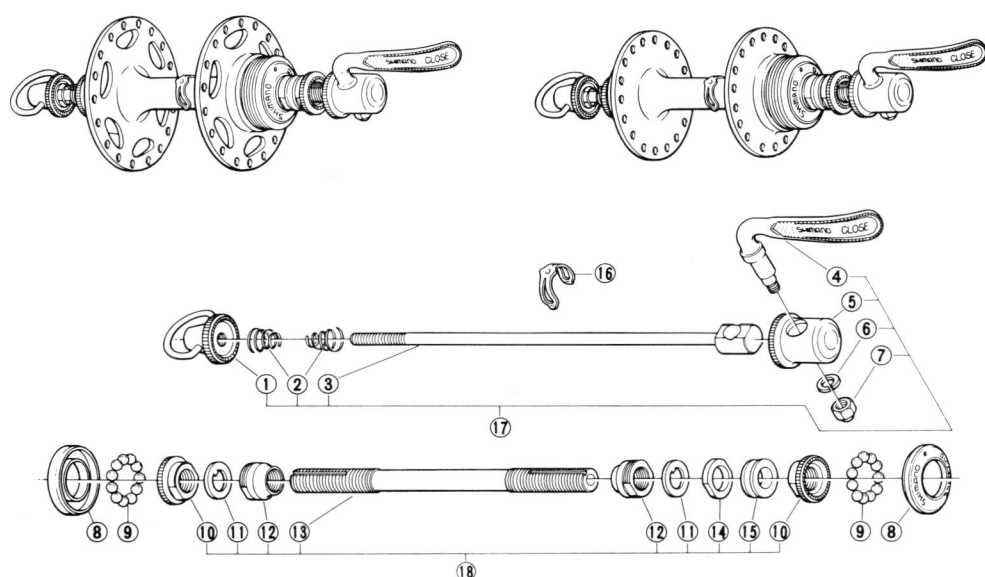

Hoch- und Niederflansch-Hinterradnaben mit ihren Einzelteilen.

15 = Zwischenscheibe; die Dicke ist ausschlaggebend für die Höhe des Zahnkranzes, z. B. mit 3, 4 oder 5 Ritzeln;

16 = Verschlußstück für die Bohrung in der Nabenhülse;

17 = die vollständige Schnellspannvorrichtung;

18 = die vollständige Achse.

Der Rest der Bezifferung stimmt mit der der Vorderradnaben überein.

falls ideal. Am besten spannt man dazu das Rad mit der Achse in den Schraubstock ein. Zum Schutz muß man Kupfer- oder Bleiplatten zwischen Schraubstockbacken und Achse klemmen, denn sonst beschädigt man das Gewinde. Bedenken Sie aber folgendes: wenn das Rad im Schraubstock eingestellt wurde, dann kann es sein, daß es leicht läuft, aber wenn dann später die Achse von Hand gedreht wird, dann kann das ganz anders sein. Meist muß man schon einige Male einstellen, ehe man wirklich die ideale Stellung erreicht hat. Vergessen Sie auch nicht die Staubkappe auf das Lager zu setzen, die hat ja schießlich ihren Sinn. Ferner sollte man sich merken, daß der Benzinpinsel beim Reinigen des Fahrrades weit von den Vorder- und Hinterradlagern entfernt bleiben muß, denn durch das Reinigungsbenzin wird meist ein Teil des Lagerfettes fortgespült, und dann hat man unversehens ein brottrockenes Lager. Auch nach längeren Fahrten bei Regen und Schnee sollte eine Pflege dieser Lager erfolgen.

Und noch ein Wort über die Maße der Kugeln: in den meisten Fällen hat man hinten Kugeln von 1/4″ (Zollmaß) und im Vorderrad von 3/16″. Es ist möglich, daß man eine vollständige Achse austauschen muß; z. B. nach einem Bruch oder wenn die Hohlachse durch Unfall krumm wurde. Das ist für den geübten „Do-it-yourselfer" gewiß keine unlösbare Aufgabe, sofern er dabei einige Dinge beachtet. Versuchen Sie auf jeden Fall, genau die gleiche neue Achse zu beschaffen. Das ist wichtig, nicht nur im Zusammenhang mit der Länge, sondern auch hinsichtlich des Maßes der Achsenkonusse. Es gibt nämlich Hohlachsen, die sich untereinander in der Länge unterscheiden. Es kommt darauf an, die richtige Länge zu wählen, weil die Achse lang genug sein muß, damit das Rad in die Ausfallenden der Vorderachse paßt. Wenn die Achse zu lang ist und etwas aus den Ausfallenden herausragt, dann bekom-

men wir Schwierigkeiten mit der Schnellspannvorrichtung, so daß wir das Rad nicht zweckmäßig einspannen können. Eine Achse mit der richtigen Länge also! Ferner müssen die Konusse die richtigen Abmessungen haben. Sie können sich nämlich auf der kleinen Seite, also dort, wo der Konus in das Lager geht und zwischen die Kugeln kommt, im Durchmesser voneinander unterscheiden. Es kommt darauf an, daß das kleine Ende des Konus **in** die Kugelbahn kommt. Nur so funktioniert das Lager. Ist der Konus zu groß, dann läuft er **auf** den Kugeln, und das ist schlecht.

Beim Einsetzen der neuen Achse gehen wir folgendermaßen zu Werke. Es bedarf wohl keines besonderen Nachdrucks, daß man die Gelegenheit dazu nutzt, die Lager zu reinigen, einzufetten und gleichzeitig mit neuen Kugeln zu versehen. Nochmals zur Erinnerung: **Vorderachse:** auf jeder Seite zehn Kugeln von 3/16 Zoll, **Hinterachse:** auf jeder Seite neun Kugeln von 1/4 Zoll. Sporadisch können Abweichungen auftreten, aber die zuvor genannten Zahlenangaben gelten in neun von zehn Fällen.

Die Klemmblöckchen von VAR im Schraubstock.

Jetzt setzen wir die Achse in die Nabe und drehen gleichzeitig links und rechts den Konus auf die Achse. Die Konusse werden angezogen, bis es nicht mehr weitergeht. Nun prüfen wir sorgfältig, ob die Achse links und rechts gleichweit herausragt. Ist dies nicht der Fall, dann wird der Konus der langen Seite etwas zurückgedreht und der Konus der anderen Seite etwas angezogen, bis beide Enden gleichlang sind. Jetzt schieben wir die beiden Zwischenringe auf die Achse, wobei wir darauf achten, daß der Nocken im Ring auch genau in die Aussparung der Achse paßt. Danach schrauben wir die Sicherungsmuttern auf die Achse, bis der Ring fest am Konus anliegt.

Jetzt heißt es aufpassen, denn wir müssen uns merken oder anzeichnen, welches Achsenende auf die rechte Seite des Fahrrades kommt. Weshalb? Nun, Sicherungsmutter und Konus des rechten Lagers, sowohl beim Vorder- als auch beim Hinterrad, müssen sehr fest aufeinandersitzen. Wenn der Konus sich durch die Drehung nach rechts lockern würde, dann könnten die Lager des Vorder- und des Hinterrades blockieren. Schließlich wird der Konus, der sich gelockert hat, durch die Drehbewegung des Laufrades nach rechts mitgezogen, und das Lager läuft fest. Vielleicht merkt man das nicht einmal gleich, aber auf die Dauer kostet das sehr viel Kraft, und überdies könnte das Lager unreparierbar beschädigt werden.

Zum Anziehen der Sicherungsmutter auf dem Konus benutzt man am besten einen speziellen flachen Konusschlüssel und für die Sicherungsmutter einen Gabelschlüssel; wenn die Achse im Schraubstock eingespannt ist, verwendet man einen passenden Ringschlüssel. Wie die Nabe im übrigen eingestellt wird, haben wir bereits besprochen.

Wenn eine Nabe längere Zeit im Betrieb war und die Speichen sind nun soweit, daß sie ersetzt werden sollten, dann sollten Sie sich auch die Speichenlöcher einmal ansehen. Sie werden erkennen, daß in der Richtung,

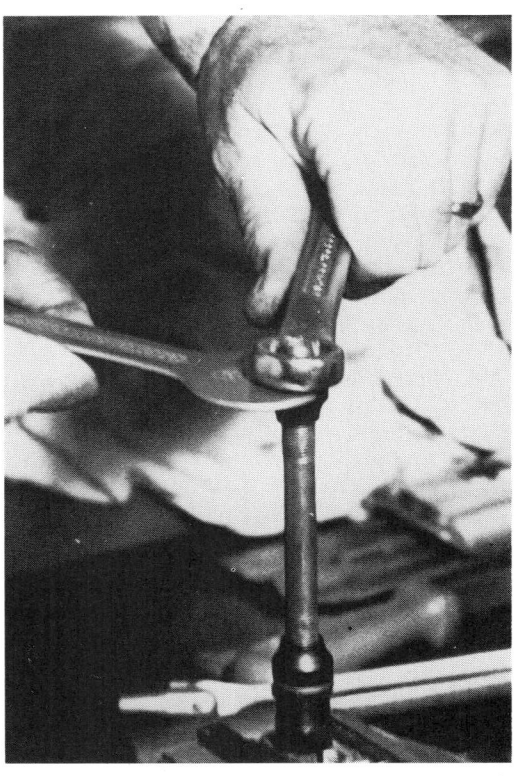

Anziehen des Konus und der Sicherungsmutter mit dem Konusschlüssel.

in die zuvor die Speiche zeigte, eine kleine Einkerbung entstanden ist. Wenn Sie dann aufs neue einspeichen, dann sollten Sie die Speichen einfach in eine andere Richtung setzen; auf diese Weise können Sie Ihre Nabe länger benutzen. Man sollte eben jedes Teil auf alle möglichen Gesichtspunkte hin untersuchen, denn so kann man die Lebensdauer einzelner Teile wesentlich verlängern. Die Laufräder sind erst vollständig, wenn die Schlauch- bzw. Drahtreifen aufgezogen sind. Auf die Schlauchreifen selbst werden wir später noch näher eingehen, aber zunächst wollen wir uns einmal mit der Befestigung dieser Reifenart auf der Felge beschäftigen. Darüber wird nämlich meist sehr oberflächlich hinweggegangen, obwohl viele Leute damit offenbar große Schwierigkeiten haben.

Schlauchreifen kann man auf zweierlei Weise befestigen. Entweder mit einem flüssigen Kitt, der in Döschen oder in Tuben zu kaufen ist, oder mit Hilfe eines doppelseitigen Klebestreifens. Auch hier kann man leider nicht sagen, was das Beste ist, aber bei beiden Methoden ist jedenfalls eine wichtige Voraussetzung, daß die Befestigung sorgfältig erfolgt. Grundsätzlich muß die Felge (genauer gesagt, das Bett, in dem der Schlauchreifen liegt) gründlich gereinigt werden und vor allem muß es auch fettfrei sein. Zur Beseitigung von Fettspuren kann man Waschbenzin verwenden. Ferner kann man das Bett auch noch mit einer halbrunden Feile oder mit Schmirgelpapier ein wenig aufrauhen, denn dadurch wird die Haftung verbessert.

Mit flüssigem Kitt kann man folgendermaßen zu Werke gehen. Verwenden Sie eine alte Zahnbürste zum Auftragen, damit sie saubere Hände behalten. Der Kitt wird (nicht zu dick) sowohl auf das Stoßband des Schlauchreifens als auch auf das Felgenbett aufgetragen. Dann läßt man ihn trocknen. Danach wird noch eine gleiche Schicht aufgetragen, die man antrocken läßt, bis sie eben noch ein bißchen pappt. Danach wird der Schlauchreifen um die Felge gelegt. Ein neuer Reifen ist immer ziemlich knapp und muß mit Hilfe von Händen und Füßen ein wenig gestreckt werden. Gleich nach dem Auflegen wird der Reifen, der ein ganz kleines bißchen aufgepumpt wird, präzise gerichtet, so daß die Mitte des Profils auch genau in der Radmitte liegt. Prüfen Sie auch, ob an beiden Seiten des Schlauchreifens gleich viel Stoßband vom Rand der Felge

Wim Hommes beim Aufziehen eines Schlauchreifens mit Klebeband mit Abdeckfolie. Mit der linken Hand und dem Schraubendreher hebt er jeweils ein Stück vom Schlauchreifen an, und mit der rechten Hand zieht er die Folie vorsichtig Stück für Stück ab.

Man kann diese Arbeit noch perfekter durchführen, wenn man folgendermaßen zu Werke geht: Nachdem das Klebeband angebracht und in das Felgenbett eingerieben ist, entfernt man die ganze Abdeckfolie. An ihrer Stelle bringt man ein Textilband an, das ebenso breit ist wie das Klebeband. Danach wird der gedehnte Schlauchreifen umgelegt. Wenn das geschehen ist, arbeitet man weiter, wie bereits beschrieben. Der Vorteil ist, daß das Textilband nicht brechen kann, eine Gefahr, die bei der Abdeckfolie aus Plastik besteht.

frei ist. Anschließend wird aufgepumpt, und dann läßt man das Laufrad – sofern soviel Zeit ist – wenigstens 24 Stunden lang stehen.

Der Vorteil des Kittens liegt darin, daß man bei späterem Erneuern des Schlauchreifens noch hinreichend Klebekraft für den neuen Reifen hat, was voraussetzt, daß zwischen dem ersten und dem zweiten Schlauchreifen keine allzulange Zeit liegt. Bei der Verwendung von Klebeband kommt es eher schon mal zu Schwierigkeiten, weil manchmal der Klebestreifen verschoben ist und seitlich heraustritt; an diesen Stellen scheuert er dann evtl. an den Bremsklötzen. Das ideale Klebeband hat auf der einen Klebeseite eine Abdeckfolie, und diese Folie kann sehr nützlich sein.

Wim Hommes hat sich ein System ausgedacht, das bestens funktioniert. Er montiert Schlauchreifen mit Hilfe des Klebebandes mit Folie in folgender Weise. Zunächst einmal wird das Felgenbett gründlich gereinigt. Vom Ventilloch aus bringt man das Band an und schneidet dann ab, wenn man die Runde vollendet hat. Anschließend wird das Band mit den Fingern kräftig in das Felgenbett einmassiert.

Das geht relativ leicht, weil die Abdeckfolie noch darunter liegt. Danach löst man beim Ventilloch ein kleines Stück der Abdeckfolie (wenige Zentimeter reichen), und zieht das heraus. Der Schlauchreifen, der ein wenig gedehnt ist, wird nun um die Felge gelegt. Auch das verläuft problemlos, weil noch kein Klebeband freiliegt. In aller Ruhe kann man nun den Schlauchreifen gut zentrieren. Dann schiebt man einen Schraubendreher am Ventilloch (dort also, wo das Stückchen Folie zwischen Schlauchreifen und Felge herausragt) zwischen Reifen und Felge, und zwar soweit, daß zu beiden Seiten der Felge ein Stück Schraubendreher herausragt. So wird ein wenig Platz frei, der gerade groß genug ist, um die Abdeckfolie vorsichtig herauszuziehen. Anschließend schiebt man den Schraubendreher ein wenig weiter (wobei man darauf achten muß, daß der Schlauchreifen nicht schräggezogen wird), und dann zieht man die Folie wieder heraus. So geht's dann den ganzen Reifen entlang, und auf diese Weise gelangt der Schlauchreifen in das Felgenbett, ohne sich beim Befestigen zu verschieben.

Nun wird der Reifen aufgepumpt, und wenn alles richtig gemacht wurde, liegt er korrekt im Felgenbett.

Man muß sich halt was einfallen lassen; dieses System funktioniert jedenfalls perfekt, und wenn Sie es so machen, dann ersparen Sie sich viel Ärger.

Nun gibt es aber auch Radrennfahrer, die Klebeband ohne Abdeckfolie verwenden. Auch hier läßt sich die vorbeschriebene Methode anwenden, nur muß man dazu die Klebebandrolle für eine Weile in das Tiefkühlfach des Eisschrankes legen. Das eiskalte Klebeband haftet kaum noch, und damit könnte man also nach derselben Methode vorgehen. Wenn das Klebeband wieder Außentemperatur angenommen hat, dann klebt es wieder wie eh und je. Man sollte Klebeband nicht monatelang auf der Felge behalten, denn es hat nun mal kein ewiges Leben. Auch wenn man keine Reifenpanne hat, sollte man es dennoch im Zeitabstand von zwei Monaten erneuern, und das vor allem, wenn man ein paarmal bei Regenwetter gefahren ist. Es ist jedenfalls besser, das Band einmal zu oft bzw. zu früh auszutauschen als gedankenlos damit weiterzufahren. Ein gelöster oder abgesprungener Schlauchreifen war schon oft die Ursache eines Unglücks. Übrigens kann man auch hören, ob das Klebeband ausgetrocknet ist, denn dann beginnt der Schlauchreifen auf der Felge zu knarren, und dann ist es wirklich „höchste Eisenbahn"!

Ein paar Tips zur Pflege von Laufrädern und Naben

Es ist einfach ein herrlicher Anblick, wenn schnelldrehende Räder glitzern und glänzen, wenn der Sonnenschein sich in ihnen spiegelt. Und dafür sorgt dann vor allem der Radfahrer selbst. Es ist nur eine geringe Mühe, die Felgen, Speichen und Naben ab und zu mal mit einem Putzlappen zu reinigen. Wer sein Rad ständig benutzt, der sollte diese Arbeit doch wenigstens einmal in der Woche verrichten. Dadurch kommt man auch der Gefahr zuvor, daß der Dreck kleben bleibt, so daß man schließlich Waschmittel zu Hilfe nehmen muß. Die Waschmittel können nämlich bei intensiver und regelmäßiger Verwendung die glänzende, anodisierte Schicht des Aluminiums angreifen; dann wird der Glanz bald auf Nimmerwiedersehen verschwinden und das Alu wird stumpf. Auch die Speichen darf man nicht mit einem scheuernden Material bearbeiten, also weder mit Scheuersand noch mit Schmirgelpapier. Die dünne Chromschicht ist schnell weggescheuert, und dann wird die Speiche bald zu rosten beginnen. Wenn Sie das Rad regelmäßig mit einem Tuch reinigen, dann können sie sich alle aggressiven Reinigungsmittel ersparen.

Auch das Spiel in den Nabenlagern muß regelmäßig überprüft werden. Wenn wir das Laufrad mit Daumen und Zeigefinger quer zur Achse hin- und herbewegen können, dann muß das Nabenlager nachgestellt werden. Dazu bietet der Handel spezielle dünne Konusschlüssel an, die dieses Nachstellen erleichtern. Halten sie sich immer vor Augen: Ein Lager mit Spiel verschleißt doppelt schnell.

Wenn ein Laufrad gereinigt wird, dann muß es aus dem Rahmen herausgenommen werden; dabei kommt der Vorteil der Schnellspann-Naben zur Geltung. Kommen Sie niemals mit dem Benzinpinsel in die Nähe der Lager. Schon allein die Verdunstungsgase des Benzins – ganz zu schweigen von der Flüssigkeit selbst – können das Fett aus dem Lager herausspülen, und ein trockenes Lager ist nun mal eine üble und gefährliche Sache.

Überprüfen Sie auch regelmäßig die Speichenspannung, indem Sie versuchen, zwei Speichen gegeneinanderzudrücken. Spannen sie schlappe Speichen wieder nach, in dem Sie deren Nippel mit dem Nippelschlüssel andrehen. Sorgen Sie dabei auch für das richtige Maß des Nippelschlüssels, denn wenn die Vierkante einmal rundgeschliffen sind, dann wird's nix mit dem Anziehen.

Fangen die Lager an zu „stöhnen" oder verspürt man beim Drehen der Achse einen Klemmpunkt, dann müssen Achse und Lager unverzüglich demontiert werden. Alles gründlich reinigen, neues Fett, neue Kugeln und wieder montieren und einstellen.

Auch die Felgenränder müssen reingehalten werden. Meist kommt nach einiger Zeit ein schwarzer Schleifrückstand von den Bremsklötzchen auf den Rand. Dieser Rückstand läßt sich leicht mit einem Tuch, das mit ein paar Tropfen Benzin angefeuchtet wurde, wegreiben. Aber achten Sie darauf, daß da kein Benzin an die Walkzone der Bereifung kommt. Dadurch könnte nämlich diese dünne Seitenschicht beschädigt werden. Wenn die Gewebefäden unter dem Gummi offen heraustreten, dann kann dort leicht Feuchtigkeit eindringen, und dann beginnt ein ganz normaler Verfaulungsprozeß. Und noch etwas: fettige Felgenränder können dazu führen, daß die Bremsen nicht mehr fassen.

Der Zahnkranz muß bei der Reinigung immer vom Laufrad genommen werden, denn man kann ihn sonst beim besten Willen nicht in Benzin waschen, ohne daß dabei Benzin in die Lager käme. Also abziehen, und dazu gibt es verschiedene Arten von Abziehern, da jede Zahnkranzmarke ihren eigenen Abziehmechanismus hat. Der Zahnkranz wird gut in Benzin gewaschen und dann gut getrocknet. Ziehen Sie eine starke Schnur hindurch und schleudern Sie ihn dann kräftig aus. Die Benzinreste fliegen so heraus, und das Schleudern fördert das Verdunsten. Erst wenn der Zahnkranz völlig trocken ist, kann er geölt werden. Dazu verwenden wir dickes Öl, das wir langsam in den Spalt des Freilaufs einlaufen lassen. Zwischendurch den Freilauf immer einmal drehen lassen. Erst wenn der Freilauf sich ganz geräuschlos dreht, hat er genug Öl.

Wir legen ein so großes Gewicht auf einen absolut trockenen Zahnkranz, weil eventuell vorhandene Benzinrückstände das neue Öl wieder verdünnen könnten. Wenn wir den Zahnkranz wieder auf die Nabe schrauben, dann müssen wir auch darauf achten, daß das Gewinde völlig sauber und daß es ein wenig eingefettet ist. Der Zahnkranz muß mit größter Sorgfalt aufgesetzt werden; wird er schief aufgesetzt, dann wird u. U. das Gewinde im Aluminium der Nabe so beschädigt, daß es nicht mehr zu reparieren ist. Also ganz vorsichtig probieren, ob der Zahnkranz ordnungsgemäß gefaßt hat und erst dann weiterdrehen.

Nur in Ausnahmefällen kann man ungestraft vom Dreischeiben-Zahnkranz (vom Dreigang also) auf Fünf- oder Sechsgang überwechseln. Beim Überwechseln auf einen Zahnkranz mit einer anderen Zahl von Ritzeln muß die Breite der Achse angeglichen werden, sonst kann das Rad festlaufen.

Kapitel 5

Das Einspeichen der Laufräder

Das Einspeichen von Laufrädern scheint überaus kompliziert zu sein. Mit einer Felge in der einen und 36 Speichen in der anderen Hand und einer Nabe haben wir noch lange kein straff eingespeichtes und gut gespanntes Laufrad in der Hand.

Aber hier verhält es sich genau so, wie mit dem rätselhaften „Würfel" von Rubik: es ist nur eine Frage systematischen Vorgehens, gründlichen Nachdenkens, aber vor allem des Durchhaltevermögens. Wenn Sie es immer wieder probieren, dann werden Sie es schließlich im Griff haben.

In diesem Kapitel wollen wir uns also mit dem Einspeichen beschäftigen. Glauben Sie aber bitte nicht, daß Sie nun gleich nach dem Lesen dieses Kapitels ein guter Einspeicher sein werden. Weit gefehlt. Sie werden noch eine Menge Geduld brauchen und viele Stunden aufwenden müssen. Aber jedenfalls werden Sie erkennen, welche Richtung Sie gehen müssen, um schließlich ein Laufrad zusammenbauen zu können, und wenn es dann einmal soweit ist, dann kommen Sie wohl auch auf den Geschmack, diese Arbeit künftig selbst zu verrichten. Es lohnt sich wirklich, die erschlafften Speichen von Laufrädern, deren Nabe und Felge noch brauchbar sind, einmal sämtlich durch neue zu ersetzen, so daß die Laufräder schließlich wieder „wie neu" sind. Auf diese Weise sammeln Sie wichtige Erfahrung, und Sie fühlen sich mit Ihrem Fahrrad vertrauter und verbundener.

In diesem Kapitel werden uns einige Fachausdrücke begegnen, die bereits zur Sprache kamen. Glauben Sie aber bitte nicht, daß solche Wiederholungen übertrieben und überflüssig seien. Sie sind notwendig, damit Sie mit der Materie vertraut werden, und sollten Sie eine Abneigung gegen Wiederholungen haben, so denken Sie an das lateinische Sprichwort: „Repetitio es mater studiorum" (die Wiederholung ist die Mutter des Lernens).

Wir stehen hier also am Beginn einer Lektion in praktischer Fertigkeit. Zunächst einmal einige unserer Spielregeln. Wir beschäftigen uns in diesem Kapitel ausschließlich mit Laufrädern mit 36 Speichen, den meistverwendeten, und wir behandeln das Einfädeln nach dem Muster „vierfach gekreuzt", wobei also eine Speiche vier andere kreuzt. Dies sind nämlich die stärksten und straffesten Räder, die deshalb auch am häufigsten vorkommen.

Wir sahen bereits, daß es verschiedene Einfädelmuster gibt: dreifach gekreuzt, vierfach gekreuzt, und es gibt sogar Laufräder, deren Speichen nullmal gekreuzt sind. Das letzt-

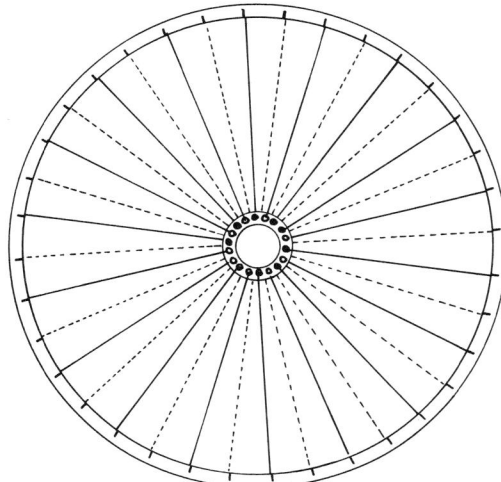

Das radial eingespeichte Laufrad mit dem Muster „nullfach gekreuzt".

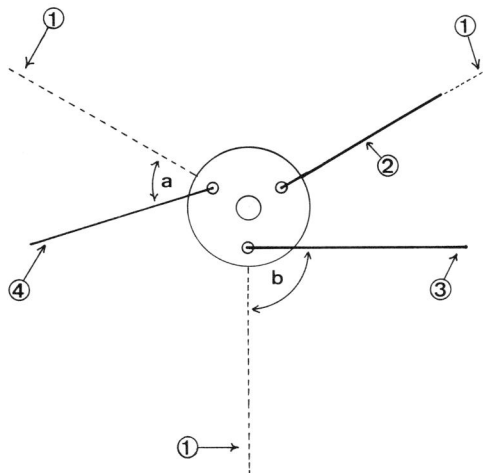

Drei Speichenstellungen im Verhältnis zum Flansch.
1. **Die Senkrechte zum Flansch.**
2. **Diese Speiche verläuft parallel zur Senkrechten zum Flansch; es handelt sich um eine radial eingefädelte Speiche.**
3. **Diese Speiche steht im Winkel b zur Senkrechten; es handelt sich um eine tangential eingefädelte Speiche.**
4. **Diese Speiche steht im Winkel a zur Senkrechten; es handelt sich um eine diagonal eingefädelte Speiche.**

genannte Muster finden wir bei einem Wagenrad, da stehen die Speichen senkrecht zur Nabe und zur Felge. Aus der Zeichnung ist ersichtlich, welche Stellungen die Speichen haben können: beim Wagenrad die radiale Stellung, bei „vierfach gekreuzt" die tangentiale und bei „dreifach gekreuzt" die halbtangentiale/halbradiale (= diagonale) Stellung.

Zwar sind auch die radial geflochtenen Räder brauchbar, aber höchstens als Vorderräder, weil es bei diesen keine von der Nabe her wirkenden Antriebskräfte gibt. Ein Hinterrad muß nun einmal kreuzweise geflochten sein, weil das Speichenmuster den Antriebskräften Widerstand bieten können muß. Theoretisch könnte man aber beim Hinterrad die Seite gegenüber dem Zahnkranz tangential flechten, denn Untersuchungen und Tests haben nachgewiesen, daß ca. 90 % der Antriebskräfte am Hinterrad vom zahnkranzseitigen Speichenschirm aufgefangen werden. Aber jetzt weichen wir vom eigentlichen Thema ab, denn wir sprechen bereits über Varianten, noch ehe wir die erste Speiche in der Felge haben. Zurück also an den Anfang.

Zum Einspeichen brauchen wir folgendes: eine Felge (für Schlauch- oder Drahtreifen), eine Nabe (Hoch- oder Niederflanschnabe), 36 Speichen (möglichst DD-Speichen [= Doppel-Dickend-Speichen], d. h. in der Mitte dünner als an den Enden) der Stärke 14/16 mit passenden Nippeln.

Außerdem folgendes Werkzeug: einen Schraubendreher, einen Nippelspanner vom richtigen Maß und – das ist wichtig – ein Richtgerät und einen Nabenprüfer.

Außerdem Mut und Geduld! Und viel Zeit!

Das Richtgerät ist natürlich ideal, denn an ihm sitzen die Fühler, die uns später gute Dienste leisten, und der Nabenprüfer ist ebenfalls wichtig, damit wir die Nabe schließlich genau zentriert in das Laufrad bekommen und das Hinterrad schirmförmig ziehen können. Aber auch eine umgekehrt im Schraubstock aufgestellte alte Gabel kann gute Dienste leisten, obwohl das nur ein Behelf ist. Die „Operation Einspeichen" besteht aus drei Phasen:

1. Dem Einfädeln des Laufrades, also das Verbinden der Nabe mit der Felge in einem Muster aus 36 Speichen.
2. Dem Spannen der Speichen und dem Richten des Laufrades, also dem Entfernen der radialen Unebenheiten und dem Beheben der seitlichen Unebenheiten.
3. Dem Zentrieren der Felge und beim Hinterrad dem Schirmförmigziehen, das dem Zentrieren der Felge im Verhältnis zu den Achsenden voraufgeht.

Soweit es das letztere betrifft gibt es also einen Unterschied zwischen dem Zentrieren eines Vorderrades und dem eines Hinterrades. Beim Vorderrad verläuft die Felge genau durch die Mittelebene der Nabe. Mit anderen Worten: die Felgenabstände zu den Flanschen und die zu den Achsenden sind einander gleich. Beim Hinterrad, das im Zusammenhang mit dem Freiraum, den man für den Zahnkranz benötigt, schirmförmig eingespeicht wird, ist die Felge erst dann zentriert, wenn die Abstände zwischen der Felge und den Achsenden gleich sind. Die Zeichnung verdeutlicht dies. Eines muß hier noch gesagt werden: die Methode des Einfädelns, die hier beschrieben wird, ist keinesfalls alleinseligmachend. Wir sind davon überzeugt, daß andere Methoden ebenso gut sind, aber wir wollen uns hier auf diese beschränken.

Zunächst nehmen wir also die Nabe in die Hand. Diese Nabe hat im linken und im rechten Flansch je achtzehn Löcher, denn zwei mal achtzehn ist 36, und das ist die Speichenzahl für unser Laufrad.

Ferner kann es bei manchen Naben vorkommen, daß die Löcher abwechselnd ausgefräst sind. Die Zeichnung verdeutlicht, weshalb man dies getan hat. Die flache Sei-

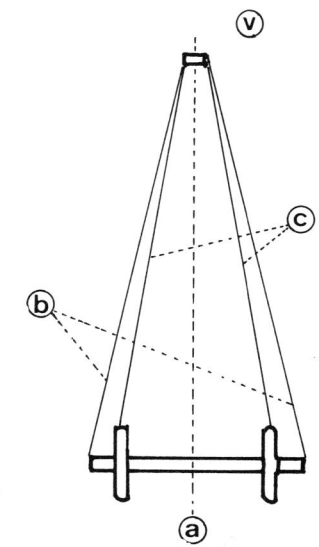

Querschnitt des Vorderrades:
F ist die Felge; a ist die Mittellinie des Rades. Man erkennt deutlich, daß die Abstände von den Flanschen zur Felge (c) und die von den Achsenden zur Felge (b) bei richtiger Zentrierung der Felge jeweils gleich lang sind.

te ist für den Speichenkopf, und die ausgefräste Seite ist für die Biegung der Speiche vorgesehen. Außerdem sind im Flansch Löcher, die einander nicht genau gegenüberstehen. Sie sind im Verhältnis zueinander um einen halben Lochabstand versetzt. Auch hier wird die Zeichnung zur Verdeutlichung beitragen. Die versetzten Löcher sind speziell dazu vorgesehen, das Laufrad richtig einspeichen zu können.

Wenden wir uns jetzt den Speichen zu. Wichtig ist es vor allem, daß sie die richtige Länge haben. Für unser Laufrad mit 36 Speichen und einer Felge für Schlauchreifen verwenden wir Speichen mit einer Länge von 305 mm. Daß die Speiche die richtige Länge haben muß, sahen wir bereits, denn

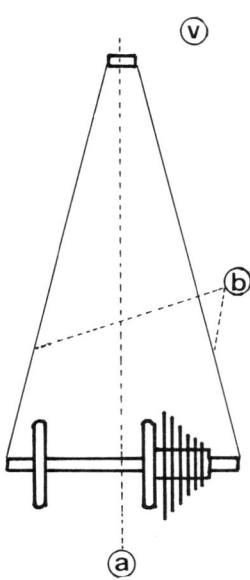

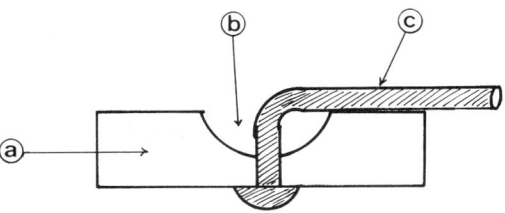

Querschnitt des Flansches durch ausgefrästes Speichenloch. a ist der Flansch, b das ausgefräste Loch und c die Speiche.

Querschnitt des Hinterrades:
F ist wieder die Felge und a die Mittellinie des Hinterrades. Wenn die Hinterradfelge richtig zentriert ist, dann sind nur die Abstände von den Achsenden zur Felge (b) gleich.

eine zu lange Speiche ragt aus dem Nippel heraus und kann zu gegebener Zeit nicht mehr nachgezogen werden, weil das Speichengewinde nicht mehr weitergeht. Einen zu kurze Speiche steckt mit zu wenigen Gewindegängen im Nippel, und diese wenigen Gänge müßten zuviel Kraft verarbeiten. Speichen in der richtigen Länge also. Diese Länge von 305 mm eignet sich für Hoch- und Niederflansche und ausschließlich für unser Muster „vierfach gekreuzt". Beim Hinterrad wird es eine Abweichung geben, aber das sehen wir später noch. Auch für Felgen, die für die superschmalen Drahtreifen geeignet sind, verwenden wir andere Speichenlängen. Die Liste zeigt die verschiedenen Möglichkeiten und Kombinationen.

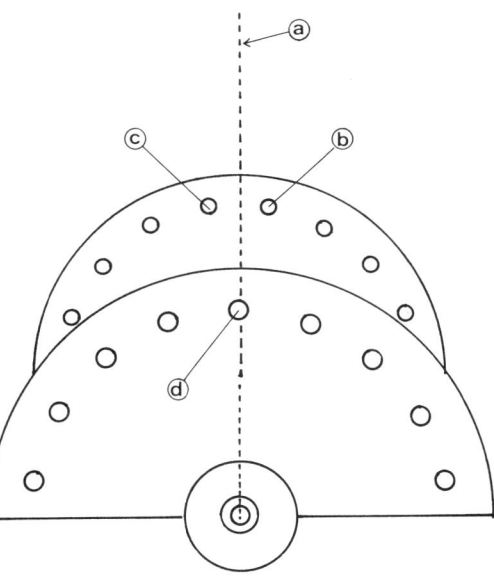

Die versetzten Speichenlöcher in den Nabenflanschen. A ist die Mittellinie der Nabe, und diese ist so gedreht, daß das Loch d genau in diese Linie fällt. Die erste Speiche geht durch dieses Loch. Die erste Speiche der zweiten Gruppe von neun geht durch Loch b, während c das nächste versetzte Loch ist.

Die ersten neun Speichen

Beim Einfädeln der ersten Speiche in die Felge ist auf die Nippellöcher zu achten. Bei manchen Felgen sind diese Löcher abwechselnd ein wenig schräg. Drehen Sie die Felge eventuell um, so daß das Nippelloch zu dem Flansch hinzeigt, aus dem die Speiche kommt. Wir wenden die Nabe mit dem Flansch a auf uns zu. Spannhebel der Einfachheit halber aus der Nabe nehmen. Genau merken, denn wir machen später einen Unterschied. Jetzt schieben wir die erste Speiche von außen her in ein Loch. Auf diese Weise kommt der Speichenkopf auf die Außenseite des Flansches. Die ersten neun Speichen werden nämlich beiderseits von außen nach innen eingefädelt, so daß die achtzehn Köpfe an der Außenseite des Flansches sitzen, damit man später, beim echten Einfädeln, die Speichen von innen nach außen einschieben kann; das ist viel einfacher. Die erste Speiche also von außen nach innen, und das Gewindeende wird in das Speichenloch des Flansches geschoben, das links vom Ventilloch sitzt. Wir schrauben jetzt den Nippel auf die Speiche, aber nicht zuviel; er muß nur soweit angezogen werden, daß er beim Drehen der Felge nicht herunterspringt. Die erste Speiche sitzt also. Jetzt machen wir weiter.

Auf dem Flansch überschlagen wir ein Loch, und in das zweite Loch im Verhältnis zum ersten schieben wir unsere zweite Speiche, wiederum von außen nach innen. Auf der Felge überspringen wir nun drei Löcher im Verhältnis zur ersten Speiche, und zwar in derselben Richtung, in der auch die zweite Speiche eingefädelt wurde. Wiederum schrauben wir den Nippel auf die Speiche, genau wie bei der ersten Speiche.

So machen wir weiter, bis die ersten neun Speichen der Flanschseite „a" mit der Felge verbunden sind.

Die zweiten neun Speichen

Jetzt drehen wir die Felge, so daß die Nabenseite „b" uns zugewandt ist. Die erste Speiche der a-Seite sitzt nun rechts vom Ventilloch, wie aus der Zeichnung ersichtlich. Jetzt müssen wir aufpassen. Die Speichenlöcher stehen einander im Flansch, wie schon gesagt, nicht genau gegenüber, sondern sie sind um einen halben Lochabstand versetzt. Unsere erste Speiche der Flanschseite b muß von außen nach innen in das Flanschloch, das rechts vom Loch mit der

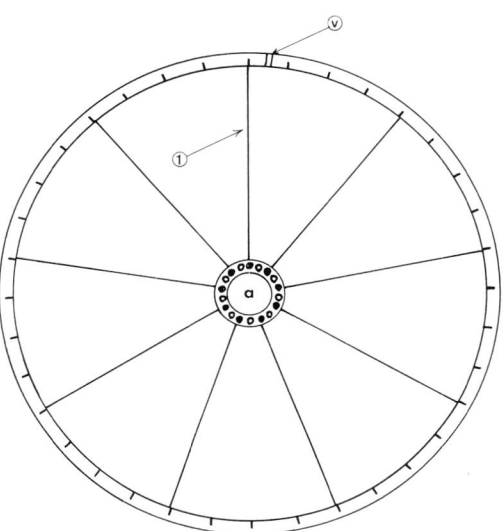

Die ersten neun Speichen sind eingefädelt. V ist das Ventilloch und 1 ist die erste Speiche der a-Seite.

Speiche auf Flanschseite a sitzt, eingefädelt werden. Diese Speiche schieben wir in durch das Felgenloch, das genau rechts von unserer Speiche von Seite a liegt, die direkt neben das Ventilloch kam. Wird die erste

Speiche von Seite b nicht richtig eingesetzt, dann kommen die übrigen acht auch nicht auf die richtige Stelle. In einem späteren Stadium bekommen wir dann Schwierigkeiten und müssen alles wieder lösen. Die Zeichnung zeigt deutlich, wie dies alles zu geschehen hat.

Nachdem die erste Speiche der b-Seite eingefädelt ist, machen wir weiter. Wir überschlagen auf dem Flansch ein Loch und schieben wieder eine Speiche durch das im Verhältnis zur ersten Speiche zweite Loch;

Die zweite Serie von neun Speichen ist eingefädelt. V ist das Ventilloch, 1 ist die erste Speiche der a-Seite und 2 ist die erste Speiche der b-Seite, d. h. die zehnte eingefädelte Speiche.

ebenfalls von außen nach innen. Diese Speiche kommt in das Felgenloch, das im Verhältnis zur ersten Speiche der b-Seite vier Löcher weiter in gleicher Richtung liegt – oder, was im Grunde dasselbe ist, gleich rechts neben der zweiten Speiche der a-Sei-

te. Jetzt haben wir 9 Speichen im rechten und 9 im linken Flansch, deren Köpfe nach außen zeigen und die jeweils um ein Loch versetzt sind. Das Ganze sieht zwar schon so ungefähr aus wie ein Laufrad, aber die Sache macht noch einen recht „schlappen" Eindruck.

Die dritten neun Speichen

Jetzt wird's ernst. Wir wenden unser Rad wieder, so daß der Flansch a, mit dem wir beginnen, uns wieder zugewandt ist. Jetzt drehen wir die Nabe nach links, bis sie nicht mehr weiter kann und die beiden ersten Serien von je neun Speichen straff gespannt sind. Dann schieben wir eine Speiche, von jetzt an von innen nach außen, in den Flansch. Diese Speiche drehen wir, sobald

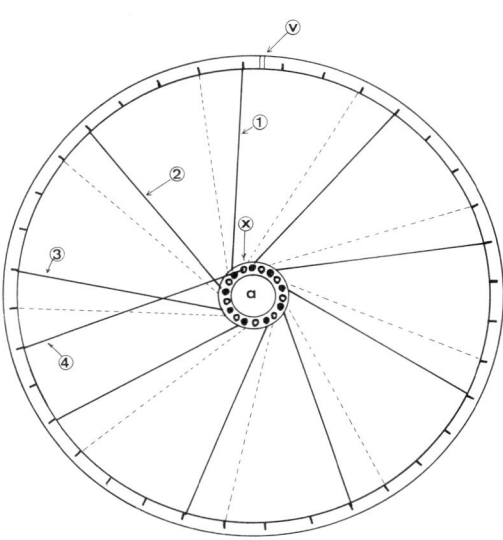

Speiche 4 kommt bei x aus dem Flansch. Sie kreuzt die Speichen 1 und 2 vorn und Speiche 3 hinten; sie kreuzt also drei Speichen.

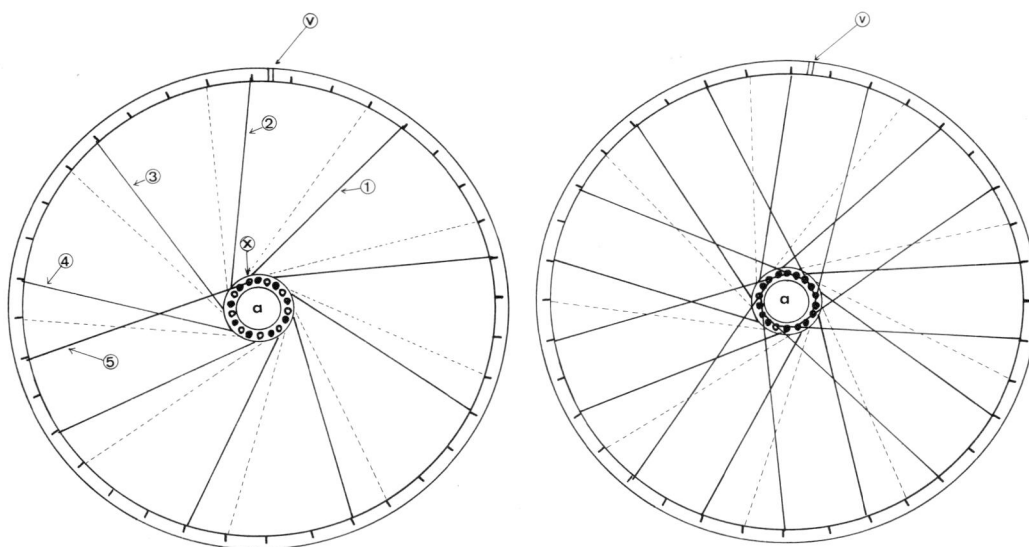

Die erste der neun Speichen ist eingefädelt. Speiche 5 kommt aus dem Flanschloch x und kreuzt die Speichen 1, 2 und 3 vorn und geht hinter Speiche 4 zur Felge. V ist das Ventilloch.

Jetzt ist der dritte Satz eingefädelt. Im Rad, das nach dem Muster „vierfach gekreuzt" eingespeicht wird, sitzen jetzt 3 × 9 = 27 Speichen. Der vierte Satz von neun Speichen fehlt noch.

der Speichenkopf fest an der Innenseite des Flansches anliegt, nach links. Sie kreuzt jetzt andere Speichen auf derselben Seite. Zunächst ihre linke Nachbarin 1, dann die Speichen 2, 3 und 4. Bei der Speiche 4 müssen wir aufpassen, denn unsere Speiche darf nicht vorn vorbeigehen, sondern sie muß unter Speiche 4 durchgeschoben werden. Danach wird sie durch das Felgenloch geschoben, das im Verhältnis zur Speiche, die zuletzt gekreuzt (oder unterschoben) wurde, um zwei Löcher weiter liegt. Übrigens gibt die Speichenlänge in den meisten Fällen schon einen Hinweis darauf, in welches Felgenloch man sie stecken muß.

Die folgenden Speichen werden in gleicher Weise befestigt: von innen nach außen durch den Flansch, vor den ersten drei Speichen her und unter der vierten durch zu dem Loch, das im Verhältnis zur zuletzt gekreuzten Speiche das zweite ist.

Die vierten neun Speichen

Die Nabe wird wieder gewendet, so daß die b-Seite uns zugewandt ist. Dann gehen wir genau so vor, wie bei der dritten Serie. Schwierigkeiten werden uns hier kaum gegeben, denn die Möglichkeiten sind begrenzt und genau vorhergesehen. Der einzige Unterschied besteht darin, daß die Speiche, die aus dem Flansch kommt, nach rechts gedreht wird und in dieser Richtung die ersten drei Speichen vorn und die letzte hinten kreuzt. So, jetzt ist unser Rad einge-fädelt, aber das Wichtigste kommt jetzt erst.

Spannen und ausrichten

Unser eingefädeltes Rad ist bis jetzt noch schlabberig wie Pudding. Jetzt wollen wir die Speichen spannen. Dazu verwenden wir den Schraubendreher, denn praktisch alle Speichennippel haben auf dem Kopf einen Schlitz für den Schraubendreher.

Wir beginnen beim Ventil und ziehen sämtli-che Nippel an, bis auf den Speichen noch ungefähr ein Millimeter Gewinde zu sehen ist. So machen wir, Nippel für Nippel, die Runde, bis wir wieder beim Ventil ankom-men. Danach überprüfen wir die Spannung einmal provisorisch, indem wir die Speichen paarweise zusammenkneifen. Es wird ge-wiß noch einiges Spiel festzustellen sein. Jetzt fahren wir in gleicher Weise, wie zuvor, fort und ziehen alle Nippel um eine volle Dre-hung an. Danach wird die Spannung noch einmal kontrolliert, und wenn sich noch ir-

Ein einfaches, aber sehr zweckmäßiges Richtgerät, Hersteller Koets.

Das Richtgerät aus einem anderen Blickwinkel. Bei A sehen wir die Einstellschraube, die die Fühler be-tätigt.

67

gendwelche Schlaffheit zeigt, dann werden die Nippel nochmals um eine ganze Drehung nachgezogen. Man merkt schon bald, wann eine Speiche straff ist, denn dann hört man ein deutliches Knarren. In diesem Fall wird diese Speiche nicht mehr weiter nachgespannt.

Wenn nun schließlich kein Speichengewinde mehr sichtbar ist, dann ist das Spannen zunächst erledigt, und jetzt beginnen wir mit dem Ausrichten, d. h. wir machen das Rad

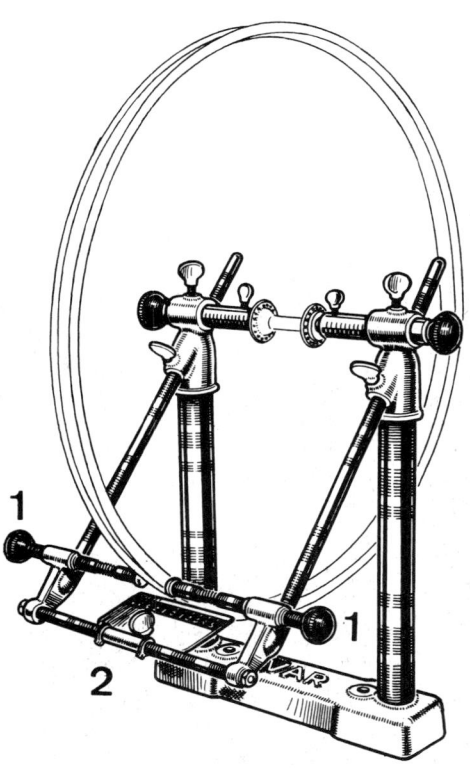

Ein professionelles Richtgerät für Laufräder vom französischen Werkzeughersteller VAR. Bei 1 sehen wir die Fühler für seitliche Unwucht und bei 2 den Fühler für Hochschlag.

richtig rund und beheben die Unwuchten. Dazu brauchen wir ein Richtgerät. Der Spannhebel wird wieder durch die Hohlachse geschoben, sofern wir es mit Ausfallnaben zu tun haben; bei massiven Achsen kommen die Muttern wieder auf die Radachse. Das Laufrad wird jetzt in die Aussparungen des Richtgerätes gesetzt, wobei darauf zu achten ist, daß die Achse fest in der unteren Rundung liegt. Das ist sehr wichtig, denn sonst läge das Laufrad ja schräg im Richtgerät, so daß wir das Rad schief richten würden. Nachdem die Nabenachse fest anliegt, wird das Rad mit dem Spannhebel festgeklemmt; bei massiven Achsen wird es mit den Muttern festgesetzt.

Jetzt nehmen wir den **Nippelschlüssel** zur Hand. Er muß genau auf unsere Nippel passen. Wenn ein Nippel einmal abgerundete Seiten hat, dann kann man ihn nicht mehr anziehen. Wir versetzen das Laufrad mit der Hand in Drehung, und in neun von zehn Fällen wird es mehr oder weniger große Pendelbewegungen machen.

Beim Ausrichten beschränken wir uns zunächst auf nur eine Seite. Nehmen wir an, es sei die rechte Seite des Laufrades. Wir drehen den rechten Fühler des Richtgerätes nun soweit heraus, bis er die Felge berührt. Wenn wir das Rad drehen, können wir schon bald erkennen, wo die Unwuchten, in diesem Fall rechts, sich befinden. Wir konzentrieren uns auf eine bestimmte, jedenfalls wenn mehrere zu erkennen sind. Indem wir den Fühler nun allmählich weiter zurückdrehen, können wir schließlich genau bestimmen, wo die äußerste Stelle der Unwucht sitzt, nämlich an der Stelle, an der der Fühler die Felge gerade noch berührt. Diesen Punkt kennzeichnen wir mit Wachsstift oder einem Stück farbigen Klebebandes.

Jetzt beginnt das Ausrichten. Die Unwucht zeigte nach rechts, und das bedeutet, daß die rechten Speichen ein wenig gelockert und die linken ein wenig nachgespannt werden müssen; auf diese Weise verzieht sich die Felge nach links. Am besten ist es, in der Gegend der markierten Stelle wenigstens drei Speichen zu lockern und drei Speichen nachzuspannen. Nachdem dies geschehen ist, wird der Fühler die Stelle nicht mehr berühren, und somit drehen wir ihn wieder in Richtung Felge. Wieder prüfen wir, wo der Fühler jetzt am nächsten an die Felge herankommt, und drehen ihn dann wieder ein wenig zurück, um so noch gerade den letzten Berührungspunkt bestimmen zu können. Da ist die nächste Unwucht, und dort müssen wir wieder Speichen lösen und nachspannen. Zu diesem Lösen und Spannen bedarf es meist nur einer halben Nippeldrehung, denn die Felge reagiert relativ schnell.

Die beschriebenen Vorgänge müssen meist wohl einige Male wiederholt werden, aber nach einigem Experimentieren und Korrigieren wird der Fühler ganz sanft über die ganze Felgenseite gleiten.

Zur Kontrolle wiederholen wir den ganzen Vorgang jetzt auf der linken Seite des Laufrades; natürlich mit dem linken Fühler. Wenn rechts alles ordnungsgemäß verlaufen ist, dürfte sich in neun von zehn Fällen zeigen, daß links nichts mehr zu tun ist. Unser Laufrad hat jetzt keine seitliche Unwucht mehr. Sollte das alles nicht gleich erwartungsgemäß verlaufen sein, dann sollte man nicht verzweifeln, sondern weiterprobieren, und zwar in gleicher Weise, wie zuvor beschrieben.

Ein Rat sei hier noch gegeben: wenn Nippel nachgestellt werden müssen, dann sollte das, wie schon gesagt, immer in ganz geringfügigem Ausmaß geschehen; jeweils nur mit einer viertel, einer halben oder höchstens einer ganzen Umdrehung. Vermeiden Sie auf jeden Fall, daß alle Kräfte auf eine einzelne Speiche wirken. Das wäre schlecht. Sowohl für die Speiche als auch für das Gesamtresultat.

Im Laufrad kann es auch radiale Unwuchten geben, denn es kann auch ein wenig oval ausfallen. Auch diese Fehler müssen wir mit Hilfe der Speichen beheben. Die meisten Richtgeräte haben oben oder auch einen horizontalen Fühler, und dieser Fühler dient zum Aufspüren von Unebenheiten im Radius.

Das Lokalisieren des Hochschlags entspricht im Grunde der Bestimmung einer seitlichen Unwucht. Wir schieben den Fühler soweit auf die Felge zu, bis er diese berührt. Dort befindet sich der Hochschlag, und an dieser Stelle muß die Felge zur Nabe

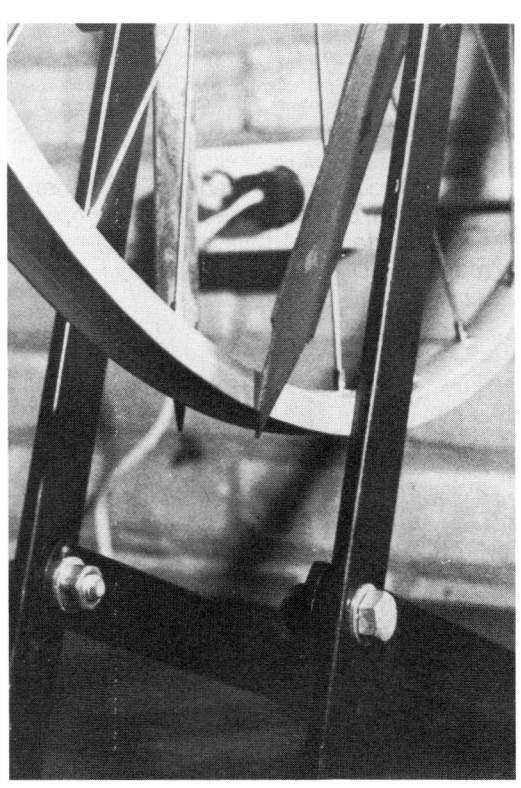

Nahaufnahme der Fühler.

hin heruntergezogen werden. Dies machen wir, indem wir zwei, vier oder zuweilen gar sechs Speichen anziehen, ebensoviele zum rechten wie zum linken Flansch. Im Falle eines Hochschlags werden die Speichen also angezogen. Das muß man sehr vorsichtig machen, und wenn ein zu starkes Anziehen überhaupt irgendwo falsch sein kann, dann gewiß hier. Wir arbeiten mit viertel und halben Umdrehungen, keinesfalls mit mehr. Sollte der Hochschlag hartnäckig sein, und besteht Gefahr, daß die Speichen zu sehr gespannt werden, dann kann es auch sinnvoll sein, zwei oder vier der Speichen zu lockern, die um ein Viertel des Radumfanges vor und hinter dem Hochschlag sitzen. Schließlich muß der Hochschlag ja irgendwo hin, damit das Laufrad genau rund wird. Diese Hochschlagkorrektur wird auch wieder in mehreren Phasen durchgeführt, bis der Fühler entlang dem ganzen Felgenumfang gleichmäßig vorbeistreicht.

Hier sei noch einmal wiederholt: glauben Sie nicht etwa, daß dies alles schon beim ersten oder zweiten Mal flott und anstandslos zu machen ist. Man wird gewiß Fehlschläge erleben, aber auch hier macht erst die Wiederholung den Meister. Für den Profi ist das genau so schwierig, wie für den Amateur, aber früher oder später werden Sie sich über Ihr straffes und rundes Laufrad freuen.

Aber wir sind noch nicht fertig. Sitzt die Nabe denn auch genau in der Mitte?

Die Zeichnung verdeutlicht, was das bedeutet: die Nabe genau in der Mitte. Um das zu prüfen, brauchen wir ein Nabenprüfgerät. Mit dessen Hilfe können wir uns leicht davon überzeugen.

Das Nabenprüfgerät besteht aus zwei einander gegenüberliegenden Flachstücken, in deren Mitte sich wieder ein verstellbarer Fühler befindet. Das Laufrad wird jetzt aus dem Richtgerät genommen. Die beiden Flachteile werden auf die Seite der Felge gesetzt. Der Fühler, der sich genau in der

Nabenprüfgerät im Einsatz.

Noch ein professionelles Zentriergerät mit Mittelfühler.

Mitte befindet, wird jetzt so nach innen oder außen gedreht, daß die Spitze genau auf der Sicherungsmutter des Achskonus ruht. Dann wird das Rad gewendet, und die beiden Flachteile werden auf die andere Seite der Felge gelegt. Jetzt prüfen wir sorgfältig, wie die Spitze des Mittelfühlers im Verhältnis zur Sicherungsmutter des Achskonus auf dieser Seite steht. Wir können das Glück haben, daß die Spitze auch hier genau über der Sicherungsmutter steht, aber es gibt auch noch zwei andere Möglichkeiten. Die Spitze kann oberhalb oder unterhalb der Sicherungsmutter stehen.

Was machen wir dann?

Erste Möglichkeit: die Spitze berührt die Sicherungsmutter nicht. Das bedeutet, daß die Nabe im Verhältnis zur Felge auf die

Spitze zu gezogen werden muß, und zwar um die Hälfte der Gesamtdifferenz. Wir bewirken dies, indem wir alle Speichen auf der Seite, die dem Nabenprüfgerät gegenüber liegt, anziehen. Um wieviel? Beginnen Sie einstweilen mal wieder mit einer viertel Umdrehung, um anschließend wieder mit dem Nabenprüfgerät zu kontrollieren. Danach muß die ganze Prozedur wiederholt werden, das heißt: zuerst wieder den Mittelfühler auf die ursprünglich erste Seite einstellen, das Rad wenden und danach mit dem Prüfgerät feststellen, ob die Nabe sich auf den Fühler zu bewegt hat. Auch hier gilt wieder: ständig wiederholen, indem die Nippel geringfügig gedreht werden.

Zweite Möglichkeit: die Spitze liegt unterhalb der Seitenfläche der Sicherungsmutter des Achskonus. Jetzt muß die Nabe also in die andere Richtung verschoben werden. Dies erreichen wir wieder, indem wir die Speichen auf der Seite des Mittelfühlers anziehen.

Wir gehen genau so vor, wie bei der ersten Möglichkeit. Also auch wieder regelmäßig kontrollieren, ob die Nabe sich verschoben hat, ehe wir mit dem Anziehen fortfahren. Nachdem die Nabe nunmehr einwandfrei zentriert ist, kommt das Laufrad wieder in das Richtgerät, denn es kann ja sein, daß durch die Nippeldreherei wieder ein Achter in das Rad gekommen ist. Aber das läßt sich jetzt schnell beheben, und zwar nach der Methode, die wir ja schon im Griff haben.

Im Voraufgegangenen wurde das Einspeichen des Vorderrades beschrieben, aber natürlich müssen wir auch noch das Hinterrad einspeichen. Das Einfädeln der Speichen geht hier im Grunde genau so vor sich, wie beim Vorderrad, jedenfalls . . .wenn unser Rad keine Kettenschaltung hat. Im Zusammenhang mit dem Platzbedarf für den Zahnkranz mit fünf, sechs oder gar sieben Ritzeln gibt es einige Abweichungen.

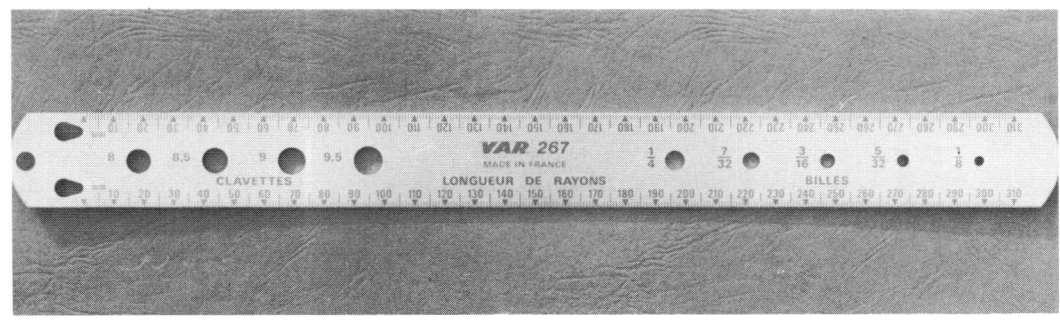

Speichenmeßgerät von VAR.
Ein unentbehrliches Werkzeug zum Einspeichen. Mit dem Lineal können die Speichen sehr genau gemessen werden. Der Speichenkopf wird durch das linke ovale Loch geschoben, und auf der Skala kann dann die Länge abgelesen werden.
Mit dieser Meßlatte können wir auch die Maße der Kugeln bestimmen (BILLES) sowie den Durchmesser der Tretkurbelkeile (CLAVETTES).
Man sorgt dafür, daß die Arbeit immer einfacher wird . . .

Das Hinterrad ist schirmförmig geflochten, das wurde schon gesagt, weil der Zahnkranz Platz braucht. Das Laufrad ist an der Seite des Zahnkranzes flach, die andere Seite dagegen ist gewölbt. Mit anderen Worten: die Felge verläuft nicht mehr durch die Mitte der Nabenachse, sondern sie steht etwas mehr zur Seite des Antriebs hin. Man könnte diesen Effekt erreichen, indem man die Speichen auf der Seite des Zahnkranzes kräftig anzieht, während man die der gegenüberliegenden Seite erheblich lockert. Bei einem Dreigang-Zahnkranz wäre das wohl noch möglich, aber bei den 5-, 6- und 7-Gang-Zahnkränzen kann das zu Schwierigkeiten führen.

Dieses Übel hat man behoben, indem man Speichen unterschiedlicher Längen verwendet.

In unserem Beispiel eines Rades mit 36 Speichen, vierfach gekreuzt, verwenden wir achtzehn Speichen von 305 mm Länge (genau wie beim Vorderrad) und für die Zahnkranzseite achtzehn um 2 mm kürzere, also 303 mm lang. Durch diesen Unterschied bewegt sich die Felge schon automatisch in die Richtung des Zahnkranzes. Mit weiterem Anspannen kommt sie genau auf die richtige Stelle. Das Einfädeln mit zwei verschiedenen Speichenlängen entspricht dem des Vorderrades. Auch das Beheben eventueller Unwuchten und Hochschläge erfolgt in gleicher Weise. Nur das Zentrieren der Nabe im Verhältnis zur Felge bedarf besonderer Aufmerksamkeit.

Nicht alle Zahnkränze sind gleich breit. Die Breite eines mehrfach zusammengestellten Zahnkranzes kann zwischen 34 und 36 mm variieren. Manche modernen Zahnkränze mit sieben Ritzeln sind ebenso schmal, wie ein normaler 5- oder 6-Gang-Zahnkranz, aber sie sind dann nur mit einer superschmalen Kette zu verwenden, wie es die extra schmale Sediskette ist. Auf die Hinterradnabe ist ein Raumblöckchen geschoben oder geschraubt, das für den verwendeten Zahnkranz entscheidend ist. Es bedarf keines besonderen Hinweises, daß der Raumzylinder bei einem Zahnkranz mit fünf Ritzeln kleiner ist, als der eine Zahnkranzes für sieben Gänge. Wählen Sie den richtigen Zahnkranz zum vorhandenen Zylinder oder umgekehrt.

Jetzt verwenden wir unser Nabenprüfgerät wieder, und der Fühler muß wieder auf die Sicherungsmutter des Achskonus auf der linken Seite gesetzt werden und auf der Zahnkranzseite auf den Raumzylinder. Auf jeden Fall messen wir an den beiden äußeren Seiten der Nabenlager.

Wir könnten auch die Achsenden verwenden, aber dann müßten die Achsteile, die in das hintere Ausfallende kommen, genau gleichgroß sein.

Die Zeichnungen verdeutlichen dies alles.

Nachdem Vorder- und Hinterrad fertig sind, und das hat gewiß eine Menge Schweiß gekostet, können wir die Laufräder noch auf ihre Stabilität hin überprüfen.

Wir können uns mit dem ganzen Körpergewicht auf die Felge stützen, dies an verschiedenen Stellen nacheinander, wir können auch probieren, das Rad seitlich zu verbiegen, indem wir auf die Seite drücken, während Ober- und Unterseite gestützt werden. Dadurch können die Speichen sich „setzen". Außerdem können wir gleich mal eine Probefahrt machen. Die Speichen werden dann noch quietschen oder krächzen. Das liegt daran, daß die Torsion aus den Speichen springt. Auf jeden Fall muß man die Laufräder nach diesen Tests wieder auf Unwucht und Hochschlag kontrollieren; eventuell muß die Nabe nachzentriert werden.

Auch nach geraumer Zeit muß die Speichenspannung immer wieder überprüft werden.

Noch eine kleine Nachspeise

Den Perfektionisten soll doch noch etwas über das Einfädelmuster „dreifach gekreuzt" gesagt werden. Gerade weil dieses Einspeichverfahren doch noch häufig angewandt wird, soll es nicht übergangen werden. Nun, einen großen Unterschied hinsichtlich des Einfädelns gibt es nicht. Der wesentliche Unterschied zu „vierfach gekreuzt" liegt darin, daß man bei „dreifach gekreuzt" kürzere Speichen verwendet. Die Tabelle verdeutlicht, welche Speichenlängen zum gewählten Muster gehören. In der Tabelle werden „Plus-Minus-Längen" genannt, weil die Maße sich um 1 oder 2 mm

Tabelle für die Speichenlänge in mm

| | Vorderrad | | Hinterrad | | | |
| | | | Rechts (Zahnkranz) | | Links | |
	Hochflansch	Niederflansch	Hochflansch	Niederflansch	Hochflansch	Niederflansch
	Laufräder für Schlauchreifen: (alle Zahlen übernehmen)					
vierfach gekreuzt						
dreifach gekreuzt						
	Laufräder für schmale Drahtreifen:					
vierfach gekreuzt						
dreifach gekreuzt						
	Felgen von Weinmann + Super Champion Mixte:					
vierfach gekreuzt						

Dies sind die Speichenmaße, wie sie in Einspeichmaschinen, bei denen aus technischen Gründen immer ein kleiner Raum im Nippel offenbleiben muß, zur Verwendung kommen. Zum Einfädeln von Hand können 1 bis 2 mm größere Längen verwendet werden.

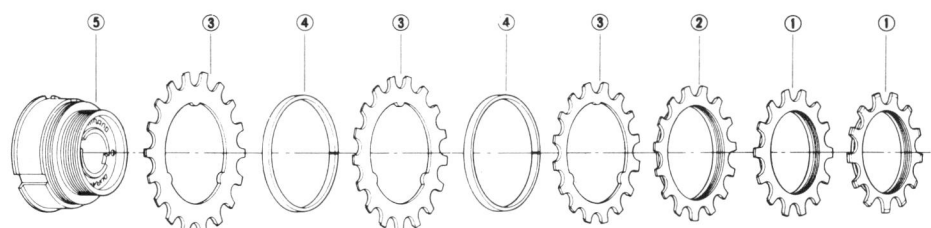

Dies sind die Einzelteile eines mehrfachen Freilaufs.
5 ist der eigentliche Freilauf, der auf die Nabe geschraubt wird. 3 sind Aufsteckritzel, deren Nocken in die Aussparungen des Freilaufgehäuses passen. 2 und 1 sind Ritzel mit Gewinde. 4 sind Zwischenringe, weil die einzelnen Ritzel einen bestimmten Abstand voneinander haben müssen, sonst ginge die Kette nicht darüber.

unterscheiden können. Das hängt meist auch vom Felgenfabrikat ab.

Also, nun das Einfädelmuster „dreifach gekreuzt".

Die ersten achtzehn der 36 Speichen werden in genau gleicher Weise angebracht, wie bei „vierfach gekreuzt". Nachdem so auf jeder Nabenseite neun Speichen befestigt wurden, drehen wir die Nabe wieder nach links, bis sie sich nicht mehr weiterdrehen läßt und die Speichen straff gespannt sind. Wir sehen jetzt, daß die Nabe weniger weit nach links gedreht werden kann, als bei „vierfach gekreuzt". Natürlich liegt das an den kürzeren Speichen.

Jetzt fädeln wir eine Speiche von innen her in den Nabenflansch ein. Die Speiche gelangt also an der Außenseite des Flansches nach außen, während der Kopf auf der Innenseite sitzt. Diese Speiche drehen wir nach links, und sie kreuzt dabei die beiden ersten Speichen vorn, während sie an der dritten hinten vorbeigeht. Sie wird dann in dem Nippelloch befestigt, das im Verhältnis zur Speiche, die als letzte gekreuzt wurde, um zwei Löcher links liegt. In gleicher Weise verfahren wir mit den übrigen Speichen.

Die Zeichnungen werden dies alles deutlich machen. Und was ist, wenn die Speichen nicht richtig sitzen? Nun, ganz einfach: alles wieder lösen und erneut beginnen. Irgendwann wird's schon zur vollen Zufriedenheit gelingen.

74

Kapitel 6

Zahnkranz und Freilauf

Durch den Freilauf können wir hin und wieder ein Stück weiterfahren, ohne dabei in die Pedale treten zu müssen. Vor allem beim Bergabfahren ist das sehr angenehm. Bei den Rädern, die man z. B. zum Kunstradfahren verwendet, ist das anders, aber mit ihnen kann man auch rückwärts fahren.

Ein Freilauf kann einfach oder mehrfach sein. Hat der Freilauf nur einen einzigen Zahnkranz, dann ist er einfach; im Zusammenwirken mit dem vorderen Kettenblatt haben wir also auch nur einen Gang. Der mehrfache Freilauf hat zwei oder mehr Ritzel. Heutzutage gibt es Freiläufe mit fünf, sechs oder gar sieben Zahnkränzen (Kettenritzeln).

Es dürfte wohl klar sein, daß man nicht beliebig viele Zahnkränze einbauen kann, denn der Platz in der Hinterradgabel ist beschränkt. Hinterradachse und Freilauf müssen hineinpassen.

Übrigens braucht man für einen 7-Gang-Freilauf auch eine sehr schmale Fahrradkette (eine Sedis-Kette). In Prospekten auslän-

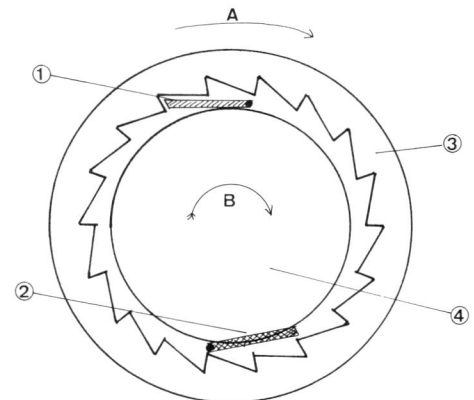

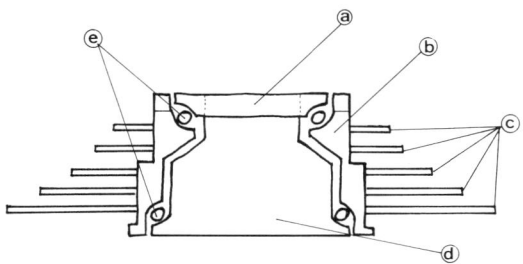

Schematischer Querschnitt eines Freilaufs.

a ist der Lagerdeckel, der das Gehäuse verschließt und durch den die beiden Lager e eingestellt werden.

d ist der Innenzylinder, der auf die Nabe geschraubt wird.

b ist der Außenzylinder, auf den die Zahnkränze gesteckt werden.

Die Verbindung zwischen Innen- und Außenzylinder kommt durch die Sperrklinken zustande.

Die Wirkungsweise des Freilaufs.

4 ist der Innenzylinder, in dem die Sperrklinken 1 und 2 befestigt sind, drehbar und mit kleinen Druckfedern. 3 ist der Außenzylinder mit den Fangflächen für die Klinken.

Zur Bewegung A kommt es, wenn wir treten; dann dreht sich der Außenzylinder, und die Federn drücken die Sperrklinke 1 in die Fangfläche. Dadurch dreht sich der Innenzylinder und somit auch das Laufrad.

In Freilaufstellung dreht sich das Rad, und somit der Innenzylinder, in Richtung B. Sperrklinke 2 schleift nun frei entlang der Fangflächen des Außenzylinders.

discher Hersteller werden zuweilen auch Bezeichnungen, wie franz. „vit" = Gang (von vitesse = Geschwindigkeit), „pignon" = Zahnkranz und engl. „freewheel" = Freilauf, verwendet.

Den Freilauf gibt es schon lange. Um 1900 war man dahintergekommen, daß eine feste Übersetzung, bei der man ständig weitertreten mußte, nicht die ideale Lösung war. Auch beim Bergabfahren mit starkem Rükkenwind mußte der Radfahrer notgedrungen mittreten, wodurch er ebenso außer Atem kommen konnte, wie beim Bergauffahren. Noch schlimmer war es, daß die Tretkurbeln in scharfen Kurven öfters auf der Erde hängen blieben, und das verursachte manchen überflüssigen Sturz.

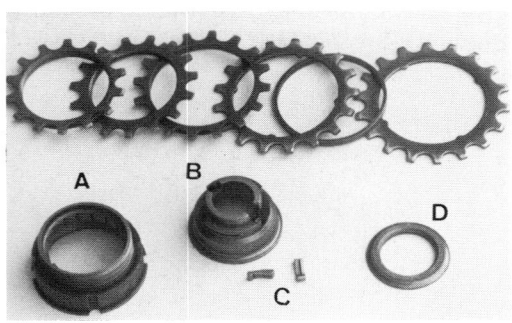

Ein ganz demontierter Freilauf.
A. Der Außenzylinder, auf den die Zahnkränze gesteckt und geschraubt werden (in der Innenwand sehen wir die Fangflächen, in die die Sperrklinken greifen);
B. der Innenzylinder, der auf die Nabe geschraubt wird;
C. die wichtigsten Teile des Freilaufs, nämlich die winzigen Sperrklinken;
D. der Lagerdeckel, der auf den Innenzylinder geschraubt wird; durch ihn wird das Lager gesichert und eingestellt.

Alle diese Nachteile beschäftigten den menschlichen Erfindergeist, und das Resultat war das Freilauf-Prinzip, wie es auch heute noch immer zur Anwendung kommt.

Es gibt zwar vielerlei Freilauf-Fabrikate, aber im allgemeinen bestehen sie alle aus zwei Hauptteilen: Gehäuse (das ist der eigentliche Freilauf) und die verschiedenen Zahnkränze, die auf das Gehäuse geschoben oder geschraubt werden.

Das Gehäuse des Freilaufs ist ein Doppellager. Es besteht aus einem Innenmantel, der auf die Nabe geschraubt wird, und einem Außenmantel, auf den die Zahnräder geschoben werden. An beiden Außenseiten befinden sich die Kugellager, und das Ganze wird vom Freilaufdeckel verschlossen, durch den die beiden Lager zugleich eingestellt werden.

Die Skizze dürfte dies alles verdeutlichen. Die beiden Lager haben im allgemeinen 35 bis 40 Kugeln des kleinsten Maßes, nämlich 5/32 Zoll. Die Verbindung zwischen Außen- und Innenmantel kommt durch zwei Metallstücke zustande. Zwei winzige Sperrklinken von zusammen nur 2 Gramm, etwa 1,5 mm breit und 10 mm lang. Sie sorgen dafür, daß die Drehung des Zahnkranzes auf das Hinterrad übertragen wird. Man kann sich tatsächlich kaum vorstellen, daß solche kleinen Einzelteile soviel Kraft verarbeiten können, um Rad und Fahrer fortzubewegen. Selbst bei einem Endspurt oder bei einer steilen Steigung sind es schließlich diese beiden kleinen Sperrklinken, die die Kräfte des Fahrers auf das Hinterrad übertragen. Man sieht sie nicht, man fühlt sie nicht, und wir können sie nur bei der Demontage des Freilaufs kontrollieren. Nur unsere Ohren nehmen sie wahr, das beruhigende rhythmische Ticken, wenn wir beim Fahren die Pedale anhalten. Es bedarf wohl keines besonderen Hinweises, daß der Freilauf unsere ganze Aufmerksamkeit und Pflege verdient. Dennoch ist der Freilauf nicht so geheimnis-

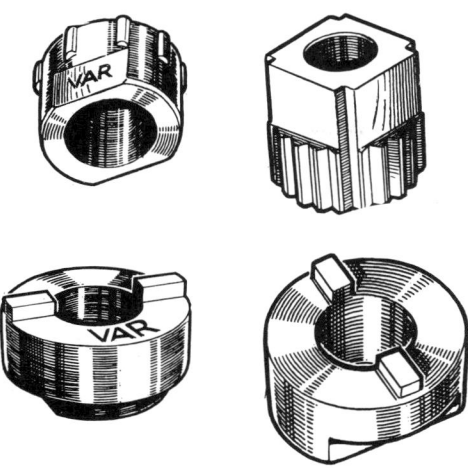

Ein paar der zahlreichen Typen von Freilauf-Abziehern.

Das Abziehen ist also jetzt ein Kinderspiel. Natürlich ist das eine gute Gelegenheit, den Freilauf einmal gründlich in Petroleum oder Benzin zu reinigen. Danach wird er getrocknet und mit dünnflüssigem Öl geölt. Lieber öfters mit dünnem Öl, als einmal mit dickflüssigem Öl, denn das dicke Öl gefährdet die Funktion des Freilaufs. Es bindet viel mehr Schmutz, der sich im Innern des Lagers sammeln könnte.

Solch eine Schmutzkonzentration könnte auch einmal dafür sorgen, daß zwei Sperrklinken hängenbleiben. Und wenn das auch noch in Freilaufstellung geschieht, dann kommen wir überhaupt nicht mehr weiter. Auch kann dickes Öl bei sehr großer Kälte so zähflüssig werden, daß die Sperrklinken ankleben und blockieren.

Aber wir können den Freilauf auch ganz auseinandernehmen, wenn wir außer dem guten Willen auch das passende Werkzeug dazu haben. Weshalb? Nun, ein mehrfacher Freilauf besteht, wie wir schon sahen, aus zwei Teilen. Dem Freilaufgehäuse selbst

voll und komplex, wie er aussieht. Vor wenigen Jahren war es allerdings noch ein echtes Problem, den Freilauf von der Nabe abzuziehen. Meist brauchte man Spitzmeißel, Hammer und viel Kraft, um den bombenfest sitzenden Freilauf von der Nabe zu lösen. So mancher Freilauf und viele Laufräder und Naben gaben bei einer derart gewalttätigen Operation den Geist auf. Heutzutage ist das alles viel einfacher. Die Freilaufhersteller liefern gleich einen Abzieher mit. Diesen kann man ganz leicht auf der Achse und den Aussparungen des Innenmantels anbringen. Dann braucht man nur noch einen stabilen Schlüssel, um den Freilauf ohne großen Kraftaufwand von der Nabe zu lösen. Nur eines ist dabei bedauerlich: es gibt sehr viele Fabrikate und leider ebenso viele unterschiedliche Modelle von Abziehern; an einen Standard hat wieder mal niemand gedacht. So brauchen Sie also für jedes Freilauffabrikat, das Sie besitzen, wieder den richtigen Abzieher.

Dieser Demontageblock wird in den Schraubstock gespannt, und die Zähne des unteren oder oberen Zahnkranzes, je nachdem, welches zuerst abgeschraubt werden muß, werden zwischen die Nocken geklemmt.

In den Schraubstock gespannt. Rechts liegt die Sicherungsmutter, die auf die Achse kommt, um das Ganze zu sichern.

Der eingeklemmte Freilauf.

Die meisten Freiläufe haben steckbare Zahnkränze, d. h. solche mit Nocken, die in die Kerben des Freilaufgehäuses geschoben werden. Sie werden im allgemeinen durch zwei Zahnkränze abgeschlossen, die – ineinander verschraubt – die steckbaren Zahnkränze auf dem Gehäuse festhalten. Mit einem einfachen Werkzeug, wie es im Foto zu sehen ist, können Sie die Zahnkränze leicht vom Gehäuse abschrauben. Das Abziehen der steckbaren Zahnkränze ist dann keine Kunst mehr. Auf diese Weise können wir jeden Zahnkranz gewissenhaft überprüfen und sehen, welche Kettenritzel verschlissen sind und ersetzt werden müssen. Wenn man die Übersetzungsverhältnisse nicht ändern will, kauft man im Fahrradgeschäft die gleichen Kettenritzel, um sie dann wieder, in entgegengesetzter Reihenfolge der Demontage, anzubringen.

Wer besonders sparsam ist, der kann die verschlissenen Ritzel meist noch eine kurze Zeit weiterverwenden, indem er sie . . . ganz einfach umdreht und noch einmal aufsetzt. Das ist möglich, weil der Verschleiß an den

Mit diesem Abzieher wird der erste Zahnkranz mit einer Linksdrehung abgeschraubt. Danach sind meist noch ein oder zwei abzuschrauben. Die übrigen Zahnkränze sind steckbar.

und den Zahnkränzen drum herum. Diese Zahnkränze sind einem starken Verschleiß ausgesetzt, aber sie verschleißen niemals ganz gleichmäßig. Wenn der am häufigsten benutzte Zahnkranz verschlissen ist, dann ist das ja kein Grund, gleich den ganzen Block zu ersetzen. Das wäre herausgeworfenes Geld, denn wir können jeden Zahnkranz einzeln kaufen und austauschen. Das kostet nicht viel, und wir können unser Geld für andere Dinge ausgeben; zum Beispiel für Zubehör.

Zähnen nur in Antriebsrichtung auftritt. Es ist dennoch eine Frage, ob das nicht Sparsamkeit am falschen Platze ist, denn zu einem neuen Zahnkranz sollte das Geld doch allemale langen. Will man die Übersetzungsverhältnisse verändern, dann kauft man neue Zahnkränze mit den entsprechenden Zähnezahlen. Denken Sie aber daran, daß aufsteckbare Zahnkränze nur durch aufsteckbare und Zahnkränze mit Gewinde nur durch ebensolche ersetzt werden können.

Und auf diese Weise können Sie die Ritzel lösen, ohne den Freilauf vom Rad zu nehmen. Der Schraubstockblock erübrigt sich dabei.

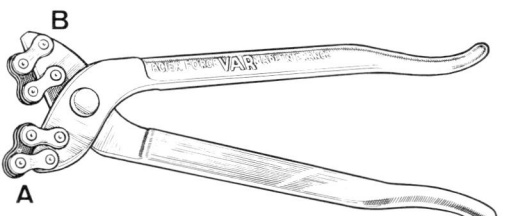

**Eine sehr praktische Zange, mit der man schnell und mit relativ geringem Kraftaufwand ein Kettenritzel abschrauben kann.
A wird in das obere Ritzel gesetzt und B direkt darunter. Nach einer kräftigen Kneifbewegung löst sich das Ritzel.**

Abzieher zur Verfügung steht, können Sie dennoch die Verhältnisse auf dem Freilauf verändern. Mit einem Vorrat von etwa fünfzehn verschiedenen Zahnkränzen können Sie einen Freilauf für die unterschiedlichsten Bedingungen zusammenstellen.
Das Prinzip des Auswechselns ist beim kompletten Freilauf-Set von Maillard schon sehr weit fortgeschritten. Dieser Hersteller

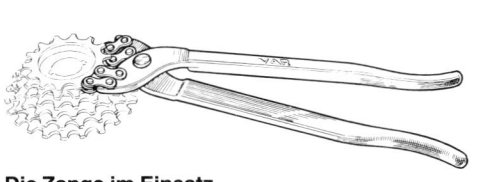

Die Zange im Einsatz.

Die hier gezeigte Abziehzange von VAR hat den Vorteil, daß Sie die Zahnkränze demontieren können, ohne den Freilauf von der Nabe abzunehmen. Wenn kein passender

Leider paßt nicht jedes Kettenritzel auf jeden Freilauf. Hier sehen wir ein Ritzel mit drei Nocken und eines mit deren vier.

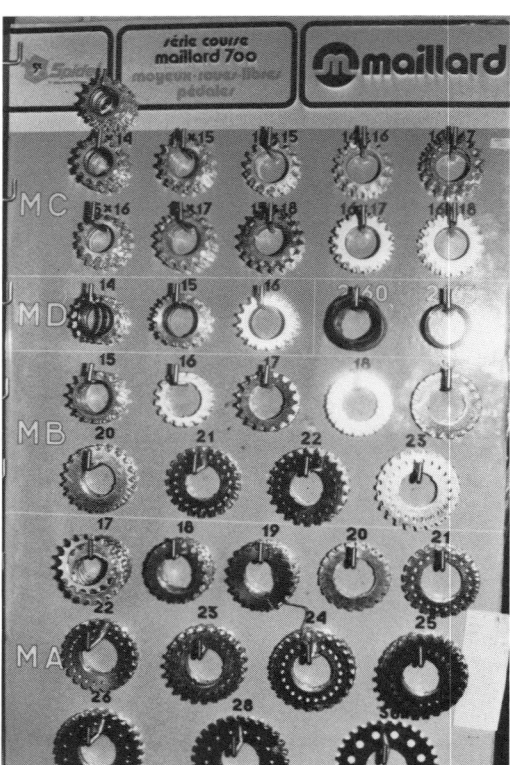

Kettenritzel in großer Auswahl, die jedermann seine eigene Kombination ermöglichen.

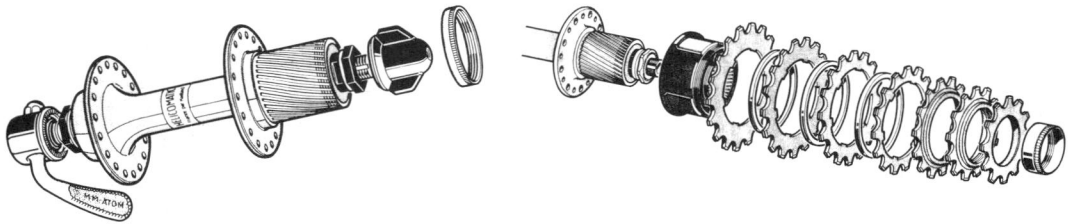

Dies ist ein ganz besonderer Freilauf.
Nicht weniger als sieben Zahnkränze, abnehmbar und in den unterschiedlichsten Zusammenstellungen zu kombinieren. Die Sache hat aber einen Haken: ausschließlich die ganz schmale Kette, Marke Sedis, kann dabei verwendet werden, aber das ist verständlich. Durch die besonderen Einkerbungen auf der Nabe kann das Freilaufgehäuse schnell von der Nabe gelöst werden. Mit einem passenden Schlüssel ein Kinderspiel.

liefert ein Freilaufgehäuse mit sehr vielen unterschiedlichen Zahnkränzen, so daß eine beliebige Zusammenstellung möglich ist. Aber wir können noch weiter demontieren, denn das Freilaufgehäuse kann auch von einem begeisterten Bastler auseinandergenommen werden . . . aber das sollte man nicht grundlos machen. Nimmt man den Freilauf aus reiner Neugierde auseinander, dann läuft man Gefahr, daß etwas schiefgeht. Wer nur wissen will, wie der Freilauf von innen aussieht, der sollte sich auf das Betrachten der Fotos beschränken. Nur dann, wenn der Freilauf nicht optimal funktioniert, sollte man ihn auseinandernehmen. Das geht folgendermaßen vor sich: der Freilauf wird, mit den Zahnkränzen um das Gehäuse (also gebrauchsfertig), mittels eines speziellen Freilauf-Klemmblocks, der in jeden Schraubstock paßt, festgeklemmt. Im Lagerdeckel des Freilaufs befinden sich meist zwei Vertiefungen, in die der Körner paßt. Denken Sie daran, daß der Lagerdeckel ein Linksgewinde hat, so daß er rechtsherum losgeklopft werden muß.

Wenn der Deckel sich gelöst hat, müssen Sie ihn vorsichtig von Hand weiter abschrauben, denn sonst laufen Sie Gefahr, daß Kugeln herausspringen. Nach dem Abnehmen des Deckels wird das Innere inspiziert und eine eventuelle Störung lokalisiert. Meist sind die Lagerbahnen nicht ganz mit Kugeln gefüllt, aber ein paar Kugeln zuwenig ist nicht so schlimm, wie ein paar Kugeln zuviel.

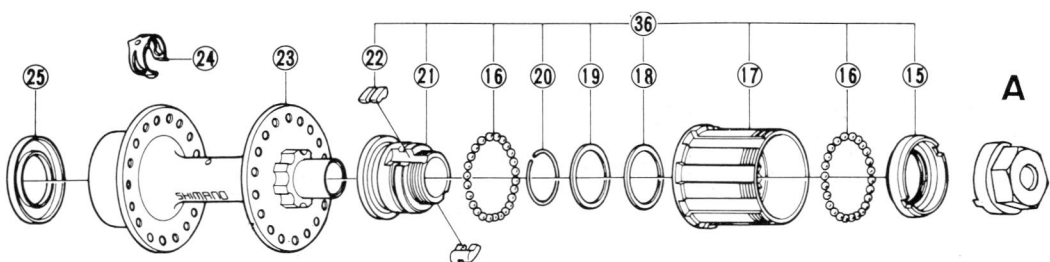

Konstruktion des Kassetten-Freilaufs.
Wenn der Freilauf Mängel zeigt, weil in den Lagern zuviel Spiel entstanden ist, läßt dieses Übel sich leicht beheben, da der Freilauf im Handumdrehen demontiert werden kann.
Zunächst die Teile:
25. Staubkappe linkes Lager
24. Abdichtklemme auf Nabenhals
23. rechter Flansch
22. Koppelklinken des Freilaufs
21. Innenzylinder des Freilaufs
16. Kugellager (lose)
20. Sicherungsfeder der Klinken
18 und 19. Zwischen- oder Distanzringe
17. Außenzylinder des Freilaufs, auf den die Kettenritzel geschoben oder geschraubt werden.
15. Konus des rechten Freilauflagers.
A. spezielle Demontageschraube
Wenn Sie den Konus 15 mit Hilfe der Schraube A nach links abdrehen, dann können Sie den ganzen Freilauf von der Nabe nehmen.
Eine Inspektion ist jetzt möglich, und sollten Sie den Freilauf nachstellen wollen, z. B. weil er zuviel Spiel hat, dann können Sie den Distanzring 18 durch einen dünneren ersetzen. Dadurch kann Konus 15 weiter angezogen werden, und die Lager haben weniger Spiel.

Kapitel 7

Die Schaltung

In diesem Kapitel wollen wir uns einmal mit einer unscheinbaren technischen Vorrichtung beschäftigen, die beim Rennrad wie beim Sportrad einfach nicht mehr wegzudenken ist. Es geht um die Schaltung, und bei der Kettenschaltung ist dabei das Wesentlichste das Schaltrad, auch Umwerfer genannt, weil der Schaltarm die Kette vom einen auf das andere Ritzel hinüberschiebt. Und da die Kette bei Ritzeln mit unterschiedlichem Durchmesser mal zu straff und mal zu locker säße, fungiert das Schaltrad zugleich auch als Kettenspannrad. Ob man nur einen hinteren Umwerfer hat oder einen hinteren und einen vorderen, hängt davon ab, ob man mit einem oder mehr Kettenblättern fährt. Es versteht sich wohl von selbst, daß der Schaltarm, der Umwerfer, den wir heute in einer technisch sehr ausgereiften Ausführung verwenden, nicht nur so aus heiterem Himmel gefallen ist. Ganz im Gegenteil, die Kettenschaltung hat eine verhältnismäßig lange Zeit zu ihrer Entwicklung und Vervollkommnung gebraucht, und darüber hinaus war sie noch lange Zeit Gegenstand heftig geführter Auseinandersetzungen.

Wir verdanken die Entwicklung der Kettenschaltung eigentlich nur der Vernunft und dem intensiven Suchen von Tourenfahrern, die sich das Radfahren erleichtern wollten.

Die Tourenfahrer gab es eigentlich schon lange vor den richtiggehenden Radrennfahrern, denen es in erster Linie um die Geschwindigkeit ging. Diese Radrennfahrer sind aus den Reihen der Tourenfahrer gekommen. Aber zu jener Zeit hatten die Radrennfahrer noch einen überaus strengen „Chef": Henri Desranges. Diese legendäre Gestalt war der „Erfinder" und zugleich der Gründer der Tour de France. Zu seiner Zeit war er geradezu ein Diktator in der Welt des Radrennens. Als er feststellte, daß man an einer Art Getriebe herumexperimentierte, das die Tourenfahrer entwickelt hatten, um ihre Fahrten auch auf Gebirgsgegenden ausweiten zu können, gab er kurz und energisch ein Verbot bekannt, das mit wenigen Worten sagte: keinen Übersetzungsapparat für Radrennfahrer. Seine wesentlichste Begründung war dabei, er wünsche nicht, daß ein körperlich schwächerer Teilnehmer seinem eigentlich stärkeren Konkurrenten durch ein technisches Hilfsmittel überlegen erscheinen könne. Das war jedenfalls eine klare Sprache. Heutzutage weiß aber jedes Kind, daß ein schwächerer Rennfahrer es nicht einmal dann gegen den stärkeren Mann – vorausgesetzt, daß der auch in hervorragender Kondition antritt – aufnehmen kann, wenn der schwächere den besten Apparat der Welt zu Hilfe nähme. Es dauerte bis 1930, ehe Desranges Verbot aufgehoben wurde, denn in diesem Jahr fand in Frankreich das erste Rennen statt, bei dem eine Schaltung offiziell genehmigt war. Das Rennen Paris–Reims wurde von Lucien Weiss gewonnen, der eine simple Huret-Schaltung verwendete; und im Jahr darauf wurde George Speicher mit Hilfe des gleichen Apparates Weltmeister.

Aber ehe es soweit war, mußte zunächst einmal lange experimentiert und herumgebastelt werden, damit eine brauchbare Schaltung zustande kam. Henri Desranges, derselbe, den wir zuvor bereits nannten, hatte nicht nur entscheidenden Anteil an der Entwicklung des Radrennens, sondern er war auch einer der ersten Autoliebhaber. Zu dieser Zeit (1910) hatte das Automobil bereits ein Getriebe. Die Tourenfahrer auf dem Fahrrad, die damals wie heute mit Gegenwind zu kämpfen hatten und die immer stärkere Steigungen angingen, verwendeten bei ihren ersten Schaltungen das Prinzip des Autogetriebes. Aber Desranges sagte: „gut für mein Auto, aber für Radfahrer verboten." Und so blieb es dann bis 1930.

Die Tourenfahrer aber experimentierten weiter. Sie hatten nun einmal dieses Fahrradgetriebe, und man könnte geneigt sein zu sagen, daß dies mehr oder weniger ein Urmodell der Dreigang-Schaltnabe war. Nur war alles viel gröber und primitiver, und das hatte wiederum zur Folge, daß der Vorteil der leichtgängigeren, der kleineren Übersetzung von der größeren Reibung voll verschluckt wurde. Man suchte also weiter, und ein gewisser Whippet begann damit zu experimentieren, die Kette auf ein kleineres Ritzel zu versetzen. (Hier soll eingeflochten werden, daß der Freilauf bereits um 1870 erfunden worden war.)

Whippet also konstruierte einen Zahnkranz mit mehreren Ritzeln. Wollte man schalten, dann mußte die Kette mit dem Fuß auf ein anderes (kleineres oder größeres) Ritzel geschoben werden. Mit viel Geschick und einem kurzen Stoßgebet konnte man das zur Not vom größeren auf das kleinere hinkriegen, aber die Schaltung in der anderen Richtung, auf das größere Ritzel also, war schon schwerer. Man mußte zunächst einmal mit dem Treten aufhören, dann setzte man sich möglichst weit zurück und hob in gebückter Stellung mit spitzen Fingern die Kette vom kleinen Ritzel ab, um sie auf das größere zu versetzen. Man mußte also nicht allein ein guter Radfahrer, sondern zugleich auch Akrobat sein.

Auf die Dauer machte das keinen Spaß, und so versuchte man weiter. Ein Erfinder dieser Epoche ließ sich da etwas einfallen. Er montierte links und rechts des Tretlagers ein Kettenrad und auf jeder Seite der Hinterradnabe ein Ritzel. Natürlich hatten die beiden vorderen Kettenräder und die beiden Ritzel jeweils verschiedene Zähnezahlen. Die Kettenräder konnten mit einem Bolzen an der zugehörigen Tretkurbel fixiert werden. Wollte man auf ein anderes Übersetzungsverhältnis überwechseln, dann wurde das Kettenrad auf der einen Seite entsichert und das andere wurde durch den Sicherungsbolzen fest mit der Tretkurbel verbunden. Hinterradnaben mit einem Freilauf auf beiden Seiten waren schon bekannt, die Radrennfahrer durften sie bereits vor 1930 benutzen. Das war ein Zugeständnis, das der mächtige Desranges seinen Sportlern machte.

Man muß sich dann das folgende einmal plastisch vorstellen. Das Hauptfeld nähert sich einer Steigung, schnell springen die Fahrer von den Rädern. Hinterrad abschrauben (das ging mit den damals üblichen Flügelmuttern ganz gut), rasch das Rad umdrehen, so daß ein größeres Ritzel auf der Kettenseite sitzt, Kette auflegen, Rad wieder festschrauben, aufspringen und los geht's auf den Hügel zu. Das klingt wie eine Geschichte aus der technischen Urzeit, aber so geschah es nun einmal. Gerben Karstens hat das Kunststück noch einmal wiederholt, als vor ein paar Jahren die Strecke Paris –Tours *ohne* Schaltung gefahren werden mußte.

Aber die Entwicklung ging weiter. Simplex brachte die erste Kettenschaltung in der heutigen Form und Funktion heraus. Später wurde sie noch in mancher Hinsicht von Huret vervollkommnet. Die beiden Namen Simplex und Huret zeichnen für die Urheberschaft des heutigen „Schaltapparates", sie standen an der Wiege unserer modernen Schaltung. Zwar gibt es zahlreiche Hersteller und Dutzende Modelle, aber sie alle wenden das System von Simplex und Huret an.

Simplex konstruierte zunächst einmal eine Kettenführung, ein Zahnrädchen mit einem Hebel, an dem die Kette vorbeiführte. Dieser Hebel mußte seitlich bewegt werden; die Kette wurde durch die Kettenführung versetzt. Später kam dann eine spiralförmig geflochtene Blattfeder, durch die ein Kabel lief. Dieses Kabel hatte einen Schaltgriff auf dem horizontalen Rahmenrohr, mit dessen Hilfe die Blattfeder zusammengezogen werden konnte. Dadurch bewegte sich die Kettenführung dann nach links oder rechts und schob die Kette auf das benachbarte Ritzel. Das System der zusammenschiebbaren Spiralfeder wurde später durch die verstellbare *Parallelogrammführung* ersetzt. Und damit sind wir bei der modernen Schaltung, dem „Umwerfer", angekommen, denn dieses Prinzip wird heutzutage von allen Herstellern verwendet, gleich, ob sie ihre Schaltungen aus Italien, Frankreich, Japan, Deutschland oder sonstwoher beziehen.

Das verstellbare Parallelogramm sorgt für die horizontale Verschiebung der Kombination aus Kettenspannrad und Kettenführung.

Die Verstellung selbst wird über das Schaltkabel bewerkstelligt, das mit dem Schalthebel auf dem Rahmen (in manchen Fällen

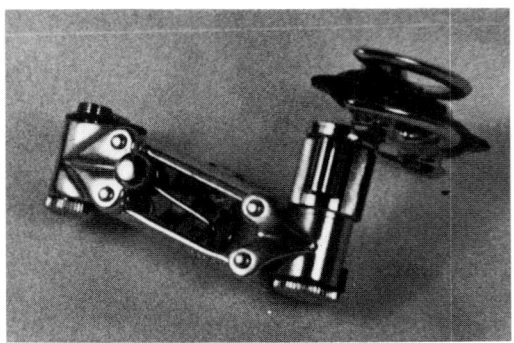

Die Rückseite des modernen Campagnolo-Schaltarmes. Deutlich erkennt man das im Text beschriebene Prinzip des verstellbaren Parallelogramms.

auch auf dem Lenker) betätigt wird. Eine eingebaute starke Feder sorgt dafür, daß das Parallelogramm in die ursprüngliche Stellung zurückkehrt.

In den Zeichnungen ist zu erkennen, wie das Prinzip funktioniert.

Erläuterungen zu den Zeichnungen der Parallelogrammschaltung

Unter I sehen wir ein normales Parallelogramm. Dieses ist der Ausgangspunkt für das Prinzip der modernen Kettenschaltung. Wir sehen es wieder in den Zeichnungen II und III. Die vier Arme des Parallelogramms sind mit Gelenken verbunden, denn sonst wäre das Parallelogramm ja nicht verstellbar. Zur Verformung kommt es, indem über den Schaltzug eine Kraft auf den Punkt A wirkt, und diese Kraft verläuft über den Punkt B. Die Strecke AB ist das Kabelstück, das bei B aus der Ummantelung tritt. Beim Hochschalten wird das Kabel mittels des Schalthebels am Rahmen in die Bowdenzughülle gezogen. Das Kabelstück AB ist

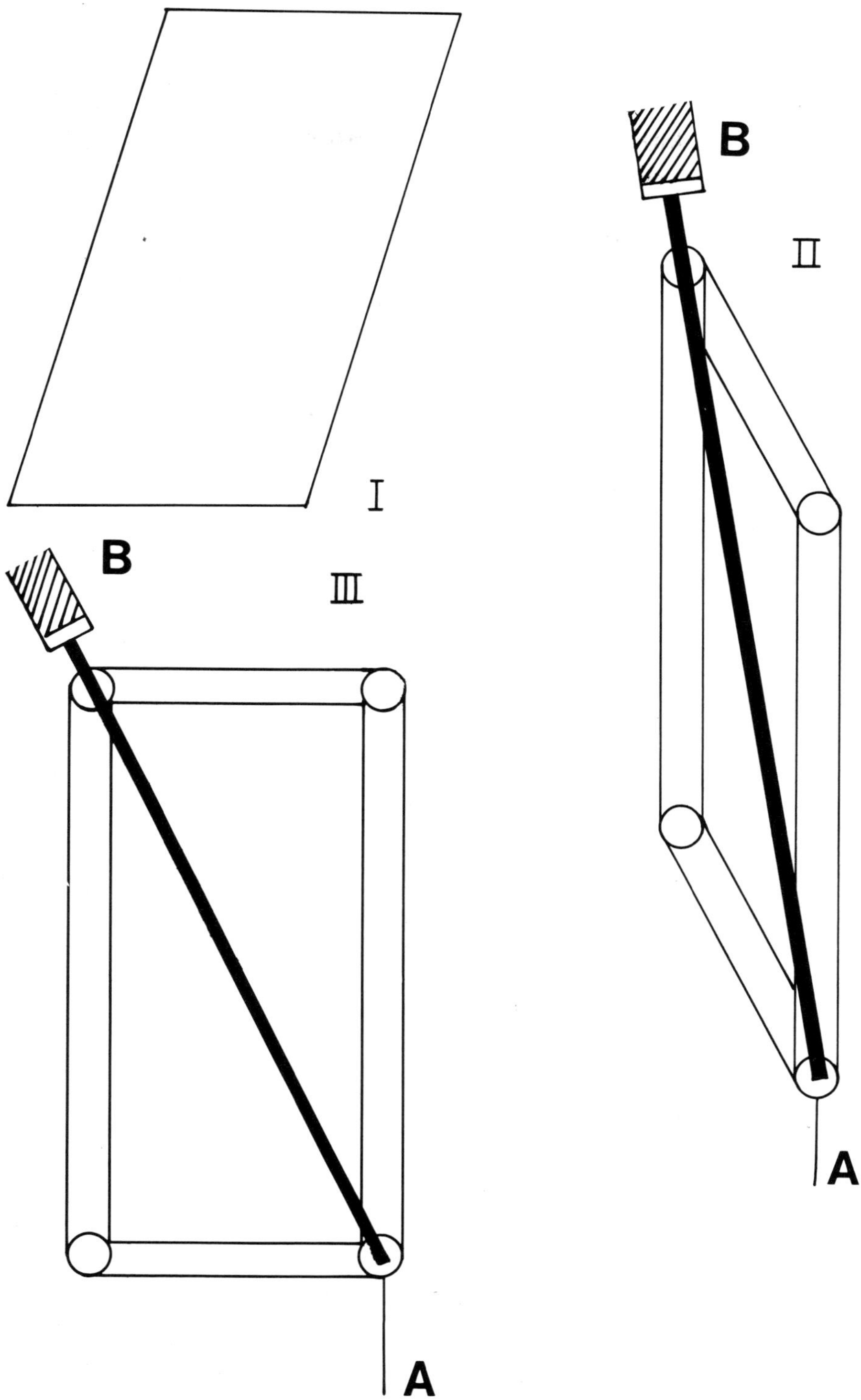

I

B

III

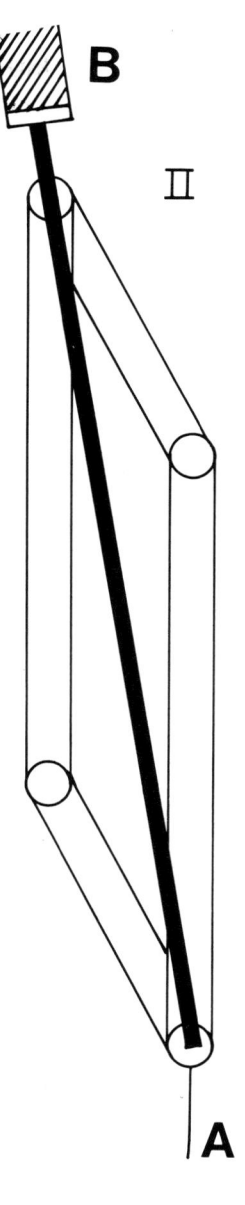

B

II

A

A

bei III kleiner als bei II, das Parallelogramm wurde durch Zug verändert, und dadurch ist der Punkt A deutlich nach rechts verstellt. Damit wurde zugleich die Kettenführung verschoben, die bei Punkt A am Umwerfer befestigt ist. Die Kette wird bei dieser Verschiebung auf ein anderes Ritzel gelegt.

Aufmerksame Leser werden wohl bemerkt haben, daß der Schaltzug, sowohl das Zugkabel wie die Umhüllung, in den Zeichnungen II und III jeweils eine andere Stellung hat. Bei den meisten Schaltungen hat die Ummantelung des Bowdenzugs eine feste Stellung und kann sich nicht mitbewegen. Der Innenzug steht deshalb unter jeweils einem anderen Winkel zur Ummantelung. Das kann zusätzlichen Verschleiß verursachen, und bei unzulänglicher Schmierung kann es an dieser Stelle sogar zum Kabelbruch kommen. Shimano hat diesem Übel abgeholfen, in dem auch die Ummantelung am Punkt B beweglich befestigt wurde. Die Mantelaufhängung folgt jeder Winkeländerung des Zugseils AB. Man nennt dieses System von

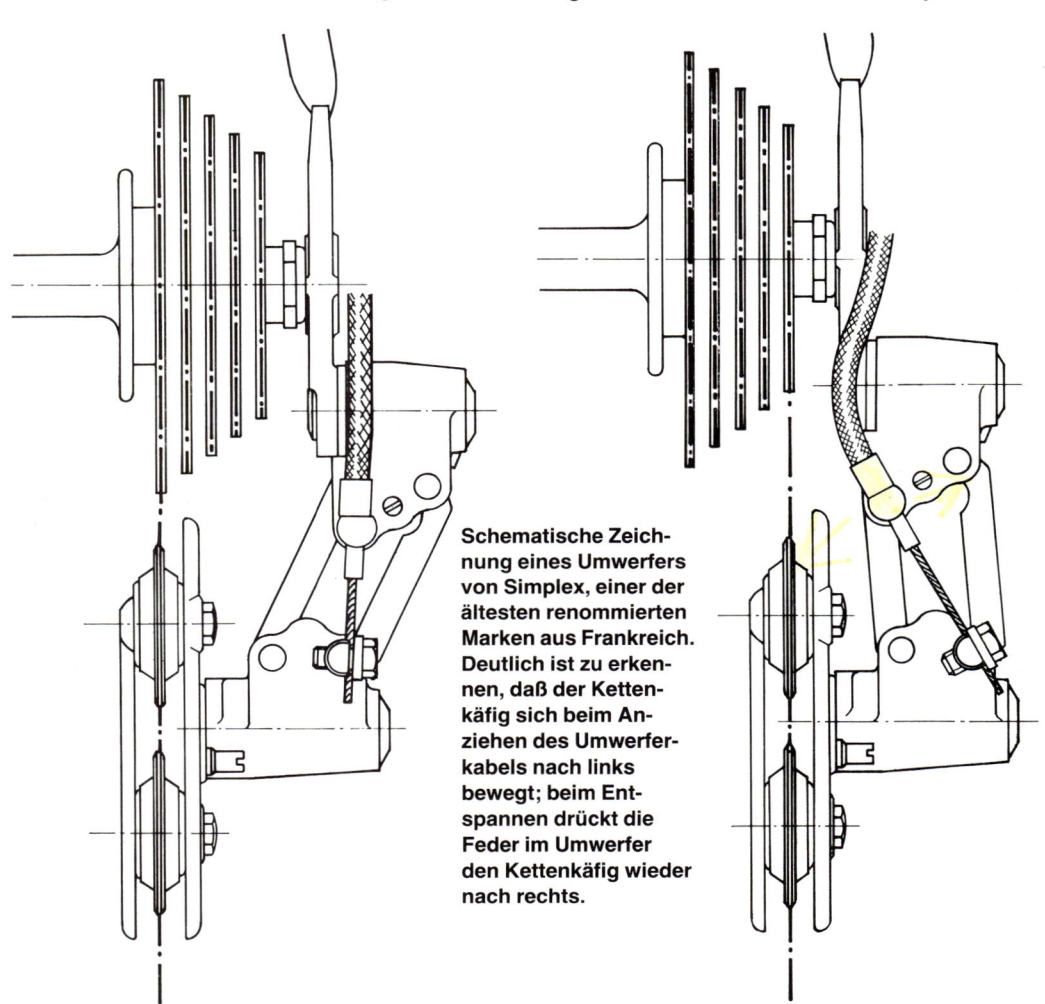

Schematische Zeichnung eines Umwerfers von Simplex, einer der ältesten renommierten Marken aus Frankreich. Deutlich ist zu erkennen, daß der Kettenkäfig sich beim Anziehen des Umwerferkabels nach links bewegt; beim Entspannen drückt die Feder im Umwerfer den Kettenkäfig wieder nach rechts.

Shimano das Synchro-Führungs-System. Alle neuen Shimano-Kettenumwerfer sind damit ausgerüstet.

Im Grunde arbeiten also alle Kettenschaltungen nach demselben Prinzip. In Nebensächlichkeiten können sich die Umwerfer zwar voneinander unterscheiden, aber da es Dutzende verschiedener Fabrikate und Modelle gibt, hat es keinen Sinn, sich darüber zu verbreiten.

Am Kettenumwerfer befinden sich zwei kleine Einstellschrauben. Sie regeln den horizontalen Weg des Schaltarms, das heißt sie sorgen dafür, daß die Kette nicht zu weit verschoben wird, denn dadurch könnte sie auf der einen Seite vom Ritzel springen und auf der anderen Seite zwischen Zahnkranz und die Speichen geraten. Die Einstellung ist immer wieder aufs Neue erforderlich, wenn ein anderes Hinterrad eingesetzt oder wenn ein anderer Zahnkranz montiert wird.

Ein prüfender Blick auf den Umwerfer wird einem schon bald klarmachen, welche Einstellschraube bei der größten Übersetzung (dem kleinsten Ritzel) sichert und welche dieselbe Aufgabe für die kleinste Übersetzung hat (beim größten Ritzel also). Manche Kettenumwerfer, u. a. die des Fabrikats Suntour, haben an der hinteren Seite noch eine dritte Einstellschraube, die die Drehung des Schaltarms nach vorn oder hinten regelt. Diese Schraube hat keinen Anschlag im Schaltarm, sondern im Ausfall-Ende der Hinterradgabel. Und das hängt mit Folgendem zusammen: Am hinteren Umwerfer ist eine Art von Kettenkäfig, in dem sich zwei Zahnrädchen befinden. Das obere ist der eigentliche Umwerfer, der die Kette vom einen Ritzel auf das andere wirft. Das untere Kettenrädchen dagegen ist der Kettenspanner. Daß ein solcher Kettenspanner erforderlich ist, versteht sich eigentlich von selbst, denn sonst würde die Kette bei einem kleineren Ritzel locker herunterbaumeln. Die beiden Zahnrädchen im Kettenkäfig sind meist aus Kunststoff gefertigt; das verursacht einerseits weniger Geräusch und reduziert andererseits den Kettenverschleiß. Kunststoff schleift sich ja schließlich leichter ab als das Metall der Kette. Heutzutage haben die Zahnrädchen samt und sonders Gleitlager, die keiner weiteren Pflege bedürfen, als sie ab und zu mal zu reinigen und ein Tröpfchen Öl, z. B. das wasserbeständige Schaltungsöl von Frisol, darauf zu geben. Reinigen heißt aber, daß die Rädchen in jedem Fall aus dem Käfig genommen werden müssen, um danach in Benzin ausgewaschen zu werden.

Gleitlager können natürlich gut funktionieren, aber es geht doch eigentlich nichts über ein richtig eingestelltes Kugellager, und die gibt es auch noch. Tatsächlich „noch" denn früher waren fast alle Kettenführungsrädchen mit einem Kugellager mit losen Kugeln versehen. Kugellager rattern nicht, und wenn sie gut gepflegt werden, dann sind sie fast nicht zu hören; regelmäßig reinigen und mit sauberem Fett versehen.

Aber es gibt noch eine andere Möglichkeit, die wir in der Werkstatt von Wim Hommes zu sehen bekamen. Auch er ist der Meinung, daß nichts besser ist, als ein Kugellager. Aber er hat auch die Erfahrung gemacht, daß das Einstellen eines solchen Lagers große Probleme verursachen kann. Deshalb hat er die Sache folgendermaßen gelöst: er bohrt die Kettenführungsrädchen einfach aus und preßt dann ein fix und fertiges Kugellager in die Bohrung. Dieses Präzisionslager ist mit Staubkappen versehen, so daß kein Schmutz mehr in das Lager eindringen kann. Damit ist dann zugleich eine lange Lebensdauer gewährleistet.

Obwohl alle Umwerfer nach demselben Prinzip arbeiten, heißt das trotzdem nicht, daß man jeden Umwerfer überall verwenden kann. Vielleicht überrascht es, daß auch die Schaltarme in den Maßen variieren können, und Maße bedeuten da Kapazität, die Fähig-

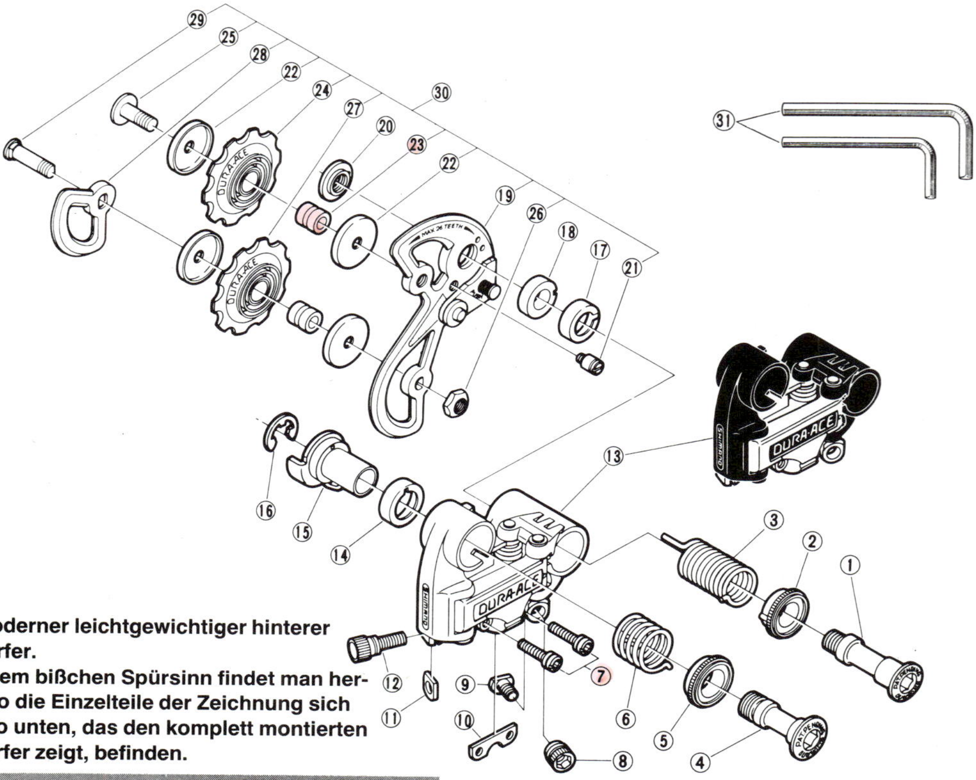

Ein moderner leichtgewichtiger hinterer Umwerfer.

Mit einem bißchen Spürsinn findet man heraus, wo die Einzelteile der Zeichnung sich im Foto unten, das den komplett montierten Umwerfer zeigt, befinden.

Des leichteren Verständnisses halber einige Erläuterungen: Unter der Sammelnummer 30 sehen wir alle Einzelteile des Kettenkäfigs. Dem daran interessierten Amateur dürfte es keine Schwierigkeiten bereiten, die beiden Kettenführungsrädchen auszubauen, um sie zu reinigen und neu zu fetten. Durch Lösen von 29, 25 und 26 fallen die Rädchen aus dem Käfig. 23 ist die Lagerwelle und 22 sind die Abschirmkappen. Wenn diese Räder regelmäßig gereinigt und gefettet werden, läuft der Umwerfer nahezu geräuschlos wie eine Nähmaschine . . . und so muß es auch sein. Unter 7 sehen wir die beiden Einstellschrauben, die die äußersten Stellungen des Umwerfers begrenzen, H und L (für High und Low). Zu 12 gehört der drehbare Bowdenzugmantelhalter des Synchro-line-Systems von Shimano: 31 = Inbusschlüssel (3 und 6) zur Montage.

keit, bestimmte Übersetzungen zu ermöglichen. Bei der Wahl des Umwerfers muß man also vor allem überlegen, welche Übersetzungen man verwenden will, und das ist dann für den Umwerfer entscheidend.

Wir wollen den Begriff „Kapazität" anhand eines einfachen Rechenbeispiels erklären. Eine Rennmaschine wird vorn im allgemeinen zwei Kettenblätter haben, z. B. je eines mit 53 und 48 Zähnen. Hier besteht also ein Unterschied von 5 Zähnen. Bei der Kapazität des vorderen Umwerfers wird die maximale Differenz zwischen den beiden Kettenblättern angegeben, die der Umwerfer noch überbrücken kann. In den meisten Fällen kann das bis zu 14 Zähnen sein, aber es gibt Ausnahmen unter den vorderen Umwerfern, die bis zu 16 Zähnen schaffen. Hier wird also mit einer Differenz von nur 5 Zähnen überhaupt kein Problem entstehen. Dagegen wird der Tourenfahrer, der oft starke Steigungen nehmen muß, ein großes Kettenblatt mit z. B. 50 und ein kleines mit 36 Zähnen wählen. Er sitzt damit also schon hart an der Grenze der zugestandenen Kapazität für den vorderen Umwerfer.

Beim hinteren Umwerfer wird mit einer Zahl angegeben, wie groß – bei dem bestimmten Modell – das größte Ritzel sein darf, also die kleinste Übersetzung. Dabei gibt es im allgemeinen mehr Möglichkeiten. Die meisten Standard-Umwerfer lassen ein großes Ritzel mit 28 Zähnen zu. Natürlich gibt es auch welche, die mehr Zähne vertragen, aber diese Umwerfer sind dann wieder etwas anders konstruiert. Sie haben einen längeren Arm, denn der Kettenkäfig mit dem Führungsrad und dem Kettenspanner muß eine längere Strecke durchwandern können. Auch das interessiert mehr die Lang-Tourenfahrer, die starke Steigungen zu nehmen haben. Die meisten Radrennfahrer kommen mit dem kleinen, leichtgewichtigen hinteren Renn-Umwerfer mit einer Kapazität von 28 Zähnen beim größten Ritzel sehr gut aus.

Daß das Wissen um die Kapazitätsnormen des verwendeten Umwerfers äußerst wichtig ist, zeigt sich spätestens, wenn wir die Kette montieren. Die Kette muß die Unterschiede zwischen der größten und der kleinsten Übersetzung auffangen können. Selbst wenn wir den schönsten und besten hinteren und vorderen Umwerfer der ganzen Radwelt hätten, dann würde uns das nicht weiterhelfen, wenn die Kette zu kurz wäre. Die Reserve, die die Kette haben muß, ist der Unterschied zwischen den äußersten kreuzenden Schaltkombinationen. Mit anderen Worten: Zähnezahl des großen Kettenblattes plus Zähnezahl des größten Zahnkranzritzels abzüglich Zähnezahl des kleinen Kettenblatts plus Zähnezahl des kleinsten Zahnkranzritzels.

Aber nochmals: Diese Kapazitäts- und Kettenprobleme gibt es nicht für den Radrennfahrer, der vorn mit 54/48 und hinten mit 13-14-15-16-17 fährt. Für ihn ist jede Kette lang genug, ja sie muß sogar noch verkürzt werden, um den Umwerfer bei mittlerer Übersetzung vertikal zu halten. Der Langstreckenfahrer dagegen, der wegen der zu überwindenden Steigungen einen viel größeren Bereich in seinem Schaltsystem braucht, muß hier aufpassen. Für ihn besteht die richtige Methode darin, zunächst einmal die Umwerfer, die seinen Anforderungen entsprechen, zu montieren und dann erst die neue, ungekürzte Kette. Die neue Kette hat im allgemeinen 114 Glieder und ist somit schon recht lang. Wenn alles montiert ist, dann muß man die gängigste und „logischste" Schaltung ausprobieren.

Das Wort „logisch" bezieht sich hier auf die Kombination, denn es dürfte kaum jemand auf den Einfall kommen, die Schaltung 52 x 36 einzulegen, denn dabei käme er in Schwierigkeiten, ebenso wie bei 40 x 13. Das sind nur theoretische Möglichkeiten, die in der Praxis völlig absurd wären. Was man

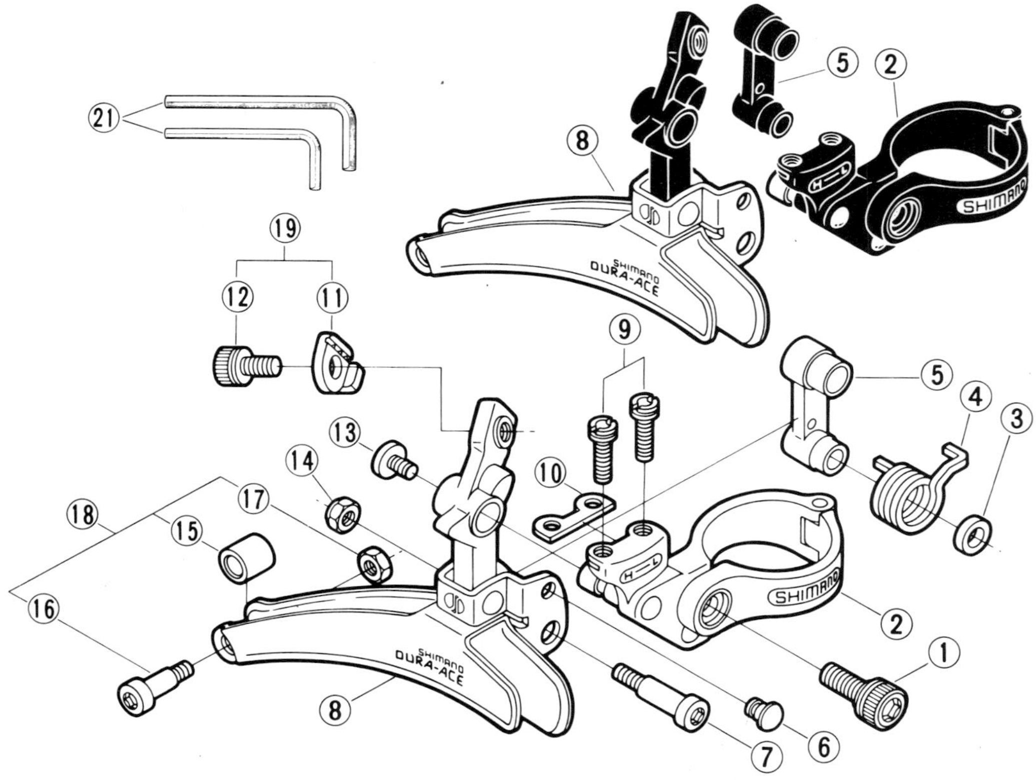

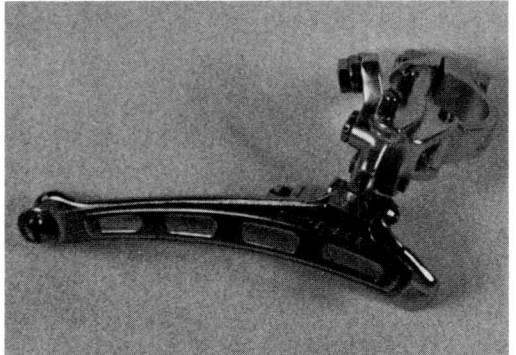

Der vordere Umwerfer.
Auch dieser Umwerfer kann mit Hilfe von zwei In-
busschlüsseln ganz auseinandergenommen werden (21). Unter 9 sehen wir die Einstellschrauben
des Umwerfers.

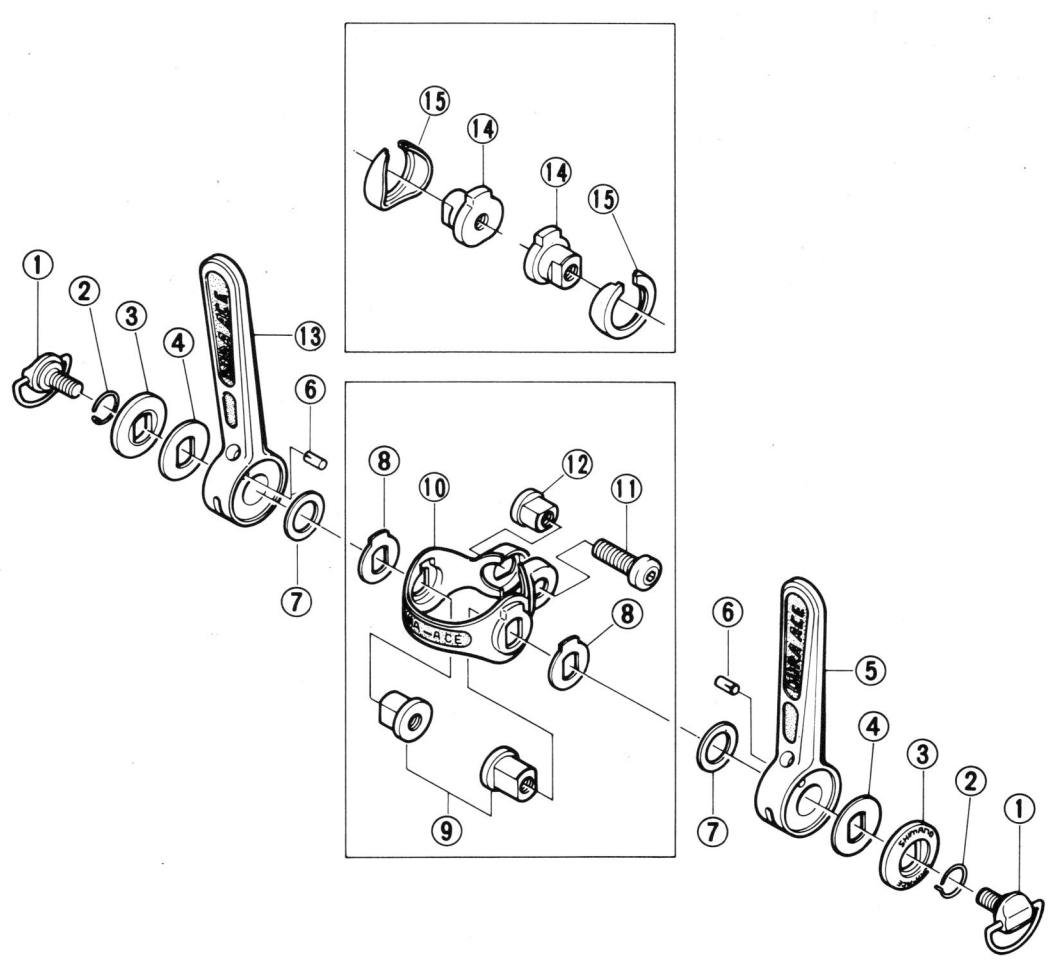

Die Schalthebel für die Umwerfer.
Mit ihnen werden die beiden Umwerfer vom Unterrohr aus betätigt. Die Schelle 10 wird verwendet, wenn der Rahmen keine angeschweißten Schalthebelachsen (9) hat. Viele Klasserahmen werden heutzutage mit angeschweißten Achsen (14) geliefert.
Unter 1 sehen wir die Stellschraube, mit deren Hilfe die Schalthebel schwerer oder leichter eingestellt werden können. Natürlich niemals allzu locker, denn dann schnellt der Umwerfer immer wieder zurück.

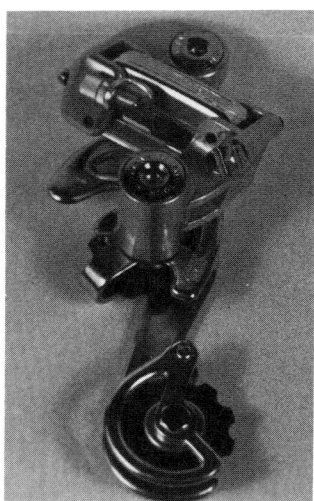

Ein typischer „Langweg-Umwerfer". Ideal für Lang-strecken-Fahrer, die Berge fahren. Mit so einem Umwerfer kann man sogar ein Ritzel mit bis zu 30 Zähnen noch verwenden.

dagegen wohl in der Praxis sieht, und das ganz besonders bei Langstreckenfahrern, ist die oftmals schräg verlaufende Kettenli-nie. Zum Beispiel: Kette vorn auf dem inne-ren Kettenblatt und auf dem kleinsten Ritzel hinten, oder Kette vorn auf dem äußeren Kettenblatt und hinten auf dem größten Rit-zel. Das ist einmal für die Kette, zum zweiten für die Zahnräder eine völlig abnormale La-ge, die zu enormem zusätzlichem und ganz unnötigem Verschleiß führt. Die ideale Li-nienführung für die Kette ist und bleibt nun einmal ein paralleler Verlauf zum Rahmen. Die falsche Linienführung bei der Kette geht vermutlich auf den weit verbreiteten Irrtum zurück, daß man glaubt, mit zwei Kettenblät-tern vorn und einem Kettenkranz mit fünf Rit-zeln zehn Gänge zu haben, denn 2 x 5 = 10. Deshalb wollen wir auf dieses

Problem einmal eingehen. Dazu müssen zu-nächst zwei Begriffe genannt und geklärt werden. Beim Radrennen und beim Touren-fahren hört man zuweilen die Begriffe *Über-setzung* und *Entfaltung*.

Die Übersetzung findet man, in dem man die Zähnezahl des Kettenblattes durch die Zäh-nezahl des Ritzels teilt.

Die Entfaltung dagegen, das ist der zurück-gelegte Weg bei einer vollen Umdrehung der Tretkurbel, erhält man, in dem man die Zähnezahl des vorderen Kettenblattes durch die Zähnezahl des Ritzels teilt und das Ergebnis mit 2,12 multipliziert. Das Ergebnis nennt den zurückgelegten Abstand in Me-tern. Die Zahl 2,12 ist der angenommene Radumfang, und man kann das überprüfen – es gibt ja schließlich unterschiedliche Rad-durchmesser –, in dem man den Durchmes-ser des Laufrades mit π (= 3,14) multipli-ziert.

Wir wollen nun einmal eine Reihe willkürlich gewählter Übersetzungen berechnen.

Dabei gehen wir von den Bedingungen für Langstreckenfahrer aus. Da könnte eine Schaltung zum Beispiel folgendermaßen aussehen: vorn 47 und 52, hinten 14-16-18-20-22.

Wir errechnen also die Übersetzung

$$= \frac{\text{Zähnezahl vorn}}{\text{Zähnezahl hinten}}$$

	14	16	18	20	22
47	3,36	2,94	2,61	2,35	2,14
52	3,71	3,25	2,89	2,6	2,36

Jemand, der nun mit 47 x 14 fährt, weil ihm das vorteilhaft erscheint, hat einen schlech-ten Kettenverlauf und muß dessen Nachteile in Kauf nehmen. Bei 47 x 14 sehen Sie in der Tabelle den Wert 3,36.

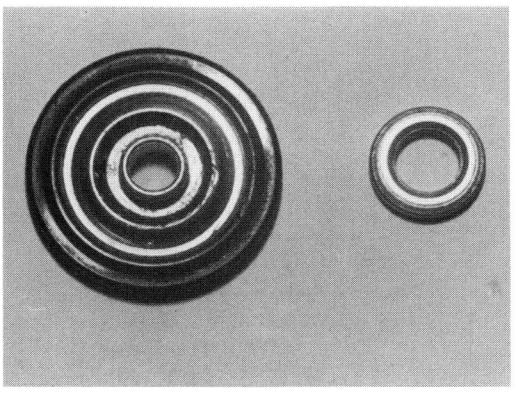

So sieht ein Kettenführungsrädchen aus. Sie sehen hier die Hohlachse, die mit einer Buchse in der Bohrung des Rädchens sitzt. Zusammen mit den beiden Abdeckplättchen bildet das Ganze ein Gleitlager.

Ein Kettenführungsrädchen (ohne Zähne!) mit einem Kugellager mit losen Kugeln. Das ist schon um vieles besser, aber beim Einstellen kommt es auf äußerste Sorgfalt an, sonst läuft das Rädchen zu schwer, oder es beginnt zu rattern, wenn es zu viel Spiel hat.

Neben dem Rädchen sehen wir den Einstellkonus des Lagers. Mit flachen kleinen Konusschlüsseln stellt man das Lager ein, und das Ganze wird mit Hilfe der Achse mit Sicherungsmutter im Kettenkäfig befestigt.

Noch etwas zu dem Hinweis „ohne Zähne". Die idealste Kombination im Kettenkäfig des Umwerfers ist: das obere Rädchen mit und das untere ohne Zähne. Weshalb? Nun, das obere Rädchen muß die Kette auf eine anderes Ritzel umlenken, während das untere nur den Zweck hat, die Kette zu spannen. Diese Kombination sorgt also für ein besseres Funktionieren und beim Schalten für weniger Lärm.

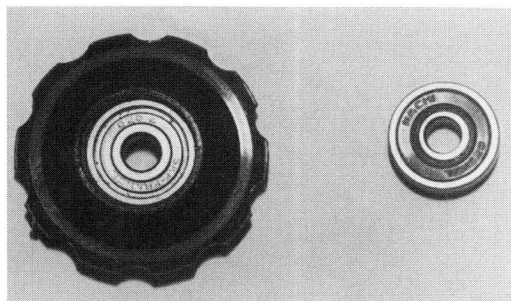

Ein Kettenführungsrädchen mit so einem eingepreßtem Lager.

Dies ist das „Wunderlager".

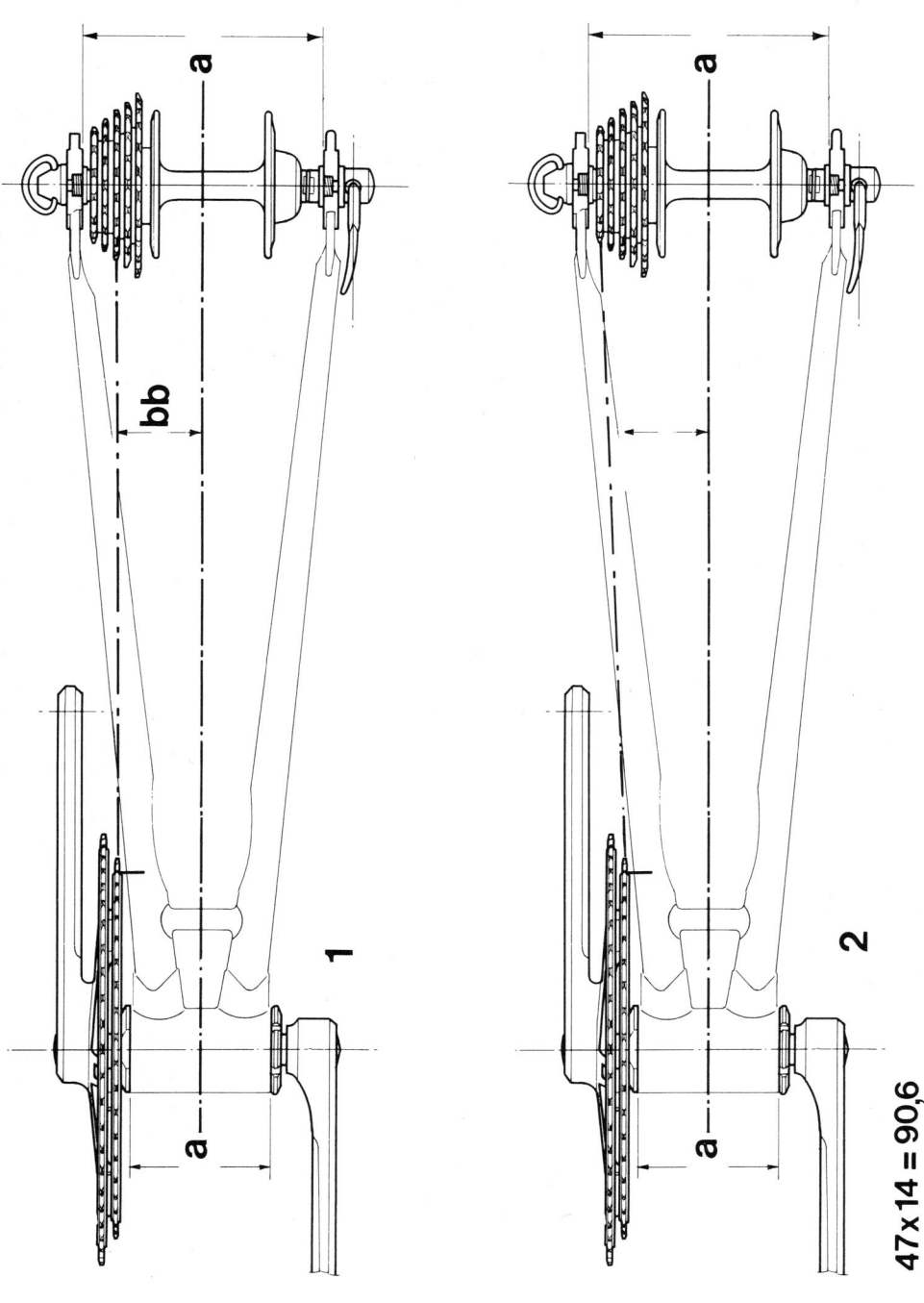

1

2

47x14 = 90,6

94

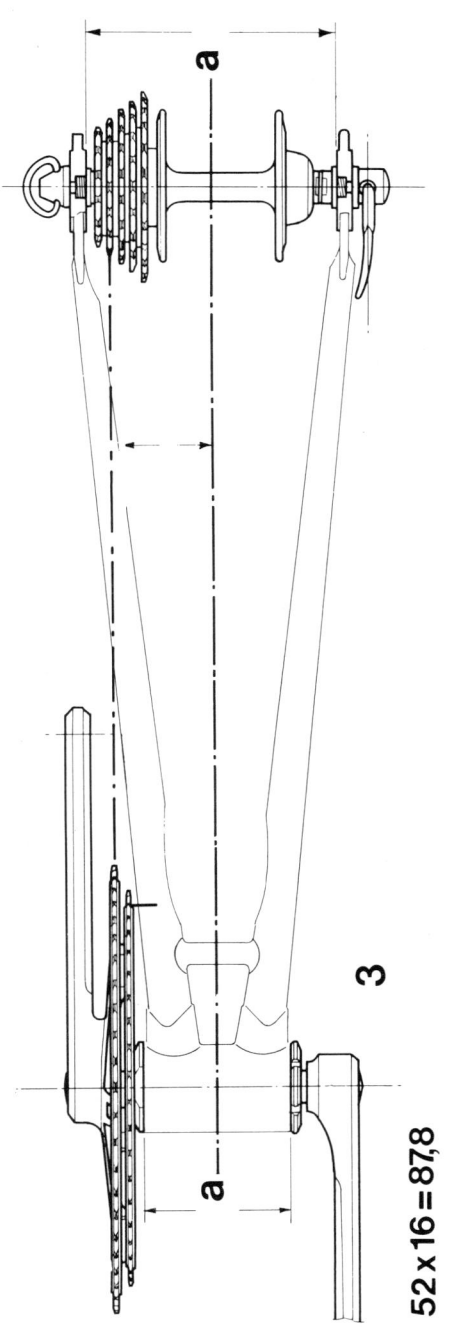

a

52 x 16 = 87,8

3

a

Erläuterung zu den Zeichnungen zum Kettenverlauf.

Unter 1 sehen wir die ideale Kettenführung. Die Mittellinie ist a–a, die des ganzen Fahrrades. Die Kette b–b läuft hier genau parallel zur Radachse. So läuft die Kette mit dem geringsten Widerstand und dem niedrigsten Verschleiß. Man muß deshalb bei der Wahl des Zahnkranzes darauf achten, daß der meistgebrauchte Gang in der idealen Kettenlinie liegt.

Unter 2 weicht die Kettenlinie klar von der Mittellinie ab. Folge: die Kette reibt sich an den Zähnen des Kettenblattes und denen des Zahnkranzes, mehr Reibungswiderstand, Lärm und übermäßiger Verschleiß. Ohne Zweifel eine für das Rad unzuträgliche Mechanik.

Unter 3 verläuft die Kette schon wieder viel besser, und das nur deshalb, weil bei dieser Schaltung eine Übersetzung zustande kam, die der der Zeichnung 2 fast gleich war. Es kommt also darauf an, daß man die ganze Schaltung auch von der Theorie her ein bißchen plant.

Würde er nun statt dessen auf 52 x 16 schalten, dann wäre die Kettenführung besser und die Übersetzung wäre fast gleich. So auch bei z. B. 52 x 20. Diese Schaltung wäre erheblich besser als 47 x 18, denn bei der letztgenannten Schaltung läuft die Kette viel zu schief. Die Übersetzung von 52 x 20 ist nahezu gleich.

Es lohnt sich also wirklich, wenn man die Übersetzungen seiner Schaltung einmal berechnet und in einer Tabelle zusammenschreibt, um dann jeweils die Kombination zu wählen, die den günstigsten Kettenverlauf bei ähnlichen Übersetzungsverhältnissen bringt.

Überdies kann eine Kette, die schräg über

Dieser Schalthebel von Huret hat feste Stellungen, so daß ein Fehlschalten nicht mehr vorkommt. Die Gänge sind sogar mit Zahlen bezeichnet, so daß man nicht mehr nach hinten zu sehen braucht um zu wissen, in welchem Gang man nun fährt.

Zu diesem Schalthebel gehört ein besonderer Umwerfer, ebenfalls von Huret, und zwar mit der Typenbezeichnung des Modells „Commander".

Ein besonderer Zahnkranz.
War früher ein Zahnkranz mit fünf Ritzeln „das Höchste der Gefühle", so kam doch schon bald einer mit sechs Ritzeln, denn fünf erschienen nicht genug. Aber auch sechs reichten schließlich nicht mehr aus, und auf diesem Foto sehen wir einen Zahnkranz mit . . . sieben Zahnrädern. Wieviele können es noch werden?

die Zahnräder läuft und die das dann auch noch regelmäßig machen muß, die Verzahnung erheblich beschädigen. Die Zeichnungen auf den vorigen Seiten verdeutlichen die vorbeschriebenen Beispiele.

Tips zur Pflege der Umwerfer

Wenn man's genau nimmt, dann sind Umwerfer Präzisionsinstrumente, die störungsfrei arbeiten müssen. Das aber können sie nur, wenn sie in optimalem Zustand sind, mit anderen Worten: sauber und gut gepflegt. Und das liegt nun ganz am Besitzer des Fahrrades, der sie regelmäßig reinigen und mit dem richtigen Öl schmieren sollte. Hier wurden beste Erfahrungen mit dem Schaltungsöl von Frisol gemacht. Dieses Öl hat die erforderliche Viskosität und ist zudem wasserfest, so daß Regen nicht gleich alles ausspült.
Eine weitere Voraussetzung einwandfreier Funktion ist die richtige Einstellung, so daß der Umwerfer nicht knarrt oder gar von der Kette springt. Das Einstellen ist im Grunde eine einfache Sache, denn dazu muß nur an den Einstellschrauben gedreht werden, die die beiden äußersten Stellungen des Umwerfers begrenzen. Wenn man das Laufrad und damit auch den Zahnkranz gewechselt hat, muß der Umwerfer unter allen Umständen nachgestellt und auf den neuen Zahnkranz eingestellt werden.
Die Schaltzüge müssen gut im Fett sein, vor allem an den Stellen, an denen sie bei den am Rahmen angelöteten Führungen eine Biegung durchlaufen. Man tut gut daran, wenn man neue Schaltzüge in geschmolzenem Bowdenzugfett tränkt, dieses dann ab-

Ein paar Zahnkränze. Achten Sie hier einmal auf die Bohrungen der Zahnkränze. Für diese vier braucht man auch vier verschiedene Abzieher. Von Normung ist hier also noch keine Rede.
Der Bergzahnkranz mit dem größten Ritzel von 28 Zähnen unterscheidet sich erheblich vom Halb-Rennzahnkranz mit dem kleinsten Ritzel mit 14 Zähnen.
Für die Rennfahrer ist der Zahnkranz mit sieben Ritzeln von 12, 13, 14, 15, 16, 17 und 18 Zähnen ideal. Der Tourenfahrer kommt in ebenem Gelände mit 14, 16, 18, 20 und 22 recht gut aus. Wird es etwas hügelig, dann müssen 20 und 24 als die größten Ritzel gebraucht werden, in extremen Fällen sogar 24 und 28.

tropfen läßt und nach dem Abkühlen das Fett auf der Außenseite abwischt. Das ist leicht durchführbar, wenn man das Fett in einer Büchse auf einer elektrischen Kochplatte langsam schmelzen läßt. Aber denken Sie daran: kleinste Einstellung der Kochplatte, damit's nicht zu heiß wird, und niemals offenes Feuer bei Öl oder Fett!
Bei manchen Schaltungen läuft der Schaltzug durch ein Außenkabel. Auch das muß in-

97

nen gut gefettet sein. Achten Sie vor allem auf die Stelle, an der der Zug aus der Ummantelung tritt.

Die Schalthebel, die Betätigungshebel der Umwerfer also, müssen regelmäßig überprüft und, falls erforderlich, mit Hilfe der vorgesehen Flügelmutter angezogen werden. Zu schlaff eingestellte Schalthebel schlagen unter Einfluß der Feder im Umwerfer oft zurück, und dann ist problemloses Schalten kaum noch möglich.

Auch die Zahnrädchen im Kettenkäfig sollten regelmäßig überprüft werden. Immer wieder einmal demontieren! Das ist mit einem passenden kleinen Steckschlüssel ganz leicht. Wenn sie nur einmal lose sind, dann fallen die Rädchen mit ihren Gleitlagern leicht heraus. Gut waschen, einfetten und wieder montieren! Schauen sie sich dabei die Zähne der Kunststoffräder gut an. Wenn sie scharfe Spitzen haben, dann sollten sie durch neue ersetzt werden. Man kann sie in jedem Fahrradgeschäft einzeln kaufen. Ein gut gepflegter Schaltarm läuft fast geräuschlos – für den, der die Stille liebt, ist das die reinste Musik.

Kapitel 8

Die Bremsen

„Die Bremsen sind absolut unwesentlich, solange man nur gute Schuhsohlen hat." Dieser Satz hatte seine Gültigkeit um das Jahr 1818, als man auf Straßen und Wegen noch von den Draisinen gefährdet war. Diese Laufräder hatten noch keine Bremsen; wenn man bremsen wollte, dann schlitterte man mit den Schuhen solange über den Boden, bis das Gefährt stillstand. Die Schuhmacher jener Zeit konnten gewiß nicht genug Reklame für diese Laufräder machen, jedenfalls kann man sich denken, daß sie von dem neuen Sport ihrer Kunden begeistert waren.

Bremsen wurden erst notwendig, als gegen Ende des 19. Jahrhunderts der Freilauf aufkam. Jetzt konnte man nicht, wie bisher mit dem festen Ritzeln hinten, in der bis dahin üblichen Weise abbremsen, indem man nur einen Gegendruck auf die Pedale ausübte. Die allererste Bremse war nichts anders als ein einfacher Bremsklotz, der senkrecht auf den Reifen drückte und durch einen Kniehebel am Lenker betätigt wurde. Ganz einfach und bei geringer Geschwindigkeit bestimmt ausreichend, aber im Grunde ist ein Fahrrad, das ausschließlich auf dem Vorderrad gebremst werden kann, wohl doch eine ziemlich riskante Angelegenheit . . .

Aber es gab bei der Entwicklung der Brem-sen dennoch keine so revolutionären Neuerungen, wie z. B. bei der Schaltung. Das Grundprinzip des Bremsens ist durch die Jahre hin dasselbe geblieben: zwei Klötz-chen, die gegen die Felge drücken und da-durch den Lauf des Rades abbremsen. So bremst man bis heute, und so wird man wohl auch noch lange weiter bremsen. Immerhin – gelegentlich sieht man heute schon Scheibenbremsen auch am Fahrrad. Diese Bremsen haben, wie viele andere Teile, ihren Ursprung im Automobilbau und da haben sie sich auch bewährt. Aber ob die Scheibenbremse sich je im Radrennsport durchsetzen wird, muß sich zeigen. Die moderne Seitenzugbremse hat eine ungeheure Bremskraft, und sie verträgt zugleich auch allerhand; dabei ist sie auch noch sehr leicht und leicht zu pflegen – Faktoren, die für sich sprechen.

Das einfachste Prinzip zu bremsen bestand – und besteht noch immer – darin, daß zwei Blöckchen, jedes an einem Bremsschuh befestigt, gegen die Felge gedrückt werden. Am Rande sei gesagt, daß wir uns hier nicht mit Trommelbremsen (auch wieder vom Automobil übernommen) und Rücktrittbremsen beschäftigen wollen, weil diese Bremsen-Bauarten weder bei Rennrädern noch bei Sporträdern, die man zu Langstrecken-

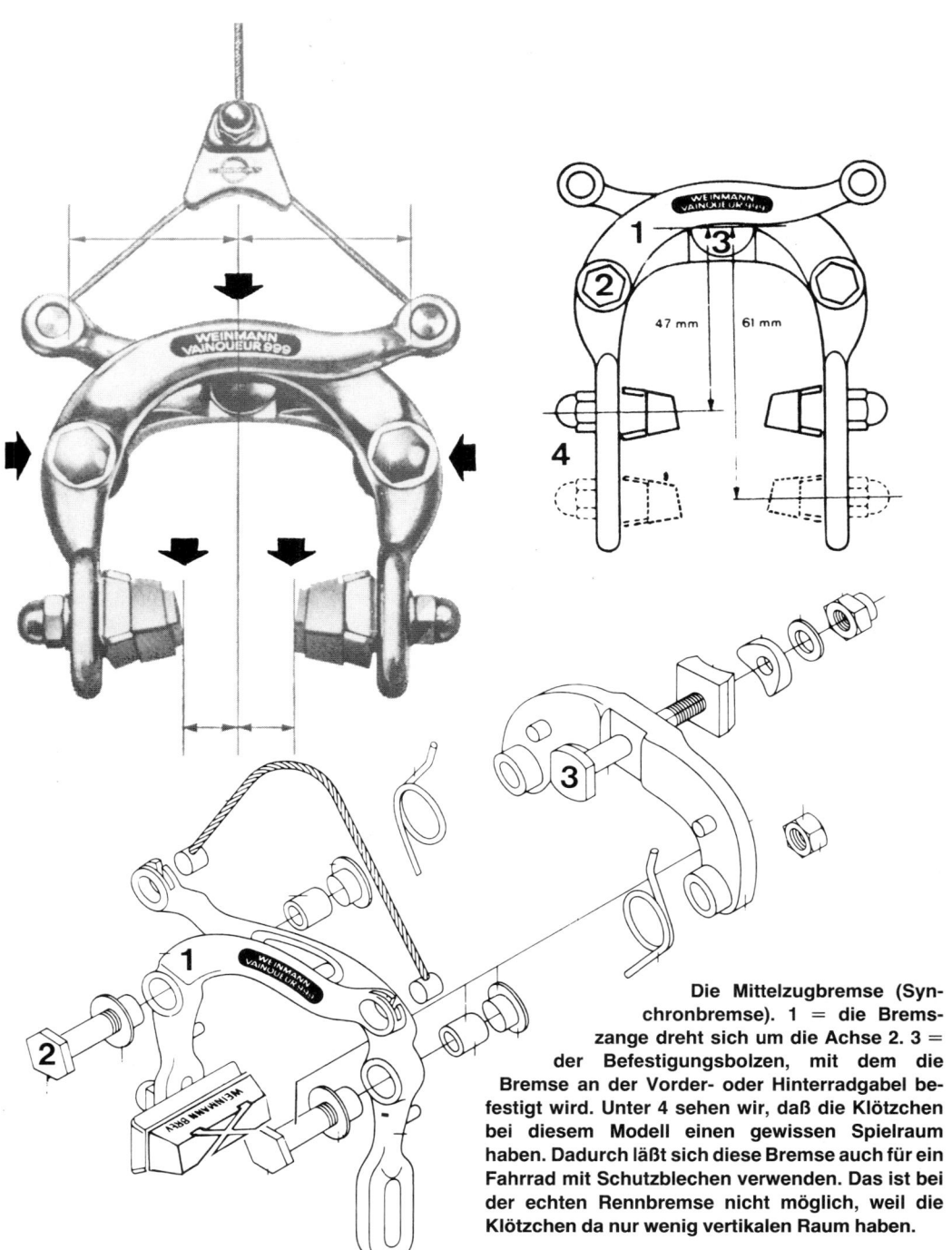

Die Mittelzugbremse (Synchronbremse). 1 = die Bremszange dreht sich um die Achse 2. 3 = der Befestigungsbolzen, mit dem die Bremse an der Vorder- oder Hinterradgabel befestigt wird. Unter 4 sehen wir, daß die Klötzchen bei diesem Modell einen gewissen Spielraum haben. Dadurch läßt sich diese Bremse auch für ein Fahrrad mit Schutzblechen verwenden. Das ist bei der echten Rennbremse nicht möglich, weil die Klötzchen da nur wenig vertikalen Raum haben.

Ein Blick hinter den Vorhang des Bremsgiganten Weinmann, wo täglich Tausende von Bremsen gefertigt werden. Wie man sieht, besteht so eine Bremse doch aus sehr vielen Einzelteilen.

fahrten verwendet, eingesetzt werden. Diese Bremsen haben zwar einen sehr guten Wirkungsgrad, aber ihres Gewichtes wegen sind sie für unsere Zwecke unbrauchbar.

Die erste Felgenbremsen-Ausführung, die sich jahrzehntelang behaupten konnte, war der Typ, bei dem die Bremse von den Seiten her betätigt wurde.

Dabei wurde zuerst das Klötzchen gegen die Felge gezogen, das der Seite gegenüber lag, an der der Bremszug befestigt war. Bei weiterem Anziehen kam auch das zweite

Klötzchen zum Anliegen. Diese Art zu bremsen hatte zur Folge, daß das erste Klötzchen natürlich viel rascher verschliß als das zweite. Im Grunde funktionierte dieses Bremssystem aber zufriedenstellend, und deshalb wird es auch heute noch immer verwendet, wenngleich nur bei Bremsen geringerer technischer Perfektion, die aus diesem Grunde auch billiger sind. Diese Bremsen nennt man Seitenzugbremsen.

Aber man störte sich an dem Nachteil, nicht gleichzeitig und nicht gleich stark zu bremsen, und deshalb experimentierte man weiter. Und dabei kam man auf eine verwandte Art dieser Bremse, die Mittelzugbremse. Bei ihr sind die beiden Joche, an denen die Bremsklötzchen sitzen, durch ein Kabel miteinander verbunden, und in der Mitte dieses Verbindungskabels greift der eigentliche Bremszug an. Wenn nun der Bremszug gespannt wird, dann kommen beide Bremsklötzchen gleichzeitig zum Anliegen, und wenn der Zug genau in der Mitte des kurzen Verbindungskabels angebracht ist, dann werden sie auch mit gleicher Kraft gegen die Felge gedrückt. Man bezeichnet diese Bremse auch als „Synchron-Bremse", eine Bezeichnung die ebenso zutreffend ist wie „Mittelzugbremse". Die Firmen Weinmann und Altenburger haben auf diesem Gebiet Pionierarbeit geleistet. Lange Zeit glaubte man, nun endlich die Superbremse gefunden zu haben, mit der man die Geschwindigkeit in optimaler Weise heruntersetzen konnte. Aber auch dieser Stand der Technik wurde überholt, wie wir noch sehen werden.

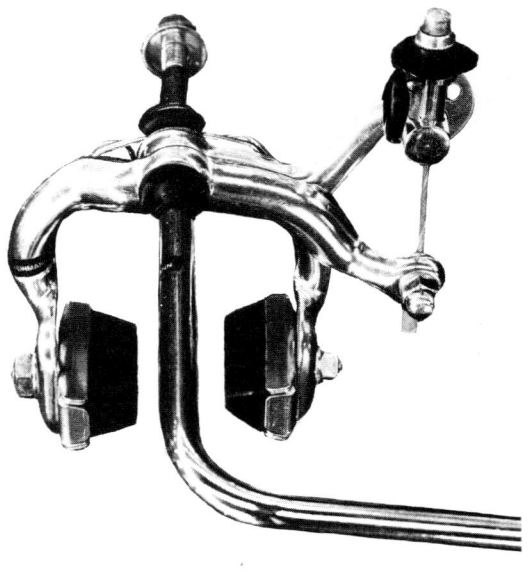

Wir sind nun bei der Zeit angelangt, in der die Minderung des Gewichts eine wesentliche Rolle zu spielen begann. Die Erfindungen und Entwicklungen, die uns geradezu unwahrscheinlich leichte und dennoch starke Materialien lieferten, begannen nun auch Bereiche zu beeinflussen, auf denen man längst das Optimum erreicht zu haben glaubte. Auch wenn sich nichts dagegen sagen ließ, daß die Mittelzugbremse hervorragend funktionierte, so war man dennoch nicht ganz zufrieden. Die Synchron-Bremse oder Mittelzugbremse ist doch ziemlich kompliziert. Und das führt zwangsläufig dazu, daß auch leicht einmal Störungen auftreten können. Ferner ist sie auch recht schwer. Es war Campagnolo, der den Versuch unternahm, der Diktatur der Mittelzugbremse Halt zu gebieten. Diese Firma entwarf wieder eine Seitenzugbremse kleinsten Formats, die dank der nun verwendeten Ma-

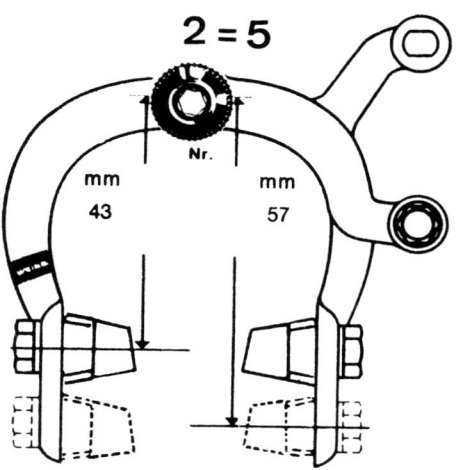

Die Seitenzugbremse.
Diese Seitenzugbremse hat zusätzlich eine Vorrichtung, mit der man sie zentrieren kann.

terialien superleicht war. Und so sind wir dann wieder zur guten alten Seitenzugbremse zurückgekehrt, deren Ausführung aber jetzt perfekt genannt werden kann. Superleicht, sehr stark und mit einem geradezu verblüffenden Bremsvermögen. Auch die Weinmann-Carrera ist wieder eine Seitenzugbremse hervorragender Konstruktion. Durch die kürzeren Bremsjoche wurde der Nachteil des ungleichzeitigen Anschlags der Bremsklötzchen praktisch aufgehoben. Auch die sehr simple Konstruktion hauchte

der neuen Seitenzugbremse neues Leben ein.
Aber was bekommen wir jetzt zu sehen? Vor kurzem kam wieder eine neue Ausführung der Mittelzugbremse heraus, das allerneueste Modell von Angénieux CLB aus Frankreich. Es gibt halt niemals ein Ende . . .
Natürlich müssen hier schon ein paar neue Feinheiten im Spiel sein. Da ist als erstes die Verwendung von Titan, diesem superleichten Material. Man gebrauchte das so ausgiebig wie möglich, denn jede Gewichtseinspa-

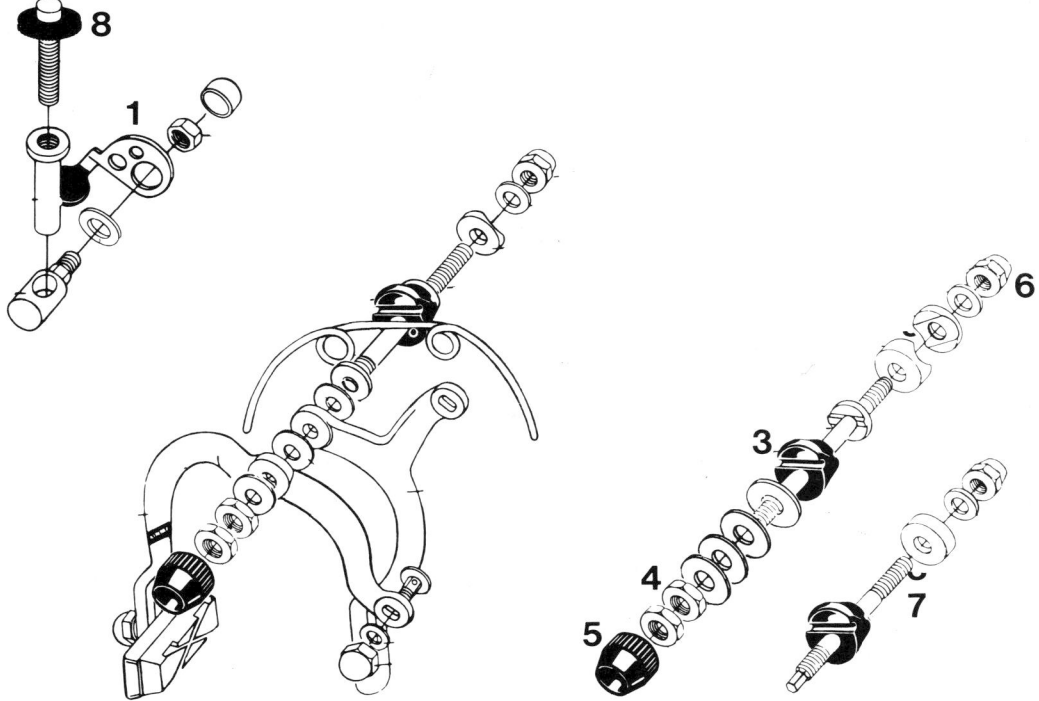

Es ist sehr ärgerlich, wenn bei einer eingestellten Bremse das Klötzchen nach dem Lösen der Bremse noch schleift. Bei diesem System wurde das Ärgernis abgestellt, weil die Bremse in zweierlei Weise eingestellt wird. Unter 4 sehen wir die beiden Muttern, die die Einstellung der Bremszangen regeln. Die Einstellung muß so geschehen, daß die Bremsfeder die beiden Joche nach dem Bremsen wieder in die geöffnete Stellung bringt. 5 ist die Schutzkappe, die über die Zentralachse der Bremse gezogen wird. Mit Hilfe eines Spezialschlüssels, läßt sich die Zentralachse der Bremse drehen, ohne daß dabei die Bremse verstellt würde. In den Schlitz 3 paßt die Bremsfeder. Wenn man bei 5 oder 2 die Bremsachse mit dem Spezialschlüssel dreht, dann werden die Bremsjoche bewegt und so kann man die Bremszange ganz genau zentrieren. Anschließend wird die Bremsachse wieder mit der Mutter 6 gesichert.

1 = die Schnellauslösevorrichtung. Wenn man den Hebel umlegt, öffnet sich die Bremse automatisch, so daß man das Rad herausnehmen kann.

8 = Einstellschraube zur präzisen Enger- oder Weiterstellung.

7 = die Zentralachse. Deutlich erkennt man das Sechskantende, auf das der Einstellschlüssel paßt.

rung kann ein Baustein zum Erfolg sein. Ferner hat die CLB2-Bremse noch eine andere Besonderheit und das ist die Stellung der Bremsklötzchen. Bei allen bislang genannten Bremsen verläuft die Bremsfläche des Klötzchens parallel zur Felge. Es faßt beim Bremsen also mit seiner ganzen Fläche auf die Felge. Und was machte CLB nun? Da setzte man die Bremsklötzchen zusammen mit den Bremsschuhen im Winkel zur Felge. Dadurch wird die Bremswirkung progressiv, und damit umgeht man auch die Gefahr, daß das Rad plötzlich blockiert. Dieses Blockie-

ren, vor allem beim Vorderrad, hat schon manchen Radfahrer, der die Bremskraft unterschätzte, einen mehrfachen Purzelbaum machen lassen.

Es bleibt abzuwarten, ob wir mit der neuen CLB-Bremse am Ende der Entwicklung angelangt sind, oder ob wir noch mehr Wiedergeburten erwarten können. Vielleicht kommt eines Tages auch eine brauchbare Rennausführung der Scheibenbremse, aber die müßte dann auch ganz speziell für die Anforderungen des Rennrades konstruiert sein. Bei Regenwetter könnte eine Scheibenbremse sich sogar gut bewähren, denn das Bremsen in der konventionellen Art ist bei Nässe nun einmal eine riskante Sache.

Die schematischen Zeichnungen, die Sie im folgenden sehen, können manches ein bißchen leichter deutlich machen als Worte allein. Eine Bemerkung zur oberen Zeichnung auf Seite 105: der Winkel von 41° bezeichnet den Winkel zwischen den Bremsklötzchen in Ruhestellung und der Felge. Beim Bremsen dreht sich das Joch des rechten Klötzchens um den Punkt A. Das Klötzchen folgt dann der Bahn AB, dreht sich aber, bis es die Felge gleichmäßig berührt. Gerade diese Bahn AB verleiht dieser Bremse ihre besondere Bremswirkung, die in der folgenden Zeichnung verdeutlicht wird.

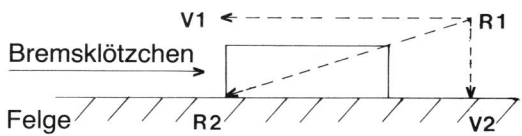

Eine Phase in der Bremsenfabrikation. Achten Sie auf die Bremsfeder, eines der wichtigsten Teile der Bremse.

In dieser Skizze ist R_1–R_2 die Strecke, die das Klötzchen in der Zeit des Ansetzens auf die Felge durchläuft. Diesen Vektor R_1–R_2 können wir auch gliedern in einen Vektor R_1–V_1, der in die Richtung des drehenden

Laufrades zeigt und einen Vektor R_1-V_2, der den zusätzlichen Felgendruck angibt. Gerade dieser zusätzliche Druck erhöht die Bremskraft der CLB2-Bremse und gemäß Untersuchungen auf dem Prüfstand soll man bei dieser Bremse nur die Hälfte der Energie auf die Bremshebel ausüben müssen, bei normalem Anziehen der Bremshebel erhält man demzufolge die doppelte Bremskraft. Also wieder ein revolutionäres System. Und das bei einem Eigengewicht von nur 160 Gramm je Bremse. Leichter als jede andere Bremse . . .

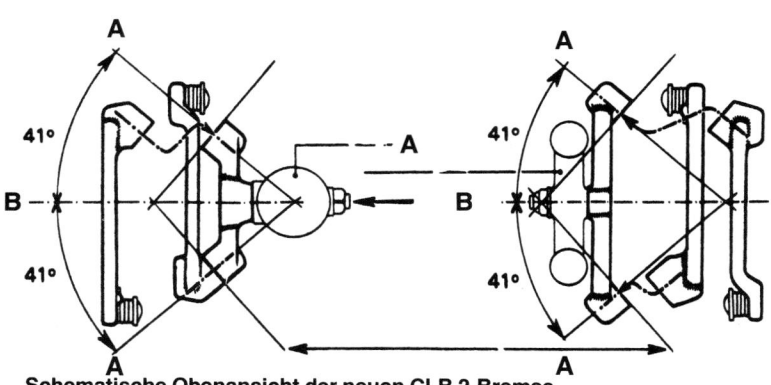

Schematische Obenansicht der neuen CLB 2-Bremse

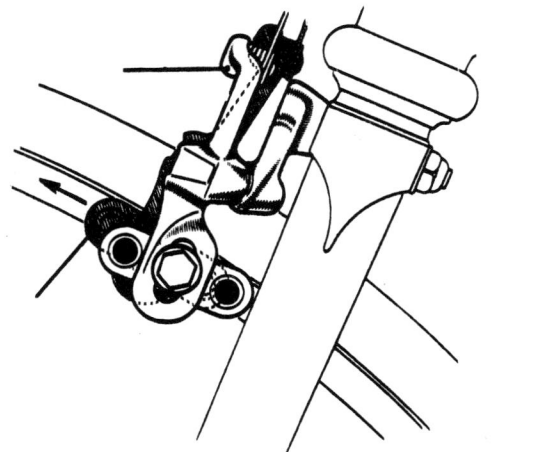
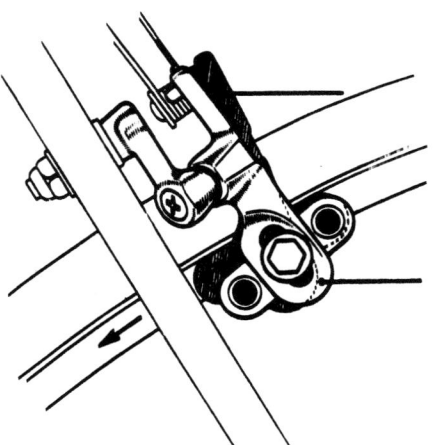

Die CLB 2-Bremse von der Seite

Auf der vorstehenden Zeichnung sehen wir noch einmal die CLB2-Bremse in Seitenansicht. Mit dem dunkel Schraffierten wird die Stellung beim Bremsen angegeben. Es ist deutlich erkennbar, daß sich die Bremsklötzchen während des Bremsens drehen und auf einer schrägen Bahn zur Felge hin bewegen. Der Vektor V_1–R_2 zeigt an, daß die Klötzchen dieser Bremse ganz sanft ansetzen, und dadurch läßt sich das gefährliche Blockieren vermeiden.

Manche Rennbremsen haben unterhalb der Bremsklötzchen nach außen gerichtete Haken.

Die Haken links und rechts unter den Bremsklötzchen sind Radeinführhilfen, die sich beim Montieren des Rades als nützlich erweisen. Natürlich muß der Schnellauslöser der Bremse dabei in OFFEN-Stellung sein. Man kann die Radeinführhilfen auch beim Einstellen der Bremsklötzchen benutzen. Dazu muß man eine Schnur durch die beiden Haken ziehen und auf diese Weise die beiden Bremsklötzchen gegeneinander ziehen. In geschlossener Stellung lassen sich

Diese Zeichnung zeigt den letzten Schrei auf dem Gebiet der Bremsen, wenngleich nach einem teilweise altbekannten Prinzip. Es handelt sich um die Super-Mittelzugbremse von Angénieux. Schon allein das Gewicht, nur 160 Gramm, spricht für sich. Das Neue an dieser Bremse ist die Stellung der Bremszange im Verhältnis zur Felge. Sie bewegt sich nämlich auf einer Fläche, die in einem Winkel von 41° zur Felge steht. Dies im Gegensatz zu den traditionellen Bremsen, die in einer Ebene wirken, die lotrecht zur Felge steht.

Dennoch begegnen wir jetzt auch wieder einem alten Bekannten für unsere Supersporträder. Dieses leichtgewichtige Modell von Sturmey Archer wird u. a. von Batavus in der Serie leichter Supersporträder verwendet. Auf diese Weise erhält man auch bei Nässe wieder eine maximale Bremsleistung.

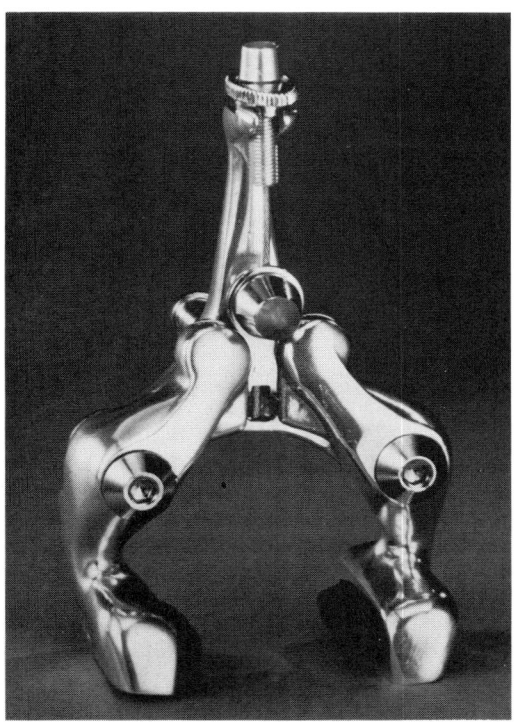

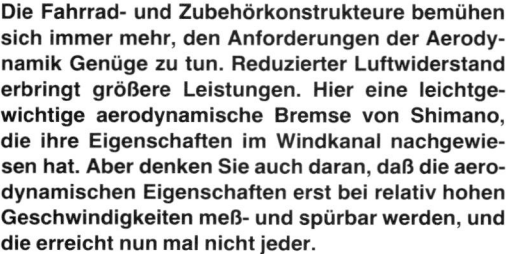

Die Fahrrad- und Zubehörkonstrukteure bemühen sich immer mehr, den Anforderungen der Aerodynamik Genüge zu tun. Reduzierter Luftwiderstand erbringt größere Leistungen. Hier eine leichtgewichtige aerodynamische Bremse von Shimano, die ihre Eigenschaften im Windkanal nachgewiesen hat. Aber denken Sie auch daran, daß die aerodynamischen Eigenschaften erst bei relativ hohen Geschwindigkeiten meß- und spürbar werden, und die erreicht nun mal nicht jeder.

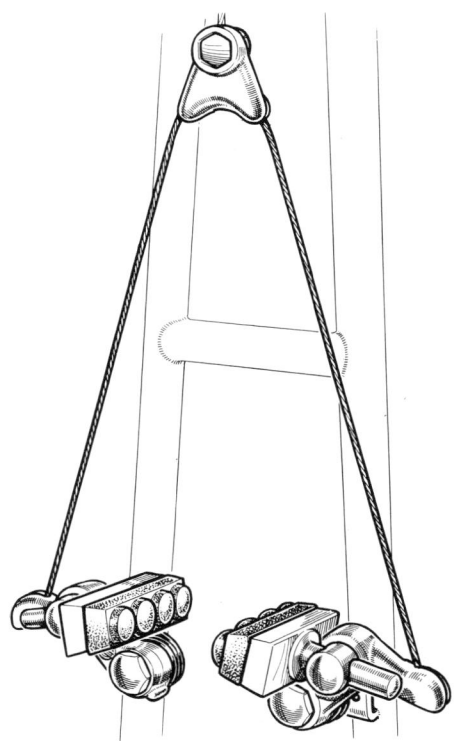

Eine freitragende Bremse ohne viel Drumherum, aber mit großer Bremsleistung. Diese Bremse, die wenig störanfällig ist, wird besonders von Querfeldeinfahrern bevorzugt.

die Bremsklötzchen sogar auf den Zehntel Millimeter genau einstellen. Zwar ist das nur ein Behelf, aber die Hauptsache ist, es funktioniert.

Die *Bremsklötzchen* sind und bleiben Sorgenkinder. Schließlich steht und fällt der ganze Bremsvorgang ja mit den Bremsklötz-

chen, manchmal fällt sogar der Fahrer mit ihnen! Sie müssen sich in ganz einwandfreiem Zustand befinden. Verschlissene, abgenutzte, abgebröckelte Klötzchen sind nicht nur von Übel, sie sind sogar lebensgefährlich. Deshalb muß man auf die Bremsen den größten Wert legen und sie regelmäßig überprüfen. Beim ersten Anzeichen von Verschleiß müssen die Klötzchen ausgewechselt werden. Genau wie bei den Autoreifen ist das Profil nicht als Zierde gedacht, sondern es hat seinen Sinn. Solange noch genug Profil auf den Klötzchen ist, erhöht es die Bremswirkung, vor allem bei Regenwetter. Das Wasser kann zwischen den Rippen ausweichen, und bei warmem Wetter vergrößern die Profilrippen die Kühloberfläche. Vielleicht erscheint das letztere ein bißchen übertrieben, aber ein Bremsklötzchen mit Profil verursacht weniger rasch einen über-

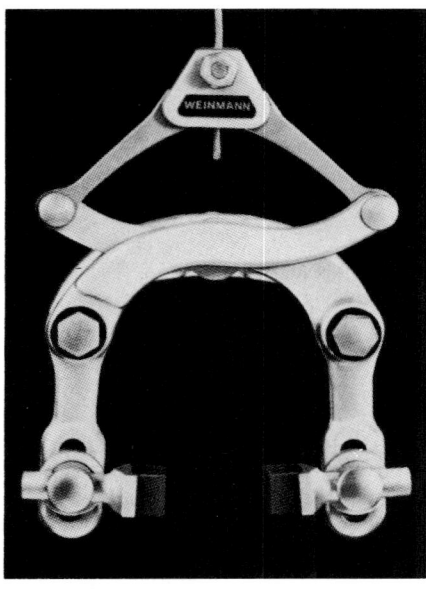

Ein alter Bekannter im neuen Kleid. Weinmann entwarf eine völlig neue Mittelzugbremse. Bei diesem Modell wurde das Kabelstück, das die beiden Bremsjoche verband, durch ein festes, viel stärkeres Bogenstück ersetzt, so daß man keine Last mehr durch Kabelbruch hat. Auch die Bremsklötzchen wurden einer Änderung unterworfen. Sie sind jetzt in drei Stellungen verschiebbar, nämlich nach oben oder unten, nach links und nach rechts, und außerdem erhält man eine im Verhältnis zur Felge mehr oder weniger schräge Stellung.
Das Ganze besteht aus widerstandsfähigem, superleichtem Material.

hitzten Felgenrand als ein Klötzchen ohne die Rippen. Auch die Stelle auf dem Felgenrand, an der das Bremsklötzchen angreift, ist wichtig und muß regelmäßig überprüft werden, vor allem auch dann, wenn man ab und zu die Räder auswechselt. Eigentlich erfordert ja jedes Laufrad eine andere Einstellung der Bremsen. Ein Bremsklötzchen, das zu hoch am Felgenrand angreift, ist für den Reifen lebensgefährlich.

Nur ein wenig zu hoch, und ein Teil des Klötzchens erfaßt den Reifen, und das dann ausgerechnet an der Stelle, an der er am empfindlichsten ist, in der Walkzone nämlich. Da genügt es schon, wenn man nur zweimal energisch bremst, dann fliegt ein Schlauchreifen in Fetzen von der Felge. Ragt das Klötzchen dagegen über den Rand der Felge hinaus nach unten, dann verringert sich dadurch die Bremswirkung, und außerdem gibt es übermäßigen Verschleiß unter eigentümlicher Formbildung. Die Bremsklötzchen sind nun einmal so konstruiert, daß sie die Felge ganz genau mit der ganzen Bremsfläche erfassen sollen.

Auch die Stellung des Bremsschuhs verursacht zuweilen Probleme, zumindest für jene Fahrer, die nicht aufpassen. Der Bremsschuh, also der Metallfuß, in den das Bremsklötzchen hineingeschoben wird, hat im allgemeinen eine offene und eine geschlossene Seite. Das Klötzchen wird nun, der Konstruktion entsprechend, auf der offenen Seite in den Bremsschuh geschoben, bis es an der geschlossenen Seite anstößt. Es sollte eigentlich überflüssig sein, das zu sagen, aber es sei hier trotzdem vermerkt, daß die geschlossene Seite des Bremsschuhs nach vorn zeigen muß. Das klingt logisch, wenn man es so liest, aber in der Praxis kommt es immer wieder vor, daß die Bremsklötzchen nach einer gedankenlosen Montage beim ersten Bremsen wie Gewehrkugeln vorn herausfliegen. Und das ist nicht nur gefährlich für den Fahrer selbst, der unversehens

Das Fummeln mit einer Schnur wurde von Weinmann mit dieser speziellen Bremsfeder aus der Welt geschafft, eine sehr praktische Hilfe. Man setzt diese Feder mit den dazu vorhandenen Öffnungen einfach über die Einstellschrauben der Bremsklötzchen. Die Feder preßt die Klötzchen kräftig gegen die Felge. Jetzt hat man beide Hände frei, um das Bremszugseil straff zu ziehen und an der Bremse zu befestigen. Natürlich muß die Stellschraube bei einer Bremse mit Bremszugseileinstellung ganz herausgedreht sein. Nach der Befestigung des Bremszugseiles drehe man die Einstellschraube soweit zurück, daß die Bremsklötzchen von der Felge frei sind, und das ist bei einer richtig eingestellten Bremse ein Abstand von etwa 1 bis 2 mm.

ohne Bremse ist, sondern für jeden, der sich da in der „Schußrichtung" befindet.

In letzter Zeit sieht man mehr und mehr Bremsschuhe, die auf beiden Seiten geschlossen sind. Dadurch wird die Gefahr ausgeschlossen, das Klötzchen falsch zu montieren. Das hat unter anderem wohl seinen Grund in einer gesetzlichen Vorschrift, die es jetzt in den USA gibt; dort sind geschlossene Bremsschuhe obligatorisch.

Wir wollen dahingestellt sein lassen, ob man sie deshalb vorgeschrieben hat, weil es viele Unglücksfälle gegeben hatte oder weil man den Satz beherzigte, daß „Vorbeugen besser als Heilen" ist. Jedenfalls sind die Hersteller im Lauf der Zeit immer mehr zu völlig geschlossenen Bremsschuhen übergegangen.

Auch die Stellung des Bremsklötzchens im Bremsschuh sollte bachtet werden. Die guten Klötzchen haben eine breite und eine schmale Seite. Da der Felgenrand nach oben meist leicht konisch verläuft, ist es logisch, daß man zur richtigen Montage die breite Seite des Klötzchens auf der Unterseite haben muß.

Wir stellten bereits fest, daß die Klötzchen den wichtigsten Bestandteil der Bremse bilden. Auch mit ihnen wurden Versuche gemacht. Nicht nur hinsichtlich des Reibwiderstands und der Materialzusammensetzung, sondern auch in der Art der Profilierung. Denn schließlich wissen wir ja, daß ein gutes Profil für die Kühlung wichtig ist.

Aber man ging noch weiter. Die Firma Angénieux, die wir bereits im Zusammenhang mit

Dreierlei mit nur zwei Händen tun ist fast unmöglich, aber mit dieser Bremseinstellzange von VAR ist das wohl möglich. Die Zange macht zweierlei gleichzeitig. Zuerst klemmt sie das Bremskabel fest, und bei weiterem Einkneifen der Zange wird die Bremse zusammengekniffen. Mit der einen Hand können Sie jetzt die Zange soweit zusammenkneifen, daß die Bremse richtig gestellt wird, und danach mit der freien Hand das Kabel an der Bremse befestigen. Das Ganze funktioniert fehlerfrei, schnell und bequem.

Wie man klar erkennen kann, werden bei diesem System zwei Bremsjochanschläge zwischen der Gabel (vorn oder hinten) und der Bremse angebracht. Diese Anschläge halten die Bremszange zurück, so daß keines der Joche zu weit ausweicht. Dadurch steht das andere dann auch richtig.
Diese „Anschläge" sind im Handel erhältlich und passen praktisch auf alle Bremsen. Allerdings: wenn die Bremse eine Auslösevorrichtung hat, dann funktioniert diese nicht mehr!

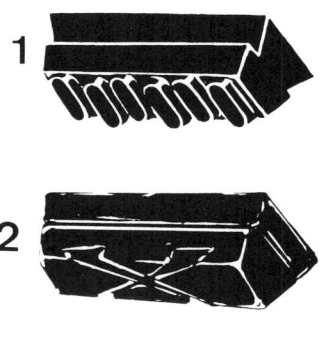

ihrer neuesten CLB2-Bremse erwähnten, hat eine Art von Auflaufbremse herausgebracht. Es ist eigentlich so etwas wie ein Bremsverstärker, eine Servobremse, wenn auch in kleiner Ausführung. Man entwarf unter dem Namen Racer ein Bremsklötzchen, das aus zwei – eigentlich sogar aus drei – Teilen besteht; das Ganze besteht aus einem Bremsschuh, in den ein Schlitten ein-

Bremsklötzchen gibt es in verschiedenen Ausführungen und Modellen, aber das Wichtigste ist es, daß sie gut bremsen. Hier die Bremsklotz-Serie von Weinmann:
Typ 1 ist eine Standardausführung
Typ 2 ist die Allwetterausführung mit dem X-Profil
Typ 3 = ist das „Heavy-duty"-Modell für hohe Belastung.

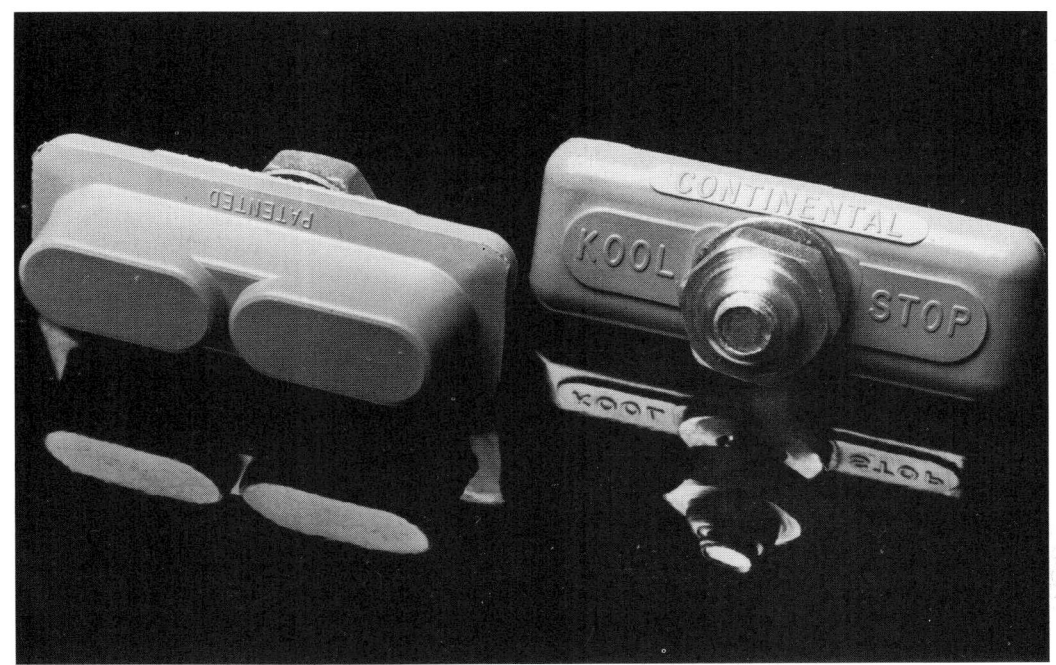

Experimente mit der Materialzusammenstellung von Bremsklötzchen haben zu einem völlig neuen Bremsklötzchen geführt, nämlich dem „Continental"-Bremsklötzchen von Koolstop. Dieses besteht aus einem bestimmten Kunststoff, und es braucht keine Bremsschuhe mehr; Klötzchen und Bremsschuh sind zu einer Einheit verschmolzen. Der Kunststoff garantiert eine konstante Bremskapazität unter allen Wetterbedingungen, und es spielt keine Rolle, ob nun auf einer Alu- oder einer Stahlfelge gebremst wird. So gibt es wieder etwas Neues, das die Sicherheit des Renn- oder Sportfahrers erhöhen kann.

Diese Koolstop-Klötzchen gibt es auch mit einer Art von Kühlrippen, die die Bremsen besser gegen Heißlaufen (beim Bergabfahren) schützen.

Koolstop liefert auch einen dazu passenden Cleaner, der die Klötzchen und die Felgenränder reinigt. Der Cleaner greift den Gummi des Reifens nicht an.

gepaßt wird, und das Bremsklötzchen befindet sich in diesem Schlitten. Das System ist eigentlich verblüffend einfach, man muß nur draufkommen.

Der Schlitten mit dem Bremsklötzchen kann sich im Bremsschuh hin- und herschieben. Wenn gebremst wird, dann werden Klötzchen und Schlitten vom Widerstand mitgenommen. Das Bremsklötzchen steckt in einer leichten Neigung, und diese Neigung sorgt dafür, daß der Schlitten mitsamt dem Klötzchen nach innen, also gegen die Felge, gedrückt wird. Und da liegt der Effekt der Bremsverstärkung. Das Klötzchen bremst nicht einfach nur die Felge ab, sondern durch die Relativbewegung wird der Druck auf die Felge – und damit der Bremseffekt – zusätzlich erhöht. Auf der folgenden Zeichnung kann man deutlich erkennen, wie diese Racer-Klötzchen funktionieren und auf welchem Prinzip die Bremsverstärkung beruht.

Das Bremsen selbst kommt zustande, indem die Bremsklötzchen auf dem Weg über Handbremshebel und Bremszug bis auf den Felgenrand zusammengezogen werden. Diese „Kneifbewegung" arbeitet der Kraft einer starken Feder entgegen, und die Feder, die an den Bremsen sitzt, hat die Aufgabe, die Bremse wieder zu öffnen.

Es ist sehr wichtig, daß die Feder ihre Kraft optimal einsetzen kann, und deshalb müssen die Gelenke der Bremse stets sauber und mit dünnem Öl geschmiert sein.

Hinsichtlich der Bremszüge, und zwar sowohl der Seilzüge als auch der Hüllen, muß

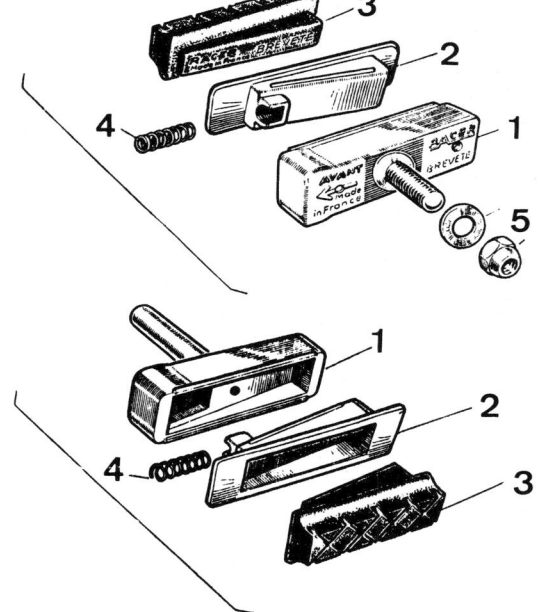

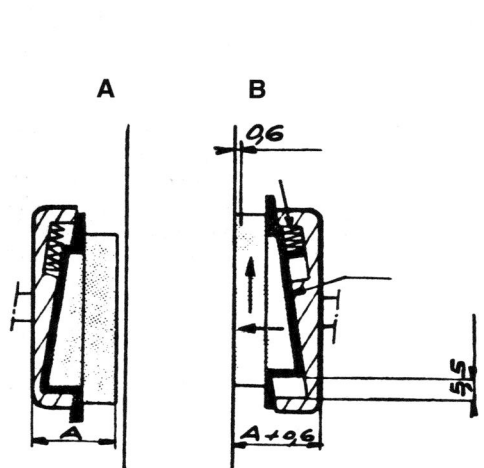

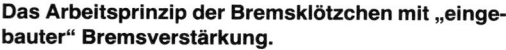

Das Arbeitsprinzip der Bremsklötzchen mit „eingebauter" Bremsverstärkung.

Bei A ist die Bremse in Ruhestellung, also frei von der Felge. Der Halter mit dem Bremsklötzchen wird durch die Feder zum Ende der Schrägung zurückgedrückt.

Bei B wird gebremst. Durch die Reibung an der Felge wird das Klötzchen gegen den Druck der Feder mitgenommen. Zugleich wird es durch die Schräge herausgedrückt, senkrecht auf die Felge zu. Dadurch wird der Bremsdruck natürlich verstärkt. Beim Loslassen drückt das Federchen den Halter mit dem Klötzchen wieder in die Position A zurück.

Zwei komplette Rennklötzchen in unterschiedlicher Ausführung, aber nach demselben Prinzip arbeitend.

1 = der eigentliche Bremsschuh mit der inneren Schrägbahn;
2 = der verschiebbare Halter des Bremsklötzchens, der Schlitten;
3 = das Bremsklötzchen;
4 = das Federchen, das den Schlitten zurückschiebt;
5 = Befestigungsmutter, die den Bremsschuh an der Bremse hält.

folgendes gesagt werden:

Der Bremszug verläuft im allgemeinen vom Handbremshebel durch eine Kabelhülle bis zum Rahmen und geht von da aus offen weiter. Die besseren Bremsen, wie die von Shimano und Campagnolo, verwenden über die ganze Länge des Bremszugs einen Bowdenzug, also vom Handbremshebel bis an die Bremse. Wenn nun ein neues Zugseil montiert wird, ist es besonders wichtig, daß auch die Bowdenzugummantelung *innen gründlich gereinigt* wird; aller noch vorhandene Rost muß heraus und ebenso jegliches verharzte Fett. Der Seilzug selbst muß gut eingefettet werden, denn wenn er einmal in der Bowdenzugfülle steckt, kann man ihn nicht mehr schmieren. Das Fett hat zwei Aufgaben: es dient als Konservierungsmittel gegen Rost, und ferner muß es dafür sorgen, daß der Innenzug in seiner Umhüllung geschmeidig gleiten kann. Vor allem an den gebogenen Stellen kann es sonst leicht zur Reibung kommen. Das geschmeidige Gleiten ist auch deshalb wichtig, weil die Bremse nur dadurch optimal funktionieren kann. Das läßt sich ganz leicht überprüfen. Wenn man den Handbremshebel stark anzieht und dann wieder losläßt, dann muß er mit einem lauten Klack wieder in seine ursprüngliche Lage springen. Nur wenn dieses „Klackgeräusch" klar und laut ist, sind Bremszug und Feder in Ordnung. Wenn aber die Bowdenzugumhüllung verschmutzt ist, voll von verharztem Fett oder gar Rost, dann kann selbst die stärkste Bremsfeder dagegen nichts ausrichten. Als Folge könnte es auch geschehen, daß die Bremsen während der Fahrt schleifen, weil sie hängenbleiben, und das bedeutet wieder unnötigen Energieverlust. Auch die Zugseile gibt es in unterschiedlichen Ausführungen. Im Prinzip bestehen sie allesamt aus gewundenem Stahldraht, aus einem Bündel dünner Stahldrähtchen, die zum Zugseil gedrillt wurden. Je geschmeidiger ein Bremszug ist, desto besser

Eine Neuigkeit von Batavus.
Wer ganz sicher gehen will, daß seine Bremsseile in der Ummantelung ständig gut geschmiert sind, kann diese Schmiernippel zusammen mit einer speziellen Schmierflüssigkeit verwenden.

ist er, und deshalb sind jene Bremszüge am besten, die aus sehr vielen möglichst dünnen Drähtchen gefertigt wurden. Sie können jede Biegung der Kabelhülle ohne nennenswerten Widerstand durchlaufen. Die ideale Kombination ist eine Erfindung aus jüngerer Zeit, bei der die Kabelhülle aus geflochtenem Nylon besteht und die Innenseite der Hülle dazu noch mit Nylon beschichtet ist. Hier gibt es überhaupt keinen Widerstand, und es kann sich kein Rost bilden.

Das eigentliche Einstellen der Bremsen verdient auch einige Aufmerksamkeit. Um es kurz zu machen: eine Bremse darf weder zu knapp noch zu weit öffnen. Ein Zwischenraum von etwa 1 1/2 mm zwischen Klötzchen und Felge in Ruhestellung ist richtig. Natürlich sind die Bremsauslöser, die die meisten Bremsen haben, beim Einstellen in geschlossener Position. Ferner muß so eingestellt werden, daß bei unbelasteter Bremse zwischen Handbremshebel und Lenker genug Platz ist. Bei ganz angezogenem Handbremshebel muß dann zwischen dem Hebel und dem Lenker noch ein Raum von wenigen Zentimetern sein. Das ist die sogenannte Bremsreserve. Wenn der Handbremshebel beim Ziehen der Bremse gegen den Lenker stößt, dann fehlt die Reserve. In Notfällen und auch bei nassem Wetter kann einem diese Bremsreserve manche Schwierigkeiten ersparen. Und nochmals: der Handbremshebel muß beim Loslassen mit einem deutlich hörbaren „Klack" zurückspringen. So hat man die Gewißheit, daß die Bremse nicht festhängt, die Feder ihre Arbeit gut verrichten kann und der Bremszug geschmeidig durch die Bowdenzughülle gleitet. Bremsen können Leben retten!

Etwas Praktisches von Gazelle. Unter dem Tretlager wurden Führungsbahnen aufgelötet. Die Bremsseile sind dadurch weniger scharf gebogen, was den Verschleiß mindert. Auch kann man diese Bahnen leicht reinigen und einfetten.

Tips zur Pflege der Bremsen

Bremsen müssen sauber sein und in der richtigen Weise leicht geölt werden. Auch die Bremsen-Gelenkstellen also ölen, obwohl die sich (scheinbar) doch nur wenig bewegen. Ebenso wie beim Schalten sind beim Bremsen die Zugseile das Wichtigste. Bremszüge werden in derselben Weise behandelt wie die Schaltzüge: In geschmolzenes Fett eintauchen und dann abtropfen lassen, überschüssiges Fett abwischen.

Die Bowdenzughüllen – sie sind bei den Bremsen länger als bei manchen Schaltzügen – müssen gut mit Öl versehen montiert werden, denn wenn die Bremsen einmal montiert sind, dann hat man da kaum noch Zugang. Auch hier sollte man vor allem die kritischen Stellen beachten, an denen das Zugseil aus der Ummantelung austritt.

Immer wieder muß die Funktion der Bremsen überprüft werden, und *Funktion der Bremsen* heißt hier, daß sie leicht gehen müssen. Dazu wird der Handbremshebel kräftig angezogen (dabei darf er den Lenker nicht berühren) und dann schnell wieder losgelassen. Durch die Federkraft der Bremsfeder muß der Hebel mit einem hörbaren „Klack" zurückschießen. Tut er das nicht, dann kann im Bowdenzug eine zu starke Reibung vorliegen oder die Bremse ist zu straff eingestellt. Bei Reibung im Bowdenzug muß das Zugseil aus der Ummantelung genommen werden, denn dann dürfte Schmutz, Rost oder zähes Fett darin sein. Ist die Bremse zu straff, dann wird die Sicherheitsschraube der Bremse mit einem Steckschlüssel gelockert, und dann wird die Stellschraube ein wenig gelöst. Die Bremse

Wenn man die Bremshebel auf dem Lenker versetzen will, dann muß man die Hebelschraube lösen. Diese Schraube können Sie finden, indem Sie in die aufgekniffene Bremse auf dem Lenker schauen. Hinter dem Bremsseil sehen Sie diese Schraube, die entweder einen Imbuskopf oder einen Schlitzkopf haben kann.

wird auf der Rückseite der Mittelwelle zentriert. Das ist mit dem neuen Zentriersystem von Weinmann besonders einfach.

Nach vielem Bremsen (eventuell nach längeren Bergabfahrten) kann die Bremse zu viel Spiel bekommen haben. Zunächst kann das noch mit Hilfe der Stellschraube korrigiert werden, die die meisten Bremsen haben. Geht das nicht mehr, dann muß der Bremszug neu gespannt und befestigt werden.

Die Bremsklötzchen selbst erfordern viel Aufmerksamkeit. Ihr Profil (die Kühlrippen) ist sehr wichtig. Ist das Profil abgeschliffen, dann muß man unverzüglich neue Bremsklötzchen montieren.

Bei nassem Wetter bremsen glatte Bremsklötzchen viel schlechter. Prüfen Sie immer wieder die Anlage auf den Felgen; wenn die Klötzchen zu hoch stehen, dann scheuern sie möglicherweise am Reifen, und bei zu niedriger Stellung wird die Bremswirkung beeinträchtigt. Achten Sie auch darauf, daß die Bremsen nicht schleifen, das kostet Energie, bringt Verschleiß und ist überdies noch lästig. Das Zentrieren ist einfach, die Hilfsmittel dazu haben wir bereits genannt.

Kapitel 9

Das Lenkungslager

Das Lenkungslager bildet zusammen mit den Vorderradlagern, den Hinterradlagern und dem Tretlager die Gruppe der vier Hauptlager, die unser Fahrrad hat. Das Lenkungslager hat dabei eine wichtige Aufgabe, denn es ist schon entscheidend, ob man leicht und ohne Reibung lenken kann oder nicht. Ein Lenkungslager, das zu straff eingestellt oder gar angerostet ist, verursacht eine ruckhafte Lenkung, während ein Lenkungslager mit Spiel, das also zu locker eingestellt ist, alle Erschütterungen der Vorderradgabel ungehindert auf das ganze Fahrrad überträgt. Die beiden Lager, aus denen das vollständige Lenkungslager besteht, müssen Druck in zweierlei Weise auffangen können. Zum einen werden die Lager senkrecht zum Lager auf Druck belastet, und zwar einerseits durch das Gewicht des Fahrers nach unten und andererseits durch die Unebenheiten der Straße nach oben. Und zweitens müssen die Lager seitliche Drücke aufnehmen, wenn bei einer Bergfahrt oder bei hartem Spurt am Lenker gezogen wird. Es handelt sich also schon um wichtige Lager, die großen Belastungen ausgesetzt sind, und die deshalb auch immer wieder überprüft werden müssen.

Nebenstehend sehen Sie ein vollständig montiertes Lenkungslager. A, B und C ge-ben Maße an, die sehr wichtig sind. Es mag zwar verwundern, aber es gibt Lenkungslager in sehr unterschiedlichen Dimensionen,

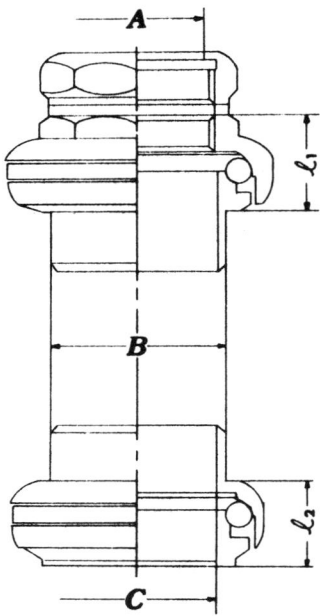

Ein komplettes Lenkungslager.

Hier werden die Ränder des Lenkkopfrohrs mit größter Sorgfalt glattgefräst. Die Sitze für die beiden festen Lagerschalen müssen genau senkrecht zur Rohrachse liegen. Natürlich kann diese Arbeit nur mit bestem Präzisionswerkzeug ausgeführt werden.

und deshalb muß man achtgeben, daß man nur ein genau passendes Lenkungslager kauft. Zwar werden heutzutage mehr und mehr Erzeugnisse genormt, aber leider trifft das noch lange nicht auf alle Produkte zu. Es gibt also nach wie vor Unterschiede, und deshalb sollte man die Maße seines Fahrrades genau kennen, damit man erforderlichenfalls die passenden Ersatzteile kauft.

Bei A sehen wir den Querschnitt der Öffnung der oberen Sicherungsmutter. Durch diese Öffnung wird der Lenkerschaft in die Gabel geschoben und mit Hilfe des Lenkungsexpanders festgeklemmt. Der Durchmesser ist meist 22,4 mm, und das ist nötig, denn das übliche Maß des Lenkerschafts ist 22,2 mm: Es gibt aber auch Lenkungslager, die bei A einen Durchmesser von 21,15 mm haben. Es braucht wohl nicht betont zu werden, daß wir dann bei einem Schaftdurchmesser von 22,2 mm vergeblich herumbasteln würden. Der Durchmesser bei B ist der Innendurchmesser des Lenkungslagerrohres des Rahmens. Hier heißt es aufpassen, und vor allem muß man hier genau messen. Dies, weil im Rahmenrohr des Lenkungslagers oben und unten die festen Lagerschalen des Lenkungslagers eingesetzt werden, und die müssen genau passen. Diese Lagerschalen können 30,0 oder 30,2 mm Außendurchmesser haben. Und daraus geht hervor, daß der Innendurchmesser des Lenkungslagerrohres ebenfalls 30,0 oder 30,2 mm sein muß. Der Unterschied zwischen den möglichen Maßen beträgt also nur ganze 0,2 mm, und ... mal eben mit einem dünnen Blech von innen verkleiden, und aus den 30,2 mm sind 30,0 mm geworden, und jetzt paßt das 30,0 mm Lager! Aber das sollten Sie keinesfalls machen. Und ebensowenig ist es gut, wenn man das Rohr aufbohrt, so daß das 30,2 mm Lager jetzt in das ursprünglich für 30,0 mm vorgesehene Rohr paßt. Es gibt nur eine einzige Methode, die empfehlenswert ist, und die besteht darin, das richtige Lager zu verwenden. Die festen Lagerschalen müssen einfach genau in das Rohr passen; zur Not kann man mit einem Holz- oder Gummihammer mit leichtem Klopfen nachhelfen, sie in den Sitz zu befördern.

C ist der Innendurchmesser der unteren Lagerschale. Diese muß genau passend zur Krone der Gabel befestigt werden. Auch hier können die Durchmesser wieder unterschiedlich sein; die meisten sind entweder 27,0 oder 26,4 mm. Da die Unterschiede etwas größer sind, ist auch die Verleitung zum Murksen geringer.

Hier sehen wir ein vollständiges Lenkungslager in seinen Einzelteilen. Nr. 6 ist die untere drehende Lagerschale. Diese wird auf der Krone der Gabel befestigt. Die Nummern 5 und 4 zeigen die untere und die obere der festen Lagerschalen. Diese werden im Lenkkopfrohr des Rahmens montiert. Nr. 3 ist der obere mitdrehende Lagerring, der auf den Gabelschaft gesetzt wird und mit der das obere und zugleich auch das untere Lager eingestellt werden. Achten Sie aber auf das Gewinde, das der Gabelschaft trägt,

Das Lenkungslager in seinen Einzelteilen.

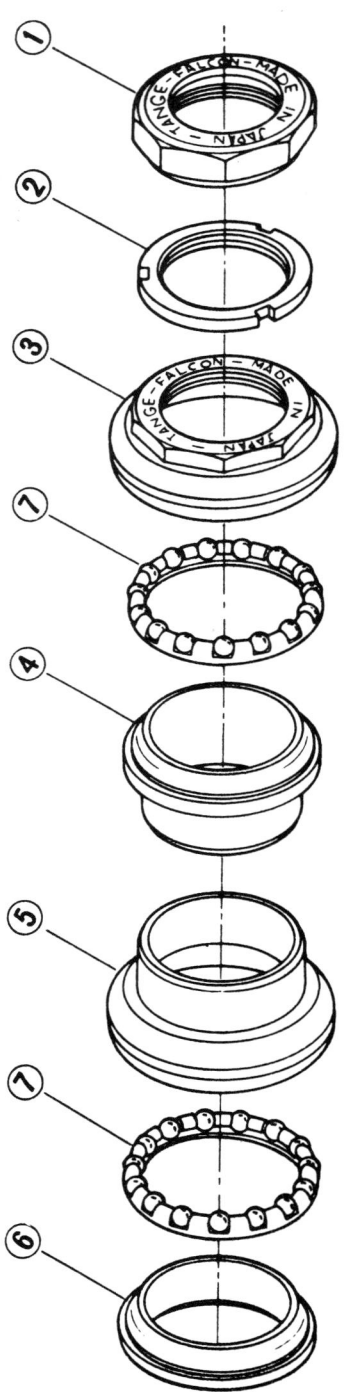

denn auch da gibt es Unterschiede. Nummer 2 ist der Sicherungsring, der die Einstell-Lagerschale 3 gegen Mitdrehen sichert.

Und die Nummer 1 zeigt schließlich die Sicherungsmutter, die das ganze Lenkungslager sichert. Die beiden mit 7 bezeichneten Lager sind die Kugelringe, aber wir vertreten auch hier wieder die Meinung, daß lose Kugeln sicherer und besser sind als Kugeln in Käfigen. Zwar bedeutet das ein bißchen Mehrarbeit und Vorsicht beim Zusammenbau, aber die Verbesserung gleicht den Aufwand gewiß aus.

Lager mit losen Kugeln also, aber welches Maß müssen diese Kugeln haben? Auch hier haben wir wieder Unterschiede. Die meisten Lenkungslager haben Kugeln von 5/32" Ø (Zoll also wieder), aber Campagnolo und Zeus verwenden Kugeln mit 3/16" Ø. Eines ist besonders wichtig, soll das Lenkungslager gut funktionieren. Die festen Lagerschalen müssen genau winklig zur Achse im Lenkkopfrohr montiert sein, mit anderen Worten: die Schultern der Lagerschalen müssen überall fest am Sitz des Lenkkopfrohres anliegen.

Das kann man erreichen, indem man vorsichtig mit einem Gummihammer klopft. Auch der untere mitdrehende Lagerring muß in gleicher Weise auf der Gabelkrone sitzen. Möglicherweise vorhandene Lacktröpfchen sollte man abschmirgeln, dann weiß man wenigstens sicher, daß die Lagerschalen fest am Metall anliegen. Die Lenkungslager müssen genau winklig sitzen. Da es sich bei ihnen um breite Lager handelt, würde jede mehr oder weniger schiefe Stellung bewirken, daß das Lager „Luft" hat, und das würde bedeuten, daß die Kugeln auf der einen Seite übermäßig viel Druck zu verarbeiten haben, während sie auf der anderen locker im Lagerbett liegen.

Bislang haben wir uns immer mit Lenkungslagern beschäftigt, die auf Kugeln laufen.

Aber die Entwicklung geht bekanntlich weiter, und jetzt gibt es Lenkungslager, die von den bisherigen abweichen. Der französische Hersteller Stronglight hat ein Lenkungslager herausgebracht, das nicht auf Kugeln läuft, sondern ein Rollenlager hat. Die Kugeln wurden durch kleine Zylinder mit einem Durchmesser von 2 1/2 mm und einer Länge von 5 mm ersetzt. Das hat den Vorteil, daß die Aufliegeflächen jetzt größer sind und sich nicht mehr auf das eine Pünktchen konzentrieren, an dem die beiden Lagerschalen die Kugel berühren.

Zugleich wurden die Röllchen in eine verschleißbeständige Art von Polyamid eingebettet, wodurch wieder eine kleine Gewichtseinsparung zustande kam. Der komplette Rollenlager-Steuerkopf von Strong-

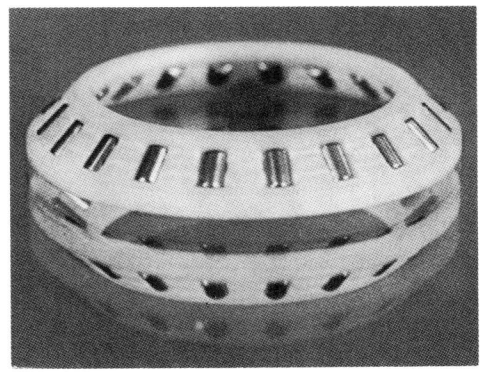

Das Rollenlager von Stronglight. Die Kugeln wurden durch zwanzig Rollen ersetzt.

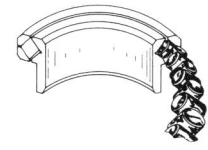

Das Rollenlager von Ofmega. Beachten Sie die vier senkrecht zueinander stehenden Lagerbahnen.

light (Typ A 9) wiegt nur etwa 78 g. Da die Rollen unter einem Winkel von 45° wirken, fangen Sie Kräfte, sowohl in der Horizontalen als auch in der Vertikalen, auf.

Da wir gerade dabei sind, sei auch noch etwas über den italienischen Hersteller Ofmega gesagt. Ausgehend von den Vorteilen des Rollen- oder Nadellagers hat dieser ein Lenkungslager konstruiert, dessen Rollen abwechselnd um 90° verdreht sind. Auf diese Weise erhielt man ein Lager mit vier Auflageflächen.

Da die Rollen hier senkrecht zueinander stehen, können die vier Auflageflächen praktisch Kräfte aus allen Richtungen auffangen.

Ein gut eingestelltes Lenkungslager muß sich leicht und ohne Hemmung drehen.

Man kann das leicht überprüfen, indem man das Fahrrad am Oberrohr des Rahmens ein wenig anhebt, während das Hinterrad am Boden bleibt. Läßt man den Lenker in Mittelstellung los, dann muß er sich langsam zur einen oder anderen Seite hin drehen.

Will man prüfen, ob das Lenkungslager Spiel hat, dann setzt man das Fahrrad wieder mit beiden Rädern auf den Boden. Dann zieht man die Vorderradbremse kräftig an und versucht, das Fahrrad nach vorn zu schieben. Wenn das Lenkungslager Spiel hat, dann spürt man das an einer Nickbewegung. Nochmals, und das gilt eigentlich für alle Einzelteile des Fahrrades: regelmäßige Kontrolle ist unerläßlich, vor allem dann, wenn man auf extrem schlechten Wegen gefahren ist. Ein zu locker eingestelltes Lenkungslager wird zwangsläufig vibrieren und stoßen, und das führt zur Ermüdung und zu Schmerzen in den Armen (sowie natürlich zu vorzeitigem Verschleiß).

Kapitel 10

Der Lenker

Der Lenker ist im wahrsten Sinne des Wortes der einzige Halt, den der Radfahrer hat, auch wenn man mit etwas gefühlsüberladenen Worten sagen könnte, daß eine gute Kondition und der Sportsgeist auch viel zum „Halt" beitragen, aber das ist schon wieder im übertragenen Sinn.

Der Lenker besteht aus drei Teilen: dem Lenkerbügel, an dem die Handbremshebel sitzen, dem Lenkervorbau mit dem Lenkerschaft, und der Klemmspindel mit dem Schrägkonus, durch den der Lenker im Gabelschaft festgeklemmt wird. Durch diese Kombination aus drei Einzelteilen läßt sich die Lenkereinheit variieren, denn der Lenker kann höher oder tiefer gesetzt werden, wir können die Länge des Vorbaus unseren Wünschen und Bedürfnissen anpassen, und ebenso können wir uns entscheiden, wie breit der Lenkerbügel sein sollte. Der Lenker ist also wirklich eine völlig individuelle Angelegenheit. Darauf werden wir später bei der Behandlung der Sitzhaltung noch einmal eingehen, denn bei der Sitzhaltung spricht der Lenker ein entscheidendes Wörtchen mit.

Aus Gewichtsgründen sind die Rennlenker aus Leichtgewichtslegierungen gefertigt, aber man hat mit dem Gewicht nicht auf die

Lenkervorbauten.
Wie man sieht, eine große Auswahl in allen Abmessungen.

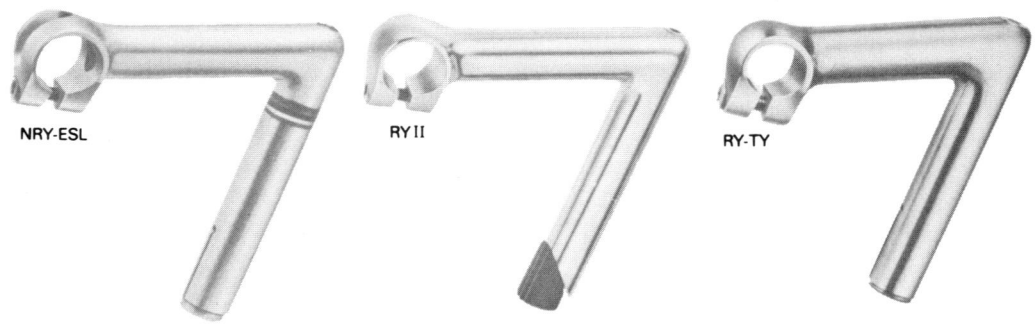

NRY-ESL RY II RY-TY

Der Lenkervorbau für den Leichtgewichtslenker.

Stabilität verzichtet, denn der Lenker muß ja allerhand schlucken.

Wir wollen uns einmal etwas näher mit den einzelnen Teilen des Lenkers befassen. Zunächst also einmal mit dem Lenkerbügel. Er besteht aus einem leichtgewichtigen Rohr, das in der uns hinlänglich bekannten Form gebogen ist. Dieser Bügel wird in den Lenkervorbau geschoben und in der Mitte festgeklemmt. Die Bügel der Rennlenker unterscheiden sich eigentlich nur hinsichtlich ihre Breite, also im Abstand der beiden Griffenden, in die die Lenkerstopfen geschoben werden. Die meisten Breitenmaße liegen zwischen 37 und 42 cm. Mit anderen Worten, es gibt breite und schmale Lenker. Und die Wahl, die man zwischen breit und schmal treffen muß, wird immer eine ganz individuelle Entscheidung sein müssen, obwohl man es sich auch einfach machen kann, indem man von der Ansicht ausgeht, daß „ein breiter Lenker zuviel Wind macht". Aber jedenfalls bringt der breite Lenker mehr Stabilität in der Lenkung.

Lenkervorbauten gibt es in zahlreichen Ausführungen, und man kann bei dem horizontalen Teil des Vorbaus zwischen 60 und 140 mm Länge wählen, mit je einem Zentimeter Zwischenraum, das gilt jedenfalls für die SR-Serie von Sakae. In den folgenden Abbildungen sehen wir Lenkervorbauten und Lenkerbügel. Unten am Lenkerschaft sehen wir den Schrägkonus. Durch Anziehen der Klemmspindel, die bei diesem Modell einen Inbus-Sechskant hat, wird der Lenker im Gabelschaft festgeklemmt. Auch die Klemm-Manschette des Vorbaus hat eine Inbusschraube. Der Vorteil dieser Schrauben besteht darin, daß der Lenker völlig glatt ist, denn herausragende Schraubenköpfe sind bei Unfällen immer eine Gefahrenquelle; man kann sich daran übel verletzen. Den Inbusschrauben dürfte ohnehin noch eine große Zukunft bevorstehen. Sie sind bei der Montage platzsparend, und Inbusschlüssel nehmen auch nicht viel Platz ein.

Der Lenkerbügel ist in der Abbildung zunächst völlig kahl. Nachdem die Handbremshebel montiert sind, sollte der Lenker, wenigstens der Bügel, noch mit Lenkerband umwickelt werden. Bei Straßenrennen wäre ein unbekleideter Lenkerbügel sehr unpraktisch, da man an ihm nur wenig Halt hätte. Am besten eignet sich zum Umwickeln ein

Textil-Lenkerband, dessen eine Seite selbstklebend ist. Mit diesem Textilband hat man nicht den Nachteil, daß Feuchtigkeit den festen Griff beeinträchtigt. Allerdings ist es schmutzempfindlicher, und es wird nach einer Weile nicht mehr so gut aussehen, aber dann kann man es ja durch neues ersetzen.

Lenkerband aus glattem Plastikmaterial dagegen ist weniger praktisch. Zwar bleibt es sauber, weil es leicht zu reinigen ist, aber bei nassem Wetter fühlt es sich ziemlich glitschig an.

Komplett ist ein Lenker erst mit Lenkerstopfen. Zum Glück gibt es eine internationale Vorschrift, nach der in den offenen Lenkerenden diese Stopfen angebracht werden müssen. Wenn man nämlich einmal einen unglücklichen Sturz mit dem Rad macht, könnten ungeschützte, offene Lenkerenden wie eine Stanze in den Körper eindringen. Gute Lenkerstopfen, die stabil befestigt sein müssen und so tief wie möglich in das Lenkerrohr hineinragen – so lautet die Vorschrift.

Ein neues Lenkerband

Wir behandelten bereits das Lenkerband, das in zwei Arten erhältlich ist. Das eine ist aus Plastik, und es hat den Nachteil, daß der Lenker bei Nässe nur schwer zu halten ist. Dafür ist es aber leicht sauber zu halten.

Die andere Art von Lenkerband ist das Textilband. Das ist zwar immer griffig, aber dafür wird es in kurzer Zeit schmutzig, und es läßt sich kaum reinigen.

Dieses Für und Wider ist dem italienischen Hersteller Benotto nicht entgangen. Seine Firma brachte kürzlich ein Lenkerband heraus, das aus einem mexikanischen Pflanzenmaterial gefertigt wurde. Es hat den Vorteil, daß es zwar ebenso abwaschbar ist, aber nicht so glatt wie die Bänder aus Plastikmaterial. Der gute Griff bleibt bei allen Witterungsverhältnissen gleich; man kann das Band in acht ansprechenden Farben bekommen.

Dieses Band hat die Bezeichnung 3TTT Celo Nastro Professionale. Es wird in einem Satz von zwei Bändern zusammen mit Lenkerstopfen in derselben Farbe geliefert.

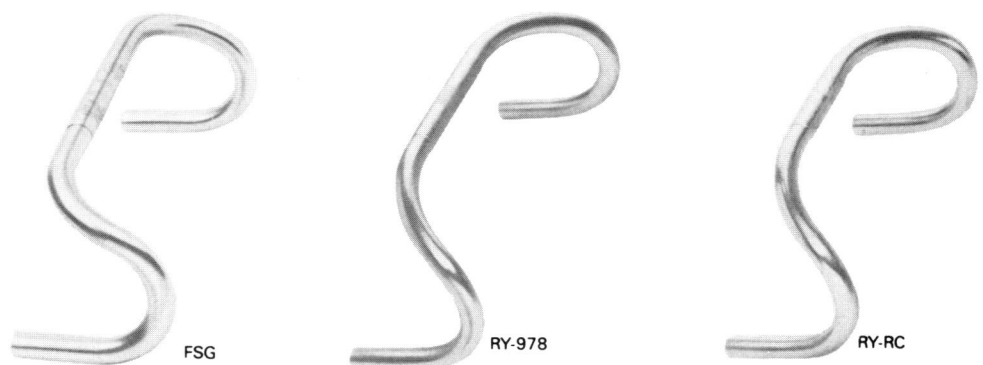

FSG   RY-978   RY-RC

Die nackten Lenkerbügel, die in den Lenkervorbau geschoben und eingeklemmt werden, um mit ihm zusammen die vollständige Lenkereinheit zu bilden.

Kapitel 11

Sattel und Sattelstützrohr

Genau wie der Schachspieler und der Skatspieler sitzen die Radrenn- und die Langstreckenfahrer bei ihrem Sport. Und da man diesen Sport also überwiegend im Sitzen ausübt, ist der Sattel, auf dem man sitzt, ein wesentlicher Bestandteil des Fahrrades, denn wer den Sattel nicht pflegt oder gar auf dem falschen fährt, der könnte infolge von Sattelschmerzen, Durchsitzen oder durch Furunkel schon bald zum Absteigen gezwungen werden, obwohl die Beine es vielleicht noch lange ausgehalten hätten.

Brauchbare Sättel werden in zweierlei Material angeboten, nämlich mit einem Obermaterial aus *Leder* oder aus *Kunststoff*. Das letztgenannte ist vielleicht als eine Modeerscheinung anzusehen, aber auch wenn es sich immer mehr durchsetzt, geht doch nichts über einen guten Ledersattel, der in der richtigen Art präpariert wurde und gut gepflegt ist. Der Kunststoffsattel muß aber wohl Eigenschaften haben, die ihn so beliebt gemacht haben, sonst hätte er sich kaum durchsetzen können. Zunächst einmal ist der Kunststoffsattel leicht, und den Vorteil einer Gewichtseinsparung haben wir ja schon mehrfach unterstrichen. Ferner ist der Kunststoff Wasser gegenüber unempfindlich, und er hält seine Form. Die Satteloberfläche ist meist mit einem Wildlederüberzug versehen, der den Komfort erhöht, aber alles in allem bleibt ein Kunststoffsattel doch immer 'hart, und er formt sich nicht wie der Ledersattel nach den Körperformen des Fahrers.

Ein Ledersattel bleibt eben doch der beste und angenehmste, allerdings auch nur, wenn er gut präpariert ist.

Auf der folgenden Seite sehen wir einen Sattel, der seinen guten Ruf schon seit Dutzenden von Jahren behauptet, nämlich den Brooks Professional-Sattel. Das ist ein Sattel, der ein ganzes Rennfahrerleben lang hält, vielleicht sogar noch länger.

Das Leder des Obermaterials wird aus den besten und teuersten südamerikanischen Büffelhäuten geschnitten (ein gutes Fell ergibt nur sechs Sättel, die den Ansprüchen der Firma Brooks genügen).

Aber ehe dieser Sattel so bequem ist wie ein Polstersessel, muß er noch eine lange Bearbeitungsprozedur durchlaufen. Ein unpräparierter Ledersattel ist nämlich schlimmer als ein hartes Brett!

Das Leder muß zuerst einmal weich gemacht werden. Das geschieht, indem die Unterseite mit warmgemachtem Sattelfett oder Lebertran reichlich eingeschmiert wird. Lebertran bringt den besten Effekt. Die Unterseite muß regelmäßig eingerieben werden, und der Sattel muß dabei ständig in umgekehrter Stellung liegenbleiben. Wenn er dann schließlich auf der Oberseite dunkel geworden ist, dann ist das ganze Fell mit Öl durchtränkt. Nun beginnen wir, die Oberseite mit einem Hammerstiel rollend zu kneten, damit er allmählich weicher wird. Dann kommt er aufs Rad, und wir beginnen mit dem Fahren. Durch die Wärme der Sitzfläche wird die Satteldecke nach ein paar hundert Kilometern schon ganz schön weich, und man beginnt, sich darauf wohlzufühlen. Ein solchermaßen präparierter Ledersattel ist Wasser gegenüber ebenso unempfindlich wie ein Kunststoffsattel, denn das verbliebene Fett stößt Wasser ab. Alle paar Monate sollte man aber prüfen, ob das Fett nicht ausgetrocknet ist. Falls das so ist, dann pinselt man wieder etwas Lederfett oder Öl auf die Unterseite, wobei der Sattel natürlich

Der Rolls-Royce unter den Sätteln.
Die großen kupferroten Nagelköpfe sind ganz abgeflacht und bilden mit der Decke eine Ebene. Ein Döschen mit einem speziellen Sattelfett wird mitgeliefert. Es empfiehlt sich, das Fett heiß zu machen, indem man die Dose mit Inhalt z. B. auf einer elektrischen Heizplatte anwärmt. Dann kann man die Satteldecke viel intensiver einpinseln. Mit dem abgebildeten Inbus-Schlüssel kann man die Satteldecke nach einiger Zeit nachspannen.

wieder auf dem Kopf stehen sollte. Dann kann man wieder darauf fahren.

Jeder Sattel hat an seiner „Nase" eine Stellschraube. Wenn der Sattel die Neigung zeigt, nach unten durchzuhängen – es sieht nicht nur schäbig aus, sondern man sitzt dann auch nicht mehr gut –, dann läßt sich der Sattel mit Hilfe der Stellschraube wieder nachspannen, bis er seine alte Form wiedergefunden hat und entsprechend straff ist.

Das zuvor beschriebene Präparieren des Sattels ist natürlich eine zeitraubende und wohl auch ermüdende Angelegenheit. Wenn Ihnen das zuviel ist, dann können Sie sich auch für eine andere Lösung des Sattelproblems entschließen. Die Sättel der Firma „Idéale" werden bereits fix und fertig geliefert und brauchen nicht erst eingefahren zu werden. Jeder Sattel von „Idéale" trägt einen Stempel mit der Aufschrift „Rodée main selon Daniel Rebour". Dieser Rebour – in der Welt der französischen Radfahrer ein bekannter Name – hat eine Methode entworfen, das Leder in einer Weise zu behandeln, daß es bereits gebrauchsfertig in den Handel kommt und keiner Nachbehandlung mehr bedarf. Seine Methode wurde von Paul Delay für gut befunden; Delay war jahrelang Chefmonteur der Tour de France, der olympischen Spiele und der Weltmeisterschaften. Das „Model Nr. 90" von Idéale (Speciale competition) hat solche vorbearbeiteten Decken und zugleich einen Unterbau aus Leichtmetall, so daß man sowohl einen superleichten wie einen Ledersattel hat. Eine ideale Kombination!

Man sollte einen Ledersattel also keinesfalls verurteilen, nur weil er hart ist; das ist nur anfangs, wenn das Leder noch nicht weich ist. Sobald das aber der Fall ist, formt sich das Obermaterial des Sattels nach der Sitzfläche des Fahrers.

Kunststoffsättel bleiben hart, und daran muß man sich erst gewöhnen. Satteldecken, die einen Überzug mit Schaumstoffüllung ha-

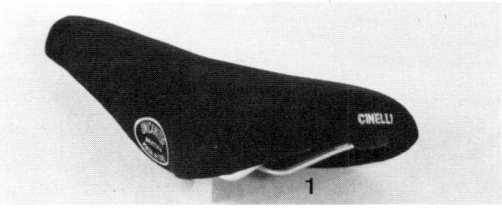

Der Kunststoffsattel von Cinelli (Unicanitor). Von diesem Modell sind tausende von Exemplaren im Gebrauch. Die Satteldecke ist aus hartem, unbiegsamem Kunststoff, mit einer dünnen Lederschicht bekleidet. Bei 1 können wir noch ein Stück von der Brücke oder der Längsfeder des Sattels sehen. In dieser Brücke befindet sich der Sattelkloben zur Befestigung des Sattels auf einer normalen Sattelstütze. Bei Verwendung einer Patent-Sattelstütze entfällt der Sattelkloben; dann wird der Sattel mit der Brücke direkt auf der Sattelstütze befestigt.

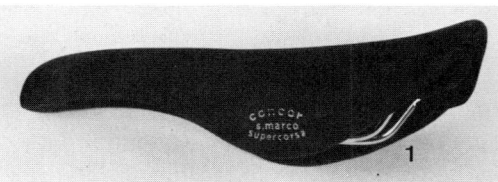

Noch ein Kunststoffsattel mit Lederüberzug. Dieser Sattel hat, wie man leicht erkennt, eine erhöhte Rückenpartie. Damit hat die Sitzfläche ein wenig mehr Halt und ist bequemer. Bei 1 wieder die Sattelbrücke.

ben, kommen für den Sportfahrer nicht in Frage. Sättel dieser Art bringen bestenfalls den Hintern zum Schwitzen, und sie bringen die Gefahr der Furunkelbildung mit sich (wenn auch die Gelehrten sich über diese Behauptung offenbar noch nicht einig sind). Ein zu harter Sattel kann Hautschäden ver-

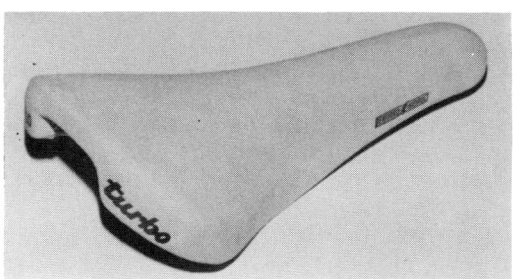

Der Turbosattel, ideal für langes Sitzen. Er wurde weicher gemacht, aber die Eigenschaften, die ein guter Rennsattel erfüllen muß, blieben erhalten. Vielleicht ist es interessant zu wissen, daß es von diesem Sattel auch ein „Lady-Modell" gibt.

ursachen. Aber auch das ist noch nicht übermäßig gefährlich, sofern wenigstens die Verletzung und ihre Umgebung möglichst steril gehalten werden. Also oft und gründlich mit einer desinfizierenden Seife waschen, die Hose ebenfalls gründlich waschen und ebenso nachhaltig ausspülen, wobei an Wasser nicht gespart werden darf, und vor erneutem Gebrauch sollte sie mit einem desinfizierenden Puder in der Gegend der Verletzung bestreut werden. Das bekannte Hosenfett gehört eigentlich eher ins Museum, die pharmazeutische Industrie ist ja schließlich nicht stehengeblieben. Schürfwunden an der Sitzfläche, in die Fett dieser Art gerät, und unzulängliche Hygiene fordern Entzündungen und Furunkel geradezu heraus. Jemand aber, der an seinem übrigen Körper keine Furunkel hat, braucht auch an seiner Sitzfläche keine zu fürchten, sofern er die nötige Vorsorge trifft.

Jedenfalls muß ein neuer Sattel gut eingefahren werden; aber die Haut der menschlichen Sitzfläche muß auch eine Periode des Gewöhnens und der Anpassung durchmachen.

Die Satteldecke wird durch die Sattelbrücke, auch Längsfeder genannt, in Spannung gehalten. Sie ist gewissermaßen das Rückgrat des Sattels. Diese Sattelbrücke hat also zwei Aufgaben: einerseits muß sie das Obermaterial auf Spannung halten, und andererseits wird mit ihr der Sattel an der Sattelstütze befestigt.

Beim normalen Sattel steckt an dieser Längsfeder der *Sattelkloben*. Das ist eine federnde Schelle, die mit einem Klemmbolzen gespannt wird und oben auf der Sattelstütze befestigt wird. Der Kloben selbst kann, wenn er gelockert wurde, nach vorn oder hinten umgelegt werden, und dadurch läßt sich der Sattel in horizontaler Richtung verschieben. Ferner kann man mit Hilfe des Klobens den Sattel nach vorn oder hinten neigen. Es versteht sich wohl von selbst, daß der Kloben nach jeder Verstellung wieder bombenfest angezogen werden muß, damit der Sattel bei der Fahrt nicht zur „Schiffschaukel" wird.

Im Lauf der letzten Zeit verschwinden aber die Sattelkloben mehr und mehr, weil Spezialsattelstützen sich den Markt erobern. Bei diesen Sattelstützen erübrigt sich der Kloben, weil die Sattelbrücke direkt an der Stütze befestigt wird. Bei den meisten gangbaren Modellen geschieht das in der Weise, daß zwei Bügel, die über die beiden Längsfedern der Brücke reichen, mittels Schrauben in der oberen Platte der Stütze befestigt und festgeklemmt werden.

Mit diesen Bolzen kann die horizontale Stellung des Sattels auf den Millimeter genau bestimmt werden. Zieht man z. B. die eine Schraube an und lockert die andere, dann geht die Nase des Sattels nach oben, und umgekehrt bewirkt man die entgegengesetzte Neigung. Lockert man beide Schrauben, dann kann man den Sattel nach vorn oder hinten schieben. Auch hier ist es selbstverständlich, daß die Schrauben nach der Einstellung kräftig angezogen werden müssen, so daß sie sich nicht während der Fahrt lösen können, denn ein lockerer Sattel kann üble Folgen haben.

Diese Patent-Sattelstützen sind samt und sonders in Leichtmetallausführung lieferbar, und sie tragen damit wieder etwas zum geringeren Gesamtgewicht bei.

Für die Sattelstütze gilt dasselbe, was auch bereits vorher bei anderen Teilen gesagt wurde: es kommt aufs genaue Maß an. Der Durchmesser der Sattelstütze muß mit dem des Sitzrohres genau übereinstimmen. Die Durchmesser dieser Stützen können zwischen 25,8 und 27,4 mm variieren. Am häufigsten kommen 27 und 27,2 mm vor. Es hat wirklich keinen Sinn, eine zu dicke Sattelstütze in ein kleineres Sitzrohr würgen zu wollen. Damit handelt man sich nur Ärger ein. Denn dadurch könnte das Sitzrohr näm-

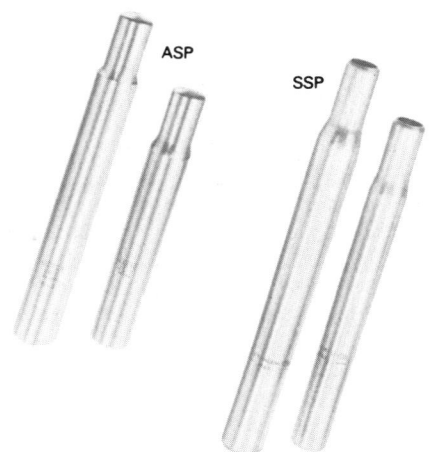

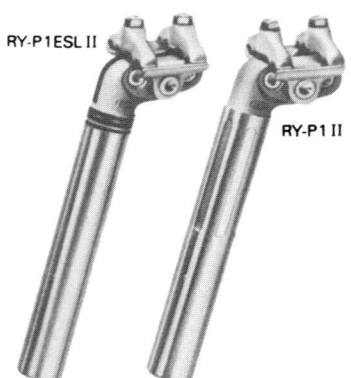

Die normalen Sattelstützen. Sie bestehen meist aus Stahl, obwohl auch hier Leichtmetall auf dem Vormarsch ist.

Die „Patent-Sattelstütze"; bei ihr braucht man keinen Sattelkloben mehr. Mit Hilfe der beiden Schrauben kann man die Stellung des Sattels regulieren.

lich ernsthaft verformt werden und sogar reißen, weil auf das Sitzrohr eine Kraft ausgeübt wird, für die es nicht konstruiert wurde. Abgesehen davon – eine Sattelstütze, die mit roher Gewalt in das Sitzrohr gequetscht wurde, ist nach einiger Zeit mit keiner Kraft mehr herauszuholen, sie wächst gewissermaßen in das Sitzrohr hinein. Ein zu kleiner Durchmesser der Sattelstütze andererseits ist ebenfalls von Übel. Man könnte sie zwar mit dem Sattelklemmbolzen festklemmen, aber die Befestigung berührt nur eine kleine Fläche und ergibt niemals die Festigkeit, die das Rohr haben sollte.

All das läßt sich leicht überprüfen. An der Oberseite des Sitzrohres, also in Höhe der beiden Bohrungen, durch die der Sattelklemmbolzen geht, ist ein schmaler Spalt zu sehen. Wenn dieser Spalt beim Einklemmen des Stützrohres ganz zusammengezogen wird, dann kann man in neun von zehn Fällen behaupten, daß das Stützrohr einen zu geringen Durchmesser hat. Man sollte den Durchmesser des Sitzrohres also ausmessen, wenn dieser bewußte Spalt noch auseinanderklafft.

Ehe Sie die Sattelstütze einführen, muß diese gut eingefettet werden. Ein gut gefettetes Rohr läßt sich immer leicht verstellen, wenn Sie den Sattel einmal höher oder tiefer haben wollen, und Stütze und Sitzrohr rosten oder korrodieren nicht aneinander fest.

Im Idealfall ragt die Sattelstütze mindestens 60 mm und höchstens 110 mm aus dem Rahmenrohr heraus. Radfahrer mit einer hoch herausragenden Sattelstütze haben bestimmt ein Rad mit zu kleinem Rahmen. Aber sie werden nun wohl einwenden, daß ihnen der große Rahmen unsympathisch erscheint, weil große Rahmen zum Federn neigen. Ich beschränke mich also auf die Erklärung, daß ein Fahrrad besser aussieht, wenn die Sattelstütze in der genannten Länge aus dem Sitzrohr herausragt.

Es ist eine gute Angewohnheit, die Sattelstütze mit Merkstrichen zu versehen. Man könnte zum Beispiel alle halben Zentimeter einen dünnen Strich mit der Feile einritzen. Auf diese Weise hat man eine Kontrollmöglichkeit, ob die Sattelstütze nach der Fahrt über eine schlechte Wegstrecke eingesunken ist.

Kapitel 12

Die Bereifung

Um die Wahrheit zu sagen . . . Schlauchreifen sind Sorgenkinder.

Die ganze Freude, die wir am Radrennen und am Langstreckenfahren erleben können, steht und fällt mit der Frage, ob die Reifen durchhalten. Wer oft eine Panne oder im ungelegenen Augenblick einen platten Reifen hat, der kann leicht seine ganze Begeisterung für den Radsport verlieren. Natürlich gibt es dabei auch ein paar Faktoren, auf die wir selbst keinen Einfluß haben; die Straßenverhältnisse sind nicht überall ideal, und oft genug liegen Scherben und Metallstückchen herum, die die Reifen beschädigen können. Man braucht nur nach einem kräftigen Regenguß einmal zu fahren – kaum zu glauben, was da alles angespült wird und in die Reifen dringt. Da ist es Glück und Zufall, wenn wir keine Reifenpanne bekommen. Jemand, der ein paar billige Reifen aufgezogen hat und mit denen hunderte von Kilometern ohne Panne fährt, soll nur nicht behaupten, daß er die besten Reifen hätte, denn ein anderer hat vielleicht tatsächlich hervorragende Reifen und fährt mit denen nach einem einzigen Kilometer schon in ein Stück Glas. Das ist und bleibt Glückssache bzw. Pech. Aber wer sich mit alten und verschlissenen Reifen auf den Weg macht, der fordert die Panne direkt heraus, und der soll sich dann auch nicht über seine Reifen beschweren.

Aber betrachten wir das gute Stück, mit dem wir uns in diesem Kapitel beschäftigen wollen, einmal etwas näher: den

Schlauchreifen.

Der Schlauchreifen besteht aus vier wesentlichen Teilen, nämlich dem *Schlauch,* der *Karkasse,* der *Lauffläche* und dem *Felgenband.*

Zunächst also einmal den *Schlauch,* denn der muß ja schließlich die Luft zusammenhalten, die uns tragen soll. Schläuche können aus zweierlei Arten von Gummi bestehen. Die eine Art ist Latex, also Naturgummi, und die andere ist ein synthetischer Gummi, Butyl genannt. Latex ist als Naturprodukt relativ teuer, und so kommt es, daß die leichtesten Reifen am meisten kosten. Latex ist der Saft des Gummibaumes, aus dem durch verschiedene Zusätze der elastische Gummi gemacht wird, wie er u. a. für die Schläuche von Luftreifen benötigt wird. Es ist sehr leicht, und seine Eigenschaften sind heutzutage jedem Kind bekannt.

Butyl ist ein synthetisch gefertigter Gummi, der durch das Herstellungsverfahren sehr preiswert ist. Er hat die Eigenschaft, weniger Luft durchzulassen, als der etwas porösere Naturgummi. Ein Nachteil ist, daß dieses

Der Rahmen- und Reifenhersteller Wolber ist mit einem einmaligen Schlauchreifen herausgekommen. Bislang lag das Problem der Schlauchreifen in den häufigen Pannen durch spitze Steinchen im Straßenbelag. Dieser neue Reifen ist durch eine flexible Metallarmierung gekennzeichnet, die unmittelbar unter der Lauffläche einvulkanisiert ist. Bei langen Versuchsfahrten hat sich herausgestellt, daß dieser Schlauchreifen eine dreifach längere Lebensdauer hat als die konventionelle Ausführung. Dieser neue Schlauchreifen trägt den Namen „Invulnerable" und wiegt 285 Gramm; seine Breite beträgt 22 mm.

Material erheblich schwerer und weniger elastisch als Latex ist. Zwar dehnt es sich auch, aber es nimmt nicht so rasch seine frühere Form wieder an. Daraus ergibt sich zwangsläufig, daß Butylschläuche nur in den billigeren (und demzufolge auch schwereren) Schlauchreifen verwendet werden. Die Wandstärke des Butylschlauchs ist auch etwas größer als die des Latexschlauchs. Das kann aber unter Umständen sogar vor-

teilhaft sein, wenn nämlich ein Fremdkörper die Ummantelung durchstochen hat und nun den Schlauch bedroht. Aber das ist ja wohl kaum mehr als der Aufschub einer ohnehin zu erwartenden Urteilsvollstreckung . . .
Die Karkasse, der eigentliche Mantel also, besteht aus zwei dünnen Gewebeschichten. Diese beiden Schichten sind aus Baumwollfäden aufgebaut (meist aus ägyptischer Baumwolle), die eng aneinanderliegen und

zu einer dünnen Schicht vulkanisiert sind. Die Baumwollfäden selbst können dick oder dünn sein. Auch die Gewebeschichten sind für Preis und Qualität des Reifens ausschlaggebend.

Die teureren Reifen können bis zu 37 Fäden pro Zentimeter haben, die billigeren dagegen haben meist nur 24 Fäden pro Zentimeter. Es versteht sich wohl von selbst, daß von den dünneren Fäden mehr auf den Zentimeter gehen und von den dickeren entsprechend weniger. Aus der Dicke der Fäden und aus ihrer Stückzahl ergeben sich gleich wieder zwei Eigenschaften des Reifens: mit dünnen Fäden wird der Reifen leichter und geschmeidiger als mit dicken.

Wie bereits gesagt, besteht die Karkasse des Mantels aus zwei Gewebeschichten, die so aufeinander gelegt sind, daß die untere die obere kreuzt, der Rennreifen ist also ein Diagonalreifen, um hier einen Begriff vom Autoreifen zu verwenden. Dieses Diagonalprinzip wurde gewählt, weil es größerem Druck widerstehen kann, der im Schlauchreifen unter Arbeitsspannung auftritt. Der Luftdruck beträgt zwischen 6 und 8 bar, keine Kleinigkeit also.

Bislang sprachen wir nur von Schichten, die aus Baumwolle aufgebaut sind, aber Super-Schlauchreifen und viele Bahnreifen haben eine Karkasse aus Seide.

Diese Seide – auch wieder ein Naturprodukt – gibt den Stoffschichten Leichtigkeit, und zugleich sind sie sehr weich. Aber da es sich um ein recht teures Material handelt, schlägt sich das auch im Preis des Reifens nieder.

Auch die Lauffläche ist ein wesentlicher Bestandteil, denn sie muß den Reifen geschlossen halten und zugleich das Rutschen verhindern. Die Lauffläche, die aus widerstandsfähigem Gummi besteht, wird auf die Doppelschichtkarkasse vulkanisiert. Sie kann unterschiedliche Profile haben, aber jedes Profil ist so ausgetüftelt, daß es einen maximalen Widerstand gegen das Rutschen bietet. Die Laufflächen können 1 bis 1 1/2 mm dick sein, und sie haben im allgemeinen eine erstaunliche Widerstandsfähigkeit gegen die scharfen und spitzen Dinge, die auf den Straßen nun einmal herumliegen. Hinsichtlich der Profildicke bilden die Geländereifen eine Ausnahme.

Als letzten Bestandteil eines Schlauchreifens haben wir noch das *Felgenband*. Auch dieses hat natürlich seinen Zweck. Der Mantel wird um den Schlauch gelegt, und dann werden seine Ränder mit einer starken Steppnaht zusammengenäht. Diese Naht muß allerhand aushalten können, denn sie muß die beiden Seitenteile des Mantels gegen den Druck zusammenhalten, der beim Aufpumpen von innen her kommt. Es ist also wichtig, daß diese Naht nicht beschädigt wird, und dazu dient – unter anderem – das Felgenband. Deshalb muß das Felgenband auch nach einer Reparatur des Schlauchreifens wieder an seiner ursprünglichen Stelle angebracht werden. Ferner hat das Felgenband noch eine Funktion (und daher trägt es seinen Namen): es muß den Reifen gegen Beschädigung durch die Felge schützen.

Das Felgenband, das auf den Schlauchreifen geklebt ist, ist etwas breiter als die Felge. Wenn der Schlauchreifen richtig auf die Felge geklebt oder gekittet wurde, muß zu beiden Seiten noch ein dünner Streifen Felgenband sichtbar sein. Auf diese Weise kann das Felgenband auch Gefahren für den Reifen auffangen, wenn dieser z. B. zu wenig aufgepumpt wurde oder wenn man über einen Stein oder eine andere Unebenheit fährt. Auch können die Felgenränder nicht direkt gegen die Seitenteile des Schlauchreifens gequetscht werden. Das Felgenband verhindert also auch, daß die Karkasse beschädigt wird.

Wir haben nun die vier Hauptbestandteile des Schlauchreifens betrachtet. Durch die geeignete Kombination dieser vier Teile wird die Qualität des Schlauchreifens bestimmt. In den vorausgegangenen Kapiteln wurde regelmäßig auf das Gewicht hingewiesen, d. h. es wurde gesagt: je leichter ein Fahrrad ist (sofern die Stabilität nicht unter der Erleichterung leidet), desto besser ist es. Wie Gewicht eingespart werden kann, wurde in manchen Varianten gezeigt. Dasselbe Prinzip gilt natürlich auch für Schlauchreifen.

Das Gewicht der Schlauchreifen kann zwischen 180 und 370 Gramm liegen, alle Zwischengewichte sind dabei möglich. Schlauchreifen für Bahnrennen sind sogar noch leichter, da bewegen sich die Gewichte zwischen 125 und etwa 195 Gramm.

Zwar heißt es „je leichter, desto besser", aber man muß hinzufügen, auch desto teurer. Wir stellten bereits fest, daß Seide leichter als Baumwolle ist, und ebenso sind viele dünne Fäden leichter als wenige dicke.

Teure und leichte Reifen haben Schläuche aus Latex, die auch wieder leichter sind als Butylschläuche.

Nochmals: je leichter, desto besser, aber dann muß man auch noch sagen: je leichter der *Lauf* ist, desto besser. Der leichte Lauf steht und fällt mit zwei Faktoren, nämlich dem *Reifen-Luftdruck* und der *Reifenbreite*. Wir können uns hier wohl die Begründung ersparen, warum ein Reifen den erforderlichen Luftdruck haben muß; ein Schlauchreifen für die Straße muß im allgemeinen etwa 6 bis 8 bar Druck haben, und für Bahnen sind sogar bis zu 10 oder 11 bar erforderlich. Diesen Reifendruck können wir selbst regeln, aber die Breite des Reifens ist je nach Fabrikat unterschiedlich. Ein Schlauchreifen für Rennzwecke ist im allgemeinen zwischen 23 und 26 mm breit, und hier muß noch gesagt werden, daß der Reifen um so teurer ist, je schmaler er ist. Es gibt sogar Schlauchreifen für Straßenfahrer, die nur 22 mm breit sind, Superleichtläufer. Bahnreifen sind im allgemeinen etwa 23,5 mm breit.

Wenn hier von der Breite gesprochen wird, dann gilt das natürlich immer für den Reifen unter vollem Druck. Aber nach einiger Zeit und vielem Fahren kann ein Schlauchreifen breiter werden, weil das Gewebe der Karkasse einer Dehnung unterliegt. Die angegebenen Breiten gelten also für neue Schlauchreifen.

Wir haben den Schlauchreifen nun gewissermaßen von innen und von außen betrachtet, wir haben uns über Seide und Baumwolle, viele und wenige Gewebefäden, Latex und Butyl unterhalten. Aber nun kommt wohl zwangsläufig die Frage: welcher Schlauchreifen ist denn nun der beste? Angesichts des sehr umfangreichen Angebots ist eine Antwort fast unmöglich. Der Begriff „der Beste" hängt von vielen Faktoren ab. Jemand, der mit seinen Dourdoigne-Schlauchreifen zu DM 80,– nach zwei Kilometern Fahrt in eine Glasscherbe fährt, könnte das Gefühl haben, hereingefallen zu sein, während ein anderer, dessen russischen Schlauchreifen zu DM 20,– nach zweihundert Kilometern noch nicht das geringste fehlt, überall herumerzählt, er hätte die besten Reifen der Welt. In vielen Fällen ist das also auch ein bißchen vom Zufall abhängig. Aber das heißt ja nun nicht, daß man sich über die Frage nach „dem Besten" nicht doch ein wenig den Kopf zerbrechen sollte. Wie bereits gesagt, wird eine große Auswahl angeboten. Betrachten wir nun einmal das Markenerzeugnis Clément. Diese Firma liefert wenigstens 36 verschiedene Modelle. Und ähnlich verhält es sich mit der Firma Wolber, die auch wenigstens 15 Sorten guter Schlauchreifen fertigt. Wenn es um die Wahl der Schlauchreifen geht, dann sollte man sich vor allem einmal fragen: für wen und zu welchem Zweck? Es gibt Schlauchreifen für Rennfahrer und solche für Langstreckenfahrer, es gibt Schlauchreifen für Holz- und für Betonbahnen, es gibt welche zum Trainieren und zum Fahren auf guten und schlechten Straßen, und es gibt auch spezielle „Geländereifen".

Zunächst einmal die Bahnreifen: hier lernen wir gleich das Paradepferdchen von Clément kennen, den Clément-Record. Das ist ein Schlauchreifen, der nur ganze 105 Gramm wiegt, und leichter geht's wohl kaum noch. Dieser Reifen ist ausschließlich für Rekordversuche auf absolut glatten Holzbahnen geeignet; er ist ganz aus Seide, der Schlauch natürlich aus Latex.

Clément liefert noch andere Bahnreifen, und zwar den Seta Extra mit 125 und 145 Gramm und den Seta mit 175 Gramm. Letzterer eignet sich für die Betonbahnen. Zur Erläuterung: Seta ist das italienische Wort für Seide. Auch Hutchinson liefert mehrere Bahnreifen, u. a. den Krono Pista mit 165 Gramm für Betonbahnen. Aus dem reichen Angebot von Wolber nennen wir den Reifen „Wolber Piste" mit 180 Gramm, der sich für alle Bahnen eignet.

Das Sortiment an Straßenreifen ist naturgemäß entsprechend vielfältiger, und es ist nicht möglich, jeden brauchbaren Reifen hier zu erwähnen. Wir haben deshalb willkürlich ein paar herausgegriffen, und hier sei noch gesagt, daß mit den genannten Reifen gute Erfahrungen gemacht wurden, sei es durch den Autor oder durch dessen Sportkameraden.

Wir sahen ja bereits, daß die Langstreckenfahrer zwangsläufig nicht auf den teuren Rennreifen fahren können, und so werden die jetzt folgenden Reifen für diese Radsportler zum schwereren Typ gehören; auch sie sind aber für Rennfahrer hervorragend zum Training geeignet.

Für Langstreckenfahrer und zum Training kommen also in Frage:

- Der Wolber International und der Wolber Special Course, ein guter Reifen mit nur 270 Gramm Gewicht.
- Der Clément Condor und der Clément Ritmo. Diese Reifen wiegen nur 300 bzw.

255 Gramm. Der erstgenannte hat eine Spezialauffläche für Schlechtwetter, und der andere hat einen Latexschlauch.

- Wer vorzugsweise bei Regenwetter fahren will, der kann sich für den Clément Grinta mit 250 Gramm entscheiden. Dieser ist aus einem Material gefertigt, das in der Autoindustrie benutzt wird. Hervorragend, aber nochmals, nur für Regenwetter.
- Der Hutchinson Corsa Senior mit 330 Gramm.

Und so könnten wir noch eine ganze Litanei von Marken und Reifen nennen, aber die eben genannten gehören jedenfalls zu den meist gebrauchten. Der Handel wird zur Zeit in großem Umfang mit Schlauchreifen aus Rußland und selbst aus dem Fernen Osten beliefert, aber auch wenn diese billiger sind, ist das nicht unbedingt ein Grund zur Unterstellung, daß sie deshalb auch schlechter seien. Manche protzen mit einem schönen deutschen Namen, aber bei näherer Prüfung stellt sich dann doch heraus, daß sie aus China, Japan oder Korea stammen. Warum auch nicht? Alles, was mit dem Radrennsport zu tun hat, befindet sich in einer turbulenten Entwicklung, und auch andere Länder, als die Traditionsländer des Radrennsports, werden bei der weiteren Entwicklung ein Wörtchen mitreden.

Bei den Rennmaschinen-Reifen gelangen wir in die Superklasse, und auch da gibt es ein umfangreiches Angebot. Ohne jemandes Geschmack oder persönlicher Vorliebe zu nahe kommen zu wollen, möchte ich hier die folgenden Reifen zur Diskussion stellen:

- Den Wolber Performance mit 220 Gramm und den Wolber Competition mit 240 Gramm. Das sind handgefertigte Schlauchreifen, 23,5 mm breit, mit einem Latexschlauch.
- Den Hutchinson Krono Strada mit 210 Gramm und den Hutchinson Seta Strada mit 180 Gramm, ebenfalls mit Latex-

schläuchen, 22 mm breit, und der Seta Strada mit Seidenkarkasse.
– Von Clément den Criterium Extra Seta und den Campionissimo, beide mit nur 195 Gramm.

Also eine reichliche Auswahl. Jedenfalls ist es auch interessant, die unterschiedlichen Gewichte einmal miteinander zu vergleichen.

Wolber ist mit einem gewissermaßen revolutionären Schlauchreifen herausgekommen. Es ist der „schlauchlose" Schlauchreifen, ein Name, der einen zunächst kopfschütteln läßt, aber Sie werden gleich sehen, daß der Name gar nicht so absurd ist. Dieser *Liberty* von Wolber hat also, seinem Namen entsprechend, keinen Schlauch. Die Karkasse dieses Schlauchreifens ist mittels einer innen aufgebrachten Gummischicht luftdicht gemacht, Schlauch und Mantel bilden also eine Einheit. Zu zwei Liberty Schlauchreifen erhält man einen Reparatursatz als Beigabe, darin befindet sich eine spezielle Reparaturpaste. Hat man einen Reifen plattgefahren, dann braucht man ihn nicht von der Felge zu nehmen. Das Leck wird gesucht, die mitgelieferte Injektionsnadel wird auf die Tube mit der Reparaturpaste gesetzt, dann sticht man mit der Nadel in die lecke Stelle und spritzt ein wenig von der Paste in den Reifen.

Gleich anschließend wird der Schlauchreifen wieder aufgepumpt – und das Leck ist dicht. Führwahr eine angenehme Sache, vor allem für diejenigen, die einen Schlauchreifen nicht reparieren können oder wollen.

Als Rennreifen ist dieser Liberty hervorragend, er ist auch sehr schmal, nur 21 mm breit; soweit bekannt der schmalste Schlauchreifen, und darum kann man ihn auch als einen sehr schnellen Reifen bezeichnen. Auch sein Gewicht ist akzeptabel, nämlich 270 Gramm, und das Baumwollgewebe hat 24 Fäden pro cm; Geschmeidigkeit ist bei diesem Reifen garantiert.

Die Behandlung des Schlauchreifens

Zu Beginn dieses Kapitels haben wir behauptet, daß Schlauchreifen wahre Sorgenkinder sind. Deshalb erscheint es sinnvoll, etwas über die Behandlung und Pflege dieser Reifen zu sagen. Sie haben natürlich auch kein ewiges Leben, aber wer sie ein bißchen sorgfältig behandelt, der kann ihre Lebensdauer doch erheblich verlängern. Eine der Voraussetzungen besteht darin, daß der Schlauchreifen „zu sich kommen muß", und damit soll gesagt sein, daß er zunächst einmal eine Weile gelagert werden muß, um zu „reifen". Ein nagelneuer Schlauchreifen, gerade aus der Produktion gekommen, hat viel weniger Stehvermögen als einer, der ein viertel oder halbes Jahr reifen konnte. Am besten sollte man sich im Herbst die Reifen kaufen, die man im Frühjahr benutzen will. Sie überwintern am besten, wenn sie leicht aufgepumpt sind und im Dunkeln und nicht zu trocken aufbewahrt werden. Ab und zu

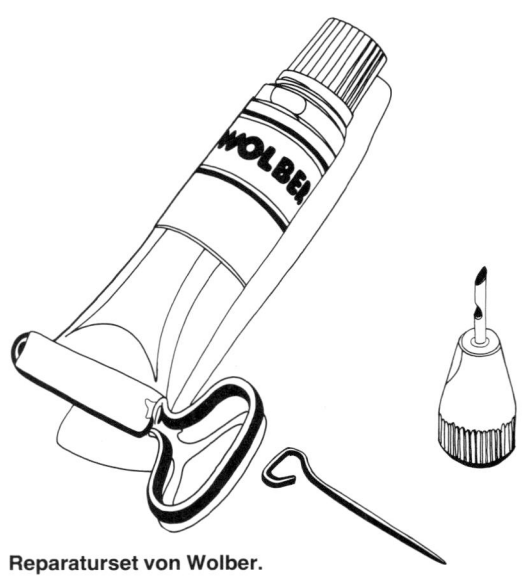

Reparaturset von Wolber.

134

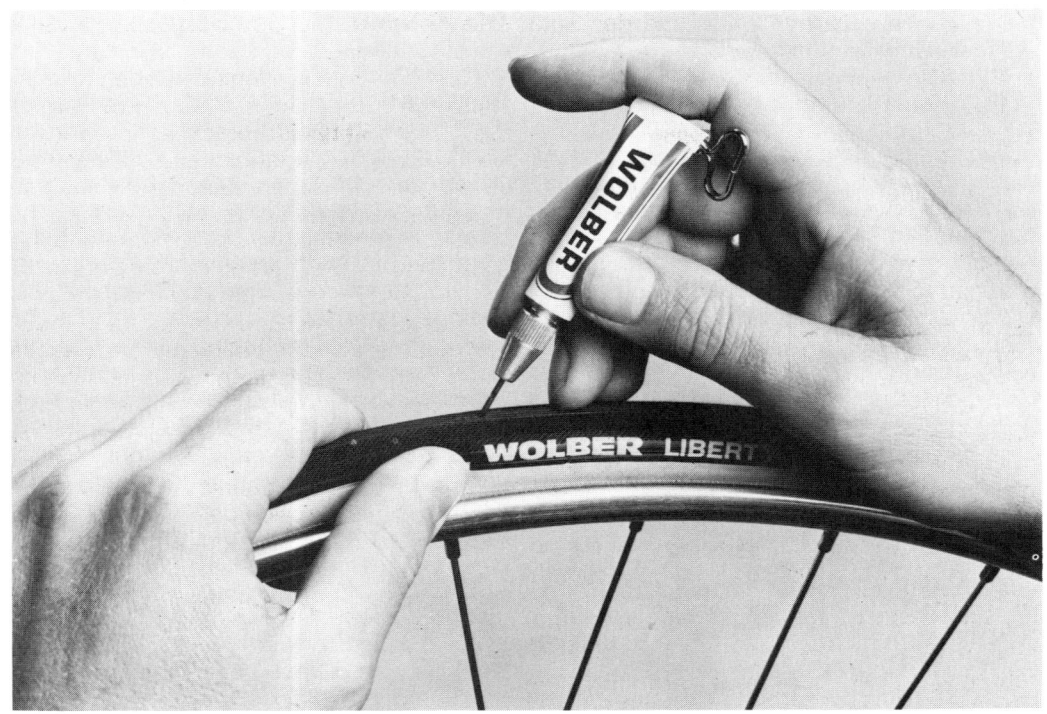

Und auf diesem Foto kann man sehen, wie der plattgefahrene Liberty-Reifen mit Hilfe des Reparatursets instandgesetzt wird.

mal prüfen und ein wenig nachpumpen, dann werden sie in der nächsten Saison in optimaler Kondition sein. Die Schlauchreifen müssen in der vorgeschriebenen Weise auf die Felgen geklebt oder gekittet werden; diese Befestigung muß ferner regelmäßig überprüft und gegebenenfalls erneuert werden, vor allem nach Perioden nassen Wetters.

Wichtig ist, daß Schlauchreifen immer nur mit dem erforderlichen Reifendruck gefahren werden; Luftpumpen mit Manometer sind ideal, denn mit ihrer Hilfe kann man für konstant gleichen Druck sorgen. Es ist auch

gut, die Reifen zwischendurch einmal teilweise luftleer zu machen, wenn man von einem Training oder Wettkampf nach Hause kommt. Schlauchreifen, die zu lange unter gleichmäßig hohem Druck stehen, werden mit der Zeit breiter und schlaffer, weil das Gewebe sich dehnt. Natürlich müssen Schlauchreifen, die teilweise geleert wurden, am nächsten Tag wieder auf den vorgeschriebenen Druck gebracht werden.

Ferner empfiehlt es sich, die Lauffläche regelmäßig auf eingefahrene Steinchen und Glassplitter zu untersuchen. Diese muß man schnellstens herauspuhlen, ehe sie noch weiter in den Reifen eindringen können und dann schließlich eine Panne verursachen. Wenn der Reifen schlaff ist, dann lassen sich alle Fremdkörper leicht entfernen, nachdem man den Reifen an dieser Stelle etwas zusammengekniffen hat. Der Fingernagel oder ein Streichholz sind die geeigneten Werkzeuge dazu. Weiterhin prüft man auf diese Weise zugleich, ober der Reifen irgendwo eine Beschädigung hat, die ein Auswechseln angeraten sein läßt; so kann man sich manche spätere Reifenpanne ersparen.

Auch wenn der Reifen seinen vollen Druck hat, muß er noch überprüft werden. Wenn auf den Seitenflächen leichte Beulen sichtbar oder fühlbar sind, dann kann man sicher sein, daß das Gewebe gebrochen ist. So ein Reifen muß unverzüglich durch einen neuen ersetzt werden.

Auch die Reservereifen dürfen nicht vergessen werden. Manche Reserve-Schlauchreifen sind Jahr und Tag lang unter dem Sattel Wind und Wetter ausgesetzt. Wer das Glück hat, über lange Zeit keine Reifenpanne zu haben, der könnte seinen Reservereifen allzuleicht ganz vergessen. Und wenn es dann zu einer Reifenpanne kommt, dann stellt sich in neun von zehn Fällen heraus, daß der Reservereifen unbrauchbar ist, sei es, daß er morsch ist, sei es, daß er in seiner Befestigung halb durchgescheuert ist. Der Reservereifen muß eben auch regelmäßig herausgehängt und aufgepumpt werden, damit man ihn genau in Augenschein nehmen kann.

Der Drahtreifen

Wir haben uns jetzt lange Zeit mit den Schlauchreifen beschäftigt, den Reifen für die schnellen Radrennfahrer, aber die meisten Langstrecken- und auch Wettbewerbsfahrer verwenden doch die einfachen Reifen, die Drahtreifen. Für den Radrennfahrer ist das Gewicht entscheidend. Und dabei spielt es wohl auch noch eine Rolle, daß hinter den Rennfahrern meist ein Mannschafts-Betreuungswagen mit Dutzenden von Rädern mit aufgepumpten Reifen herfährt, so daß sich im Fall einer Reifenpanne ein Radwechsel in Sekundenschnelle abspielt.

Beim Langstreckenfahrer ist die Sache anders. Er geht lieber auf „Nummer sicher", und Drahtreifen sind nun mal widerstandsfähiger. Sowohl die Lauffläche als auch die Karkasse sind dicker, und Fremdkörper können ihnen nicht so schnell etwas anhaben. Auch der lose Schlauch ist dicker und dadurch zwar schwerer, aber jedenfalls auch absolut dicht. Er verliert praktisch keine Luft. Natürlich ist die Kombination von Drahtreifen und Schlauch etwas schwerer, aber für den Langstreckenfahrer ist das ohne Bedeutung.

Die Drahtreifen haben jedenfalls ihre Vorteile. Der Schlauch läßt sich leicht reparieren oder austauschen. Dies im Gegensatz zum Kleben eines Schlauchreifens, dazu braucht man schon einige Geschicklichkeit, wie wir später noch sehen werden. Der Langstreckenfahrer nimmt nur ein paar zusammengefaltete Schläuche mit, dazu einen Satz Reifenheber; damit kann er fast jede Reifenpanne schnell beheben. Die Räder für die Drahtreifen, die Felgen mit dem U-Profil also, sind auch etwas stärker, so daß die Gefahr einer Verformung geringer ist. Allerdings muß man bei der Verwendung von Reifenhebern vorsichtig zu Werke gehen, damit die Felgenränder nicht beschädigt werden. Schließlich handelt es sich ja doch um sehr

Es gibt vieles, was man „gefühlsmäßig" bestimmen kann, aber der richtige Luftdruck, die richtige Spannung, für einen Reifen läßt sich nur schwer bestimmen. Deshalb erweisen sich die sogen. Kompressorpumpen als sehr nützlich. Das sind Geräte mit einem Luftzylinder und einem Manometer. Das letztere zeigt genau den Druck an. Besonders gut bewährt sich die Zefal-plus-Pumpe. Sie arbeitet mit zwei Druckzylindern. Im einen Zylinder wird der Luftdruck bis auf etwa 2 Atü gesteigert und im zweiten bis auf maximal 16 Atü. Es handelt sich gewissermaßen um eine Zweistufen-Luftpumpe. Das Manometer zeigt den Luftdruck genau an, und somit kann man den Reifen leicht auf den richtigen Luftdruck bringen. Vor allem geht's auch schnell. Mit zehn bis zwölf Hüben (doppelten) ist der Reifen auf Druck.

empfindliches Aluminium, und wenn die Felgenränder einmal beschädigt sind, dann kann auch der Reifen leicht Schaden nehmen.

Die Qualität und der Preis eines Schlauchreifens werden schließlich auch durch sein Gewicht bestimmt. Bei Drahtreifen werden die Unterschiede durch die Breite des Mantels bestimmt. Jeder Drahtreifen – wir beschränken uns hier allerdings auf die leichten Reifen, die auf Renn- und Sporträdern verwendet werden – hat eine Kennzeichnung durch zwei oder drei Zahlen. Nehmen wir z. B. einmal die „Sprint Federleicht"-Reifen von Vredestein mit folgenden Maßen:

28 x 1 5/8 x 1 1/4,
28 x 1 5/8 x 1 1/8 oder
28 x 1 5/8 x 1 1/16.

Hier bezeichnet die erste Zahl den Durchmesser im englischen Zollmaß, gerechnet wird dabei im aufgepumpten Zustand. Die zweite Zahl gibt die Höhe des Reifens an, und die dritte Zahl – ganz besonders wichtig – die Breite des Reifens. Wir sahen ja bereits, je schmaler der Reifen ist, desto schneller läuft er, denn ein schmaler Reifen hat ja weniger Bodenwiderstand.

Die gängigsten Schlauchreifen haben eine Breite von 1 engl. Zoll = ca. 25 mm. Die Drahtreifen sind in dieser Hinsicht nicht so sehr verschieden. Die drei Kombinationen, die wir oben in Zahlen ausdrückten, können auch noch in einer anderen Weise bezeichnet werden, und zwar wie folgt:

32 – 622,
28 – 622 und
25 – 622.

Bei dieser Zahlenkombination nennt die erste die Breite des Reifens in Millimetern, die zweite Zahl ist eine Maßangabe der Felge, auf die man einen solchen Reifen montieren kann.

Manche Importreifen sind noch schmaler. So kennen wir den Clément Super Gentleman mit 21,2 mm Breite, schmaler noch ist der National Speeder mit 20 mm, und am weitesten geht wohl Wolber mit dem W 20, der nur noch 19,2 mm breit ist. Mit dem letztgenannten ist wohl das Äußerste erreicht, denn man muß ja auch bedenken, daß der Reifen umso weniger Luft aufnehmen kann, je schmaler er ist. Und Fahrräder rollen nun mal auf einem Luftkissen. Ein Reifen mit nur wenig Luftvolumen – wohlverstanden bei vollem Druck – hat erheblich weniger Stoßauffangvermögen und ist deshalb viel empfindlicher. Ferner sollte man mit allzu schmalen Reifen vorsichtig sein, wenn man selbst nicht zu den Leichtgewichtlern zählt oder wenn man auf einer längeren Fahrt Gepäck mitnimmt. In diesen Fällen dürfte eine Bereifung von 1 1/4 Zoll Breite (ca. 31 mm) wohl das Schmalstmögliche sein, will man noch sicher und bequem fahren. Außerdem kann man natürlich nicht auf jede x-beliebige Felge schmale Reifen montieren. Die Felge muß für die Reifenbreite geeignet sein, denn es gibt schmale und breitere Felgen. Ein schmaler Reifen paßt nicht auf eine Felge, die für breitere Reifen vorgesehen ist.

Will man auf andere Reifen umsteigen, dann sollte man sich vom Fachmann beraten lassen. Es geht ja hier nicht allein um die Kosten für die Reifen, sondern auch um die Sicherheit.

Einheiten

Seit 1978 ist in vielen Ländern das einheitliche SI-System vorgeschrieben. SI ist die Abkürzung für „Système Internationale d'Unités", das internationale Einheitensystem. In der Technik waren wir gewohnt, mit dem technischen System zu arbeiten, und daher werden uns die alten Einheiten auch noch oft begegnen.

Als Beispiel hierzu sei die Atmosphäre (atm) genannt; diese Einheit für den Druck darf man im Grunde nicht mehr verwenden. An ihre Stelle kam die physikalisch exakte Einheit Pascal (Pa). Ein Pascal ist der Druck von einem Newton je Quadratmeter (N/m^2). (Übrigens ist das Newton die SI-Bezeichnung für Kraft). Auf ein Kilogrammforce (kgf) kommen 9,81 dieser Newtons. Es dürfte aber deutlich sein, daß ein Druck von einem Newton (sagen wir 0,1 kgf) auf einen Quadratmeter wohl ein sehr niedriger Druck ist. Deshalb wird man häufiger auf die Abkürzung kPa stoßen, die Abkürzung für Kilo-Pascal, also für tausend Pascal. Dadurch werden die Zahlenangaben wieder besser verwendbar. Der Ordnung halber seien im Nachfolgenden die Bezeichnungen wiedergegeben, die für den Druck verwendet werden, zusammen mit den Umrechnungsfaktoren.

1 kPa = 1000 Pa = 1000 Newton
  je Quadratmeter.
1 bar = 100 kPa = 100 000 Newton
  je Quadratmeter = ca. 1 kgf/cm^2.
1 kgf (Kilogrammforce) = 9,80665 Newton.
1 atm = 101,325 kPa.
1 at = 98,0665 kPa.
1 mmHg = 133,322 kPa.
1 m H$_2$O = 9,80665 kPa.
1 PSI = 6,89 kPa.

Nach alledem wird es Sie wohl nicht mehr wundern, daß auch das Zoll (engl. „inch") nicht mehr verwendet werden darf. Im SI-System wird nur noch der Meter als Längenmaß anerkannt und abgeleitet davon der Millimeter. Gleichwie, wir werden es noch oft mit Zollmaßen zu tun haben, und deshalb sollte man sich merken: ein Zoll ist 25,4 Millimeter.

Kapitel 13

Noch mehr über Reifen

Unsere Reifen, seien sie nun Schlauch- oder Drahtreifen, liefern der Mannschaft oder der Gruppe viel Stoff zu mancherlei Geschichten. Vom begeisterten Lob über Reifen, die nicht kaputtzukriegen sind, bis hin zum dramatischen Trauergesang über Reifen von überragender Qualität und hohen Preisen, die dennoch schon sehr bald mit einer weltbewegenden Explosion zerplatzen.

Alles zur Freude oder zum Verdruß der passionierten Radfahrer. Ja, unsere Straßen sind nun mal mit Unrat übersät.

Wer kommt schon mit heiler Haut davon? Diejenigen, die ihre Lektion daraus gelernt haben, sind die Reifenhersteller, die sich, je länger desto mehr, auf die Herstellung von Reifen spezialisieren, die dem „Eindringen" der Abfälle unserer Konsumgesellschaft Widerstand bieten. Aber ja, ein dicker, schwerer und nicht kaputtzukriegender Reifen ist auch nicht die ideale Lösung, denn was erwarten wir? Der Reifen soll schmal, leicht und vor allem leichtlaufend sein. Eine hübsche und interessante Aufgabe für die Erfinder und Konstrukteure auf dem Gebiet des Reifens. Und die haben deshalb auch wirklich nicht geschlafen.

Rennen wir noch eben eine offene Tür ein: auf unseren Reifen bewegen wir uns fort, und das so schnell wie nur möglich, zugleich mit der geringstmöglichen Anstrengung, denn mit unseren Kräften müssen wir sparsam umgehen. Mit dem letzteren wollen wir unsere Betrachtungen über den Reifen beginnen. Die Aspekte der Konstruktion kommen später, obwohl sie ebenso wichtig sind. Der Radfahrer wendet eine Energiemenge auf, um sich von A nach B zu bewegen. Er gebraucht die Energie um weiterzukommen, und dabei muß er verschiedene Widerstände überwinden. Und abgesehen von der fehlenden Moral, sind einige Ursachen zu nennen, die dem Radfahrer die Stirn bieten. Zum Beispiel:

1. Die mechanische Reibung in Lagern und Kette, und vielleicht auch trockene, schwergängige Umwerferrädchen.

2. Energieverlust durch auftretende Schwingungen, denn alles, was sich biegt oder federt, frißt Energie, die uns nicht weiterhilft.

3. Steigungen und Vorstöße verbrauchen auch eine erhebliche Menge unserer motorischen Kraft, obwohl man die wieder zurückbekommt, wenn man bergab oder im Windschatten eines anderen fährt.

4. Der Luftwiderstand, den wir bei Gegenwind deutlich verspüren, und man könnte meinen, daß der uns immer zu schaffen macht.
5. Der Rollwiderstand des Reifens aufgrund des Kontaktes mit der Straße, und damit wären wir dieser bei unseren Reifen angelangt.

Die erstgenannten drei Faktoren haben wir selbst in der Hand, das dürfte klar sein. Mit dem Luftwiderstand müssen wir uns abfinden, denn wir können ja nicht ewig mit Rückenwind fahren. Das einzige Mittel zur Reduzierung des Luftwiderstandes ist die Aerodynamik, aber das ist wieder ein Thema für sich.

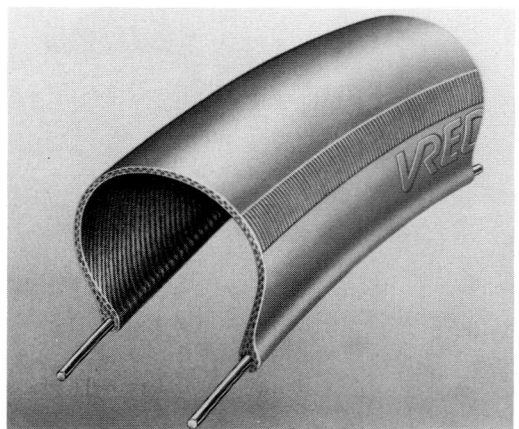

Die Drahtkerne sind miteinander durch die Leinwand verbunden, die aus unzähligen, in Gummi gebetteten Fäden besteht.

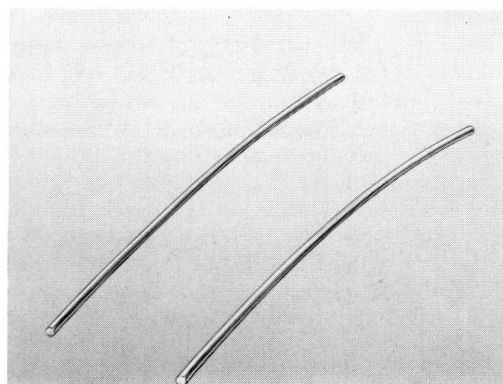

Die Drahtkerne des Reifens.

Verbleibt also der Rollwiderstand, den der Reifen bei der Fahrt über den Boden erzeugt. Und hier betreten wir das Spezialgebiet unserer Reifenhersteller.
Je kleiner die Berührungsfläche mit der Straße ist, desto weniger Rollwiderstand auftritt. Deshalb verwenden wir schmale und hart aufgepumpte Reifen. Die Radrennfahrer wissen das schon seit langem, und ihre Schlauchreifen entwickelten sich daher

schon bald zu ganz schmalen „Gartenschläuchen", die steinhart waren. Jetzt, da die Schar der Tour-Teilnehmer ständig wächst, machen diese dankbar Gebrauch von den Eigenschaften der schnellen Rennschlauchreifen, nur möchten die Tourenfahrer lieber auf Nummer sicher gehen, und deshalb bevorzugen sie, je länger, desto mehr, einen Drahtreifen, der zwar etwas schwerer ist, aber dennoch die speziellen Eigenschaften, wie einen geringen Rollwiderstand, haben soll.
Diese Wünsche haben bei Vredestein dazu geführt, daß man nach dem Erfolg mit dem „Sprint Vederlicht S" den „Racer" herausbrachte. Beiläufig sei gesagt, daß es natürlich noch viel mehr Hersteller von schmalen Reifen gibt, wohl zu viele, um sie hier aufzuzählen, aber beschränken wir uns hier nur auf diesen einen.
Die Konstrukteure haben im Racer alle Eigenschaften zusammengefaßt, die ein Reifen braucht, um diesen niedrigen Rollwiderstand zu bewerkstelligen. Welche sind nun

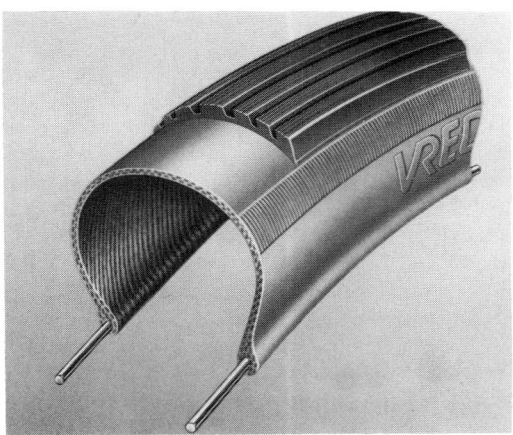

Der Reifen hat jetzt eine Lauffläche, und damit ist er komplett.

heblich reduziert wurde. Kurz: der Reifen hat überragende Eigenschaften.

Die Grundstoffe des Gummis, aus dem der Reifen hergestellt wird, sowohl Naturkautschuk als auch ein synthetisches Produkt.

diese Eigenschaften? Man hat einen Reifen mit 20 mm und einen mit 25 mm Breite entworfen. Die erste Bedingung ist erfüllt: ein schmaler Reifen. Das Gewicht ist auch sehr niedrig gehalten, und die Konstruktion ist eisenstark. Der neue Reifen hat „offene Seiten", d. h. daß hier auf der Leinwand des Reifens kein Gummi sitzt, sondern nur auf der Lauffläche. Ferner wurde zwischen Lauffläche und Leinwand eine zusätzliche Lage von zähem Gummi angebracht, die verhindern soll, daß beim Fahren scharfe Gegenstände in den Reifen eindringen. Und das beruhigt doch, nicht wahr?
Durch diese zusätzliche Schutzschicht wurde der Reifen etwas steifer, während die offenen Seiten wieder geschmeidige Walkzonen erbringen, was den Fahrkomfort steigert. Durch Anwendung dieser schützenden Zwischenlage konnte man alle Aufmerksamkeiten auf das Profil konzentrieren. Und das ist auch geschehen, denn das Profil ist so ausgetüftelt, daß der Rollwiderstand er-

Die Garnspulen mit den Fäden, aus denen die Leinwand hergestellt wird. Diese Fäden können aus Seide, Baumwolle oder Kunststoff sein, je nachdem, welche Art von Leinwand verwendet werden soll.

Die Reifenfabrikation

Für den interessierten Leser wollen wir noch einiges über den Fertigungsverlauf von Reifen schreiben. Der Reifen ist aus drei Elementen aufgebaut:

1. Dem Drahtkern. Zwei verkupferte Stahldrähte, die in den beiden Enden sitzen, mit denen der Reifen in der Felge ruht. Diese Drahtkerne können einfach oder geflochten sein. Der Stahl ist Nirosta.

Nirosta bedeutet „nichtrostender Stahl", und das hat natürlich einen Sinn. Wenn die Drahtkerne rosten, dann wird die Leinwand angegriffen, und dann springt früher oder später die ganze Karkasse vom Draht ab. Durchmesser des Drahtkerns und der Abstand der beiden Drähte voneinander entscheiden über das Reifenmaß.

2. Der Leinwand, die um die Drahtkerne gewickelt wird, und die den eigentlichen Reifen bildet.

3. Der Lauffläche, die auf die Leinwand vulkanisiert wird und die den Reifen somit vollständig macht.

Zur Reifenherstellung verwendet man sowohl Naturkautschuk als auch synthetischen Gummi. Nur sehr teure Reifen, die für sehr anspruchsvolle Spezialzwecke gefertigt werden, bestehen zu 100 % aus Kautschuk. Die beiden Komponenten werden maschinell in einem bestimmten Verhältnis zu einer zähen Gummipaste vermischt, mit der man dann weiterarbeitet.

Die Leinwand des Reifens besteht aus Hunderten von Fäden, die in Gummi eingebettet werden. Diese Fäden können dick oder dünn sein, sie können aus Baumwolle, Kunstfaser oder einer Mischung dieser bestehen.

Jede Reifenart hat ihre eigene spezifische Zusammenstellung der Kordlagen. Diese Fäden sitzen auf vielen Spulen, und sie werden gleichzeitig abgewickelt und aneinandergefügt. Nachdem die erforderliche Anzahl je cm bestimmt ist, werden die Fäden

Die Fäden werden in einer Spezialmaschine nebeneinander gefügt. Eine ganz dünne Leinwand hat sehr dünne Fäden, die etwas schwerere hat weniger, aber dickere Fäden.

Die Fäden liegen nebeneinander und werden jetzt zu einer Art von Bandage in eine Gummipaste eingebettet.

nebeneinander in Gummi eingebettet. Auch hier für jeden Reifen eine eigene Breite der durch Gummi zusammengehaltenen Fäden.
Auf einer Maschine werden zwei Drahtkerne gespannt, und wie mit einer Bandage wer-den diese Drahtkerne mit dem Streifen von Leinwandfäden umwickelt. Der Abstand zwischen den beiden Drahtkernen muß genau eingehalten werden, weil dadurch das Reifenmaß bestimmt wird.
Wir erkennen hier deutlich, daß unser Rei-

Die Leinwandfäden in einer Bettung von Gummipaste.

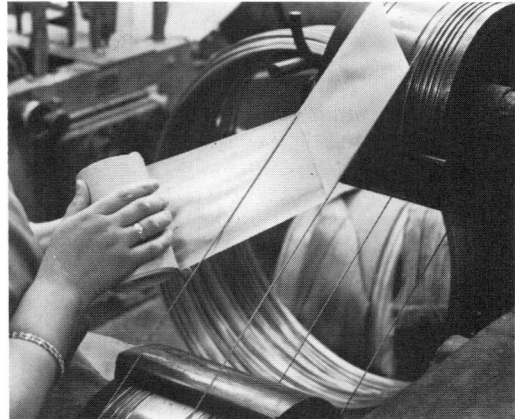

Die Drahtkerne, die im erforderlichem Abstand voneinander gespannt sind, werden jetzt mit der Leinwandbandage umwickelt.

Die Lauffläche, die auch noch aus roher Gummipaste besteht, wird aufgelegt.

Die Laufflächen werden auch genau in der benötigten Breite abgeschnitten.

fen ein „Diagonalreifen" ist. Nachdem die Drahtkerne ganz umwickelt sind, wird die Lauffläche angebracht. Der Gummi, sowohl der der Leinwand als auch der der Lauffläche, ist noch immer roh, gewissermaßen nur ein wenig „vorgebacken".

Die Lauffläche wird in einer gesonderten Maschine vermischt und genau auf die erforderliche Breite zugeschnitten.

Auf großen Regalen werden die rohen Reifen gelagert.

Dann wird der Reifen in der Vulkanisiermaschine unter großem Druck und bei entsprechender Hitze vulkanisiert. Erst jetzt be-

Die noch rohen Reifen werden auf Spezialregalen getrocknet.

Die noch rohen Reifen kommen in die Formpresse.

In dieser Presse wird der Reifen unter hohem Druck und bei großer Hitze vulkanisiert und mit Laufflächenprofil und Typenaufdruck versehen.

Mittels einer speziellen Spritzmaschine wird die Butylpaste zu langen, dünnen Schläuchen gespritzt, aus denen später die Fahrradschläuche gemacht werden.

kommt der Gummi seine spezifischen Eigenschaften, und die Einzelteile werden zu einem Ganzen verschmolzen.

Nach kurzer Zeit kommt der fertige Reifen aus der Formpresse, und jetzt kann er zu seinem Weg über viele Kilometer antreten. Besser ist es natürlich, wenn er noch eine Weile gelagert wird, denn frische Reifen sind noch nicht gleich auf dem Gipfel ihrer Leistungsfähigkeit.

Es wurde hier ständig über die spezifischen Reifenmaße gesprochen, und jetzt sind wir in einem wahren Irrgarten von Zahlen und Begriffen angelangt. Leider gibt es auch auf dem Gebiet der Reifen noch keine eindeutige Standardisierung, obwohl es bereits Fortschritte gibt. In diesem Zusammenhang sei ein lobendes Wort für ETRTO erlaubt; ETRTO ist die Abkürzung für „European Tyre and Rim Technical Organisation", und die englischen Wörter Tyre und Rim bedeuten Reifen und Felge. Die ETRTO hat in bahnbrechender Weise einen Ansatz gemacht, alle produzierten Reifen mit einer universellen Maßbezeichnung zu versehen.

Es ist bereits ein zunehmender Erfolg zu verzeichnen, denn auf praktisch allen Reifen, gleich ob sie nun in Europa oder anderwärts gefertigt werden, begegnet uns der ETRTO-Maßcode, obwohl . . . auch die alten Bezeichnungen aus dem Maßirrgarten noch verwendet werden.

Zunächst etwas über die Maße der Schlauchreifen. Hier sind wir schon bald fertig, denn es gibt nicht viele Maße. Praktisch 99 von 100 Schlauchreifen passen auf unseren Schlauchreifenfelgen, denn eigentlich gibt es nur ein einziges Maß.

Diesen wenigen abweichenden Schlauchreifen bietet der Rahmen dieses Buches keinen Raum. Es sind die Schlauchreifen für das Steherrad, für einige ganz besondere Zeit-Rennräder mit kleinem Vorderrad sowie die Schlauchreifen, die für Junioren-Rennräder verwendet werden. Wir, die Benutzer der Renn- und Supersporträder, verwenden die Standard-Schlauchreifen, und die passen immer. Bei den Drahtreifen liegt die Sache anders. Diese werden schließlich in die Felgen montiert, und deshalb muß das

Die endlosen Butylschläuche werden auf Maß geschnitten.

Auf elektrischem Wege werden die Enden der Butylschläuche miteinander verschweißt, so daß sie zu luftdichten Fahrradschläuchen werden.

Maß des Drahtreifens mit dem der Felge übereinstimmen.
Welche Maße gibt es nun? Es ist genau so, wie mit den Gewinden des Tretlagers, der Nabe und sonstigen Gewindeteilen. Wir kennen die englische, die französische und die deutsche Bezeichnung. Die Maßbezeichnungen bestehen aus zwei oder drei Zahlen, die zusammen ein Produkt bilden.
Die englische Bezeichnung: a × b × c, z. B. 28 × 1 5/8 × 1 3/8.
a) ist der Außendurchmesser des aufgepumpten Reifens in Zoll,
b) ist die Höhe des aufgepumpten Reifens in Zoll,
c) ist die Breite des aufgepumpten Reifens in Zoll.
Die deutsche Bezeichnung: a × c × b (die beiden letzten Zahlen in umgekehrter Reihenfolge; die Bedeutung von a, b und c ist gleich der der englischen Maßbezeichnung).

Die französische Maßandeutung: a × b (C), z. B. 700 × 35 (C).
a) ist ebenfalls der Durchmesser des aufgepumpten Reifens, aber jetzt in mm,
b) ist die Breite des aufgepumpten Reifens, aber in mm.
C ist ein Code.
Und damit wäre der Wirrwarr vollständig. Aber trotzdem bietet die ETRTO eine Lösung an, denn sie bietet Maßandeutungen sowohl für den Reifen als auch für die Felge. Wenn diese übereinstimmen, dann ist alles in Ordnung. Wir sahen es bereits, der Drahtreifen muß in der richtigen Weise in die Felge passen. Wenn der Reifen zu klein ist, dann kriegt man ihn nur mit grober Gewalt und unter Beschädigung des Drahtkerns über den Felgenrand. Ist er dagegen zu groß, dann geht er zwar leicht über den Felgenrand, aber beim Aufpumpen zerplatzt die ganze Sache, jedenfalls der Schlauch, der keinen Widerstand findet.

Der richtige Reifen gehört also auf die richtige Felge!

	TYPE	ETRTO
14 / 20	**A 124 SUPER 'X'** 28 × 1 5/8'' – 700 C 27 × 1 1/4''	622 630
16 / 22	**A 129 SUPER 'X'** 28 × 1 5/8'' – 700 C 27 × 1 1/4''	622 630
14 / 20	**571 MODEL 'S'** 28 × 1 5/8'' – 700 C 27 × 1 1/4''	622 630
16 / 22	**A 125 SPRINT** 28 × 1 5/8'' – 700 C 27 × 1 1/4'' 26 × 1 1/4'' 26 × 1 3/8'' – 650 A	622 630 597 590
17 / 23,5	**256 SPORT** 28 × 1 5/8'' – 700 C 27 × 1 1/4'' 26 × 1 3/8'' – 650 A	622 630 590
20,5	**CARRERA** 27'' – 700 C	632
20,5	**901 RACE AN. SILVER** 27'' – 700 C	632
20,5	**902 RACE AN. BLACK** 27'' – 700 C	632
20,5	**293 RACE** 27'' – 700 C	632

Verschiedene Felgensorten mit allen bekannten Maßangaben. In der rechten Spalte werden die ETRTO-Maße genannt, durch die die Bezeichnungsprobleme behoben werden sollen.

ETRTO bietet die folgende Maßformel: a × b, z. B. 37 × 622. Dabei ist a die Breite des Reifens in aufgepumptem Zustand und b ist der Drahtkerndurchmesser des Reifens. Diesen Drahtkerndurchmesser könnte man auch als Innenmaß des Reifens bezeichnen. Die veralteten Bezeichnungen gaben den Außendurchmesser des Reifens an.

Die Felgenhersteller, wie Weinmann/Alesa, geben bei ihren verschiedenen Felgensorten und -modellen auch das ETRTO-Maß an, aber dann nur die zweite, große Zahl. In unserem Beispiel ist dies 622, der Drahtkerndurchmesser in mm. Aber damit sind wir eigentlich noch nicht viel weitergekommen. Wenn die Felge das Maß 622 trägt und der Reifen ebenfalls dieses Maß hat, dann kann der Reifen zwar auf die Felge passen, aber es gibt verschiedene Felgen mit demselben Maß 622, die jedoch unterschiedliche Breiten zwischen den Felgenrändern haben. Es versteht sich, daß z. B. ein Drahtreifen mit ETRTO 20 × 622 nicht auf eine Felge passen kann, die ebenfalls 622 hat, aber mit einer Felgenbreite von z. B. 17 mm. Auch umgekehrt können wir einen breiteren Reifen, z. B. 73 × 622, nicht auf eine 622-Felge aufziehen, die eine Breite von 14 mm hat. Es gibt aber eine Faustregel zur Lösung dieses Problems, und zwar die folgende: die ETRTO-Breite (die erste Zahl) muß zwischen 1,4- und 2mal der Innenbreite der Felge liegen, die natürlich dasselbe Maß haben muß, wie unser nun wohl allmählich bekannter Drahtkerndurchmesser.

Ein Beispiel:
Die Weinmann-Felge A 124 super X hat eine Innenbreite von 14 mm, während das ETRTO-Maß 622 ist.
Wir multiplizieren: 1,4 × 14 = ca. 20 und 2 × 14 = 28.

Jetzt kann auf diese Felge nur ein Reifen aufgezogen werden, dessen erste Zahl der ETRTO-Formel zwischen 20 und 28 liegt. Und darauf paßt nun genau der Racer, denn diesen gibt es in den Maßen 20 × 622 und 25 × 622. In unserer Liste sehen wir einen Teil des Weinmann-Felgenprogramms mit allen spezifischen Maßen und den ETRTO-Zahlen. Natürlich verwenden die übrigen bekannten Felgenhersteller die gleiche Modellangabe.

Schließlich sei noch auf das folgende hingewiesen:
Reifen sind und bleiben Sorgenkinder, denn von ihrem Zustand hängt es ab, was wir mit unserem Fahrrad leisten können. Sorgen Sie dafür, daß Ihre Reifen immer den richtigen Luftdruck haben.

Auf den meisten Reifen ist angegeben, welcher Lufftdruck der richtige ist. Meist sind es 6 bis 7 bar. Zuweilen steht auch eine größere Zahl daneben, z. B. 100 psi. Das wäre die Abkürzung für „100 pounds per square inch", die englische Druckbezeichnung für „100 Pfund pro Quadratzoll". Wenn wir diese Zahl durch 15 teilen, dann erhalten wir in etwa unseren kontinentalen Druck in Atmosphäre oder bar.

Praktisch ist eine Hochdruck-Fahrradpumpe mit Manometer. Darauf können wir den Druck genau ablesen, so daß die vorgeschriebene Spannung keine Probleme mehr verursachen kann. Darüber wurde bereits im 12. Kapitel einiges gesagt.

Ferner muß das richtige Reifenmaß innerhalb der Felgentoleranz verwendet werden. Auch damit beugt man vielem Ärger vor.

Im übrigen wäre zu wünschen, daß unsere Straßen einigermaßen frei von scharfen Gegenständen bleiben, denn einer zerbrochenen Flasche zum Beispiel kann kein Reifen Widerstand bieten.

Kapitel 14

Die Reparatur des Schlauchreifens

Die Reparatur eines Schlauchreifens ist nicht, wie so viele meinen, ein Zauberkunststück. Man darf sich nur nicht so anstellen, als hätte man zwei linke Hände, und wenn man's ein paarmal gemacht hat, dann ist es wirklich ein Kinderspiel. Mit Hilfe der Fotos können wir einer solchen „Operation" Schritt für Schritt folgen.

Die Reparatur eines Schlauchreifens hat natürlich nur dann einen Sinn, wenn es sich um ein kleines Leck handelt. Reifen, die mit einem Knall zerplatzen, die richtigen „Knaller" also, sind nicht mehr zu reparieren, weil in so einem Fall der Mantel, die Karkasse, ernstlichen Schaden genommen hat. Das ist zwar schade, aber da hilft dann nur ein neuer Reifen.

Wir wollen uns hier einmal mit den kleinen Löchern, aus denen die Luft also langsam abbläst, beschäftigen. Meist kann man die Ursache der Panne gleich lokalisieren, weil sich auf der Außenseite des Reifens eine Beschädigung erkennen läßt. Wenn man die Stelle, an der meist das Glas- oder Steinsplitterchen noch im Reifen steckt, gefunden hat, dann puhlt man den Fremdkörper zunächst einmal heraus und untersucht mit Spucke, ob an dieser Stelle Luft aus dem Reifen kommt. Dann markiert man die Stelle mit einem Kugelschreiber an der Seite des Reifens, wobei man zugleich beiderseits der Schadstelle etwa 5 cm Platz zugibt. Kann man die Schadstelle auf diese „trockene" Weise nicht finden, dann muß der Reifen einfach gut aufgepumpt werden, und anschließend taucht man ihn – Abschnitt um Abschnitt – in eine größere Schüssel mit Wasser. In 99 von 100 Fällen zeigt sich jetzt die Stelle, an der die Luft austritt. Auch hier wird die Stelle auf der Seite des Reifens markiert.

Das Felgenband ist ziemlich fest an der Innenseite des Schlauchreifens aufgeklebt. In der Höhe der einen markierten Begrenzung

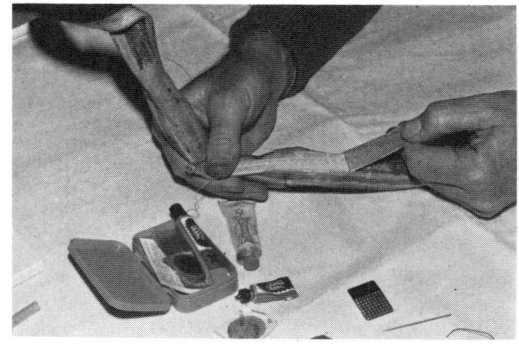

Die Entfernung des Felgenbandes.

(etwa 5 cm beiderseits) lösen wir das Felgenband, wobei wir an der Seite beginnen. Das ist eine richtige Fummelei, und dabei kann leicht einmal der Daumennagel draufgehen. Wir „bohren" abwechselnd von beiden Seiten auf die Mitte zu. Wenn das Felgenband schließlich vom Reifen gelöst ist, schneiden wir es entzwei und ziehen es dann wieder vom Reifen ab, bis beiderseits der Leckstelle genug Platz freigeworden ist und die Naht freiliegt.

Mit einer kleinen Nagelschere zerschneiden wir diese Naht nun Faden um Faden. Dabei ist größte Vorsicht geboten, das Scherchen darf niemals senkrecht auf den Reifen gesetzt werden. Auch von der Verwendung eines spitzen Messers muß dringend abgeraten werden, denn wenn das abrutscht, ist der Reifen endgültig hinüber. So schneiden wir zu beiden Seiten des Lecks den Schlauchreifen auf. Wenn die Öffnung zu klein ist, wird die Arbeit erschwert, wie wir noch sehen werden.

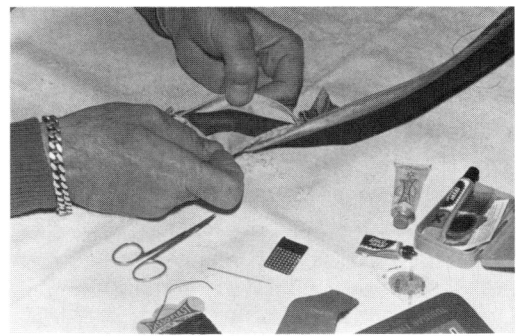

Öffnen des Schlauchreifens.

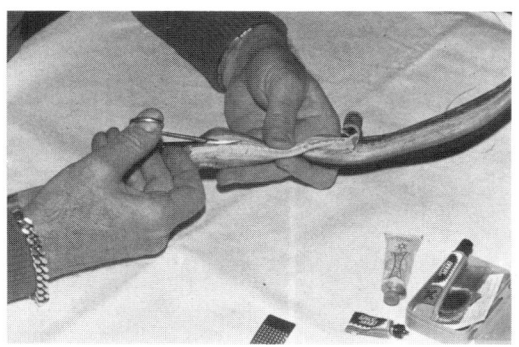

Das Aufschneiden des Schlauchreifens.

Nachdem die Naht nun auf ausreichender Länge durchgeschnitten ist, können wir den Schlauchreifen öffnen. Die beiden Seiten der Karkasse werden auseinandergebogen,

so daß hier der Schlauch freiliegt. Manche etwas teurere Reifen haben *im Mantel* noch eine Schutzschicht aus Textil, die den Schlauch vor der rauhen Naht schützt. Auch diese Textilschicht muß auf einer Seite abgelöst werden, damit der Schlauch zugänglich wird. Nach dem Öffnen werden alle Fadenreste der Naht entfernt, und es ist darauf zu achten, daß im Reifen keine Fadenreste lose herumliegen.

Jetzt kann beiderseits des Lochs ein Stückchen vom Schlauch aus der Ummantelung herausgezogen werden; so haben wir ein

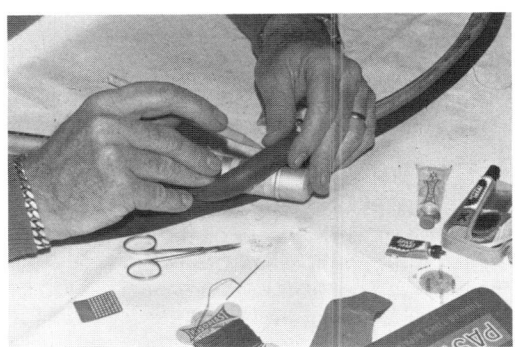

Die Leckstelle ist gefunden.

wenig Spielraum. Nun müssen wir auf zwei Dinge achten: die *schadhafte Stelle im Mantel,* die jetzt deutlich sichtbar wird, und die *korrespondierende Stelle im Schlauch.* Durch eingedrungenen Schmutz sind diese Stellen immer klar erkennbar. Auf unserem Foto zeigt der Kugelschreiber auf die Schadensstelle.

Nun legen wir einen Hammerstiel oder besser noch die Luftpumpe, die wir ja ohnehin zur Hand haben, unter den Schlauch. Diese Unterlage muß so zurechtgeschoben werden, daß der Schlauch keine Falten oder Wellen mehr bildet; er muß flach und genau mit doppelter Wandstärke auf dem Griff der Luftpumpe liegen, die Leckstelle in der Mitte.

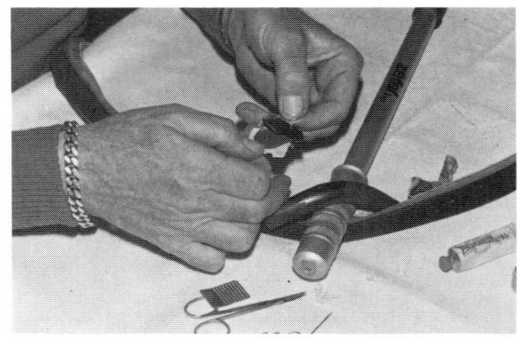

Entfernen des Stanniols.

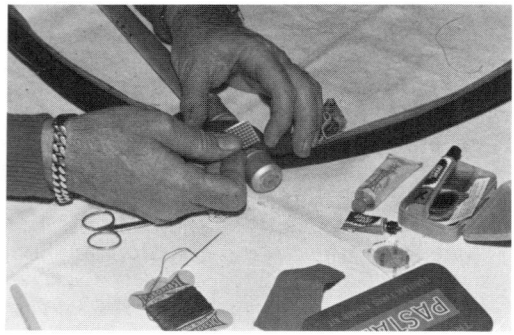

Anrauhen mit der Raspel.

Die modernen Reparaturpflaster haben zwei Schutzschichten. Auf der einen Seite ein Stanniolpapier und auf der anderen eine Folie oder dünnes Papier. Die Schadstelle im Schlauch wird zuerst gereinigt und mit der kleinen Raspel oder mit Schmirgelpapier aufgerauht. Danach wird die Gummilösung aufgetragen, ganz wenig nur und vor allem keine dicke Schichten. Sie muß 5 bis 10 Minuten trocknen. Vom Reparaturgummi wird das Stanniolpapier entfernt. Das geht ver-

hältnismäßig leicht, aber wir müssen dennoch achtgeben, daß nicht etwas vom eigentlichen Pflaster mit abgezogen wird. Jetzt lassen wir die freigewordene Klebeseite des Pflasters noch ein wenig antrocknen, dann drücken wir es auf die Leckstelle des Schlauchs. Liegt es in der gewünschten Position, dann wird es kräftig aufmassiert. Dann kneifen wir den Schlauch zusammen, so daß die Faltstelle durch die Reparaturstelle verläuft. Dabei wird sich zeigen, daß die andere Schutzschicht, die aus Folie oder dünnem Papier bestand, aufreißt. Sie läßt

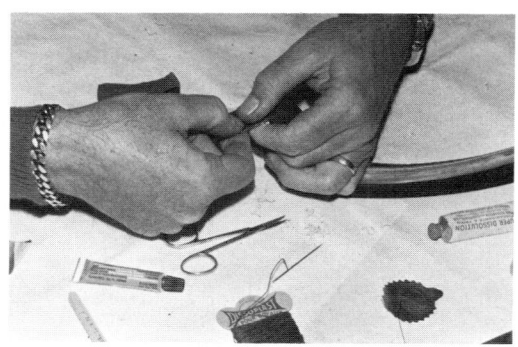

Der Schlauch wird zusammengekniffen.

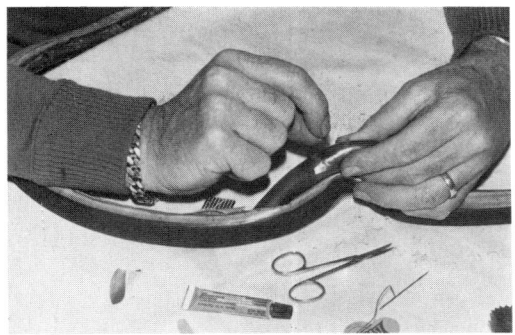

Das Reparaturpflaster ist angebracht.

sich jetzt leicht abziehen. Auch hier achten wir darauf, daß nichts vom Reparaturmaterial mit abgezogen wird. Zum Abschluß bestreuen wir die Reparaturstelle und deren Umgebung mit Talkum.

Auf dem Foto ist deutlich erkennbar, daß die zweite Schutzschicht hier noch entfernt werden muß.

Das war im Grunde die wichtigste Arbeit der ganzen Reparatur. Wenn das Reparaturpflaster sitzt, muß der Schlauch wieder an die frühere Stelle im Reifen kommen. Dazu sollte man den ganzen Schlauchreifen ein wenig in der losen Hand schütteln. Die her-

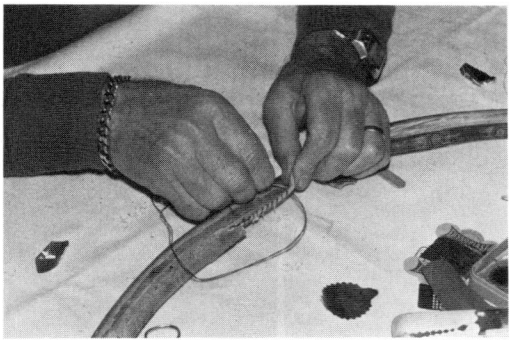

Das eigentliche Nähen des Schlauchreifens.

ausgezogenen Teile schieben sich dabei von selbst wieder in den Reifen zurück, und der Schlauch kommt so wieder in die richtige Lage.

Der folgende Hinweis könnte überflüssig erscheinen, aber dennoch sei es gesagt: unter keinen Umständen darf der Schlauch in dem Augenblick verdreht sein, in dem wir mit dem Nähen beginnen. Zum Nähen verwenden wir ein Spezialgarn, das der Fahrradhandel anbietet. Als Werkzeug nehmen wir dabei eine dreieckige Nadel, die es speziell für solche Arbeiten gibt: es ist die kleinste Segeltuchnadel, die auch zum Nähen von Segeln gebraucht wird (oder jedenfalls wurde). Wir nehmen einen doppelten Faden ausreichender Länge, den wir am Ende verknoten. Den ersten Stich legen wir in die noch vorhandene, ursprüngliche Naht; mit anderen Worten: die neuen Stiche überlappen ein paar der noch bestehenden alten Stiche. Wichtig ist es, sorgfältig zu überprüfen, ob der Schlauch tief genug im Mantel liegt. Deshalb halten wir die Seitenteile der Ummantelung kräftig gegeneinander gedrückt, damit der Schlauch sich nicht wieder hocharbeiten kann, wobei er beim Nähen durchstochen werden könnte. Aus Sicherheitsgründen nähen wir von uns weg, wie das auf dem Foto erkennbar ist. Meist lassen sich die alten Nahtlöcher in den Reifenseiten noch einmal verwenden, aber wenn das nicht gelingt, ist es auch nicht schlimm. Die Nadeln für diese Arbeit sind so scharf, daß sie den Reifen spielend durchstechen können. Wenn wir einen Stich gemacht haben, wenn also die Nadel beide Seitenteile durchstochen hat, dürfen wir den Stich niemals in der Weise anziehen, daß wir an der Nadel ziehen. Am besten zieht man den Stich fest, indem man das Garn unmittelbar unter der Nadel faßt und nur am Garn selbst zieht. Wer das mit der Nadel versucht, der läuft Gefahr, daß der Faden genau im Nadelöhr reißt, und dann wird die Arbeit wirklich sehr schwierig. Stich für

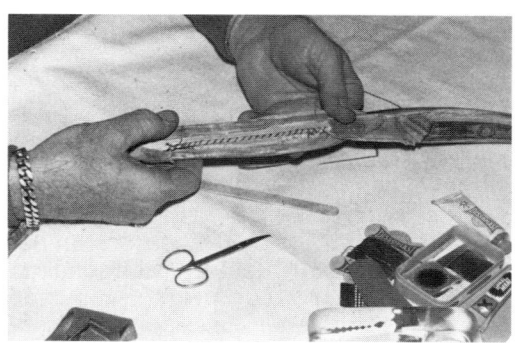

Der Schlauchreifen ist zugenäht.

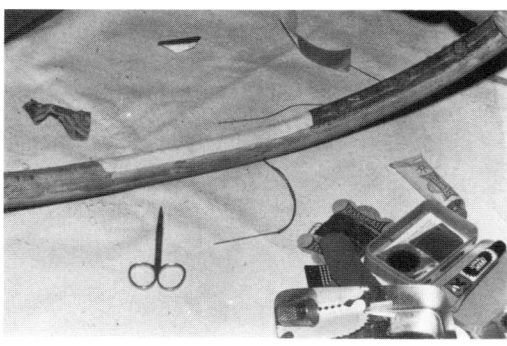

Die Reparatur ist fertig.

Stich nähen wir weiter, und nach jedem Stich wird der Faden in der vorbeschriebenen Weise kräftig angezogen. Wir nähen solange weiter, bis wir mit ein paar Stichen über die Naht auf der anderen Seite hinweg sind.

Auf den Fotos ist die fertige Naht zu sehen. Der noch übrige Teil des Nähgarns wird über ein paar Stiche der ursprünglichen Naht vernäht, so daß die Stiche sich beim Aufpumpen nicht mehr lösen können.

Normalerweise wird nun das ursprüngliche Felgenband wieder über die Reparaturstelle gezogen, aber es ist nicht so einfach, es wieder gut zu verkleben. Deshalb kann man auch, wie auf dem Foto zu sehen ist, ein neues Stückchen Felgenband, das man in kleinen Rollen kaufen kann, einkleben. Ist alles erledigt, dann wird der Schlauchreifen wieder aufgepumpt, und nun lassen wir ihn – jedenfalls sofern die Zeit dazu reicht – einen Tag lang unter Druck stehen, um uns so zu vergewissern, daß die Reparatur gelungen und der Reifen wirklich dicht ist.

Kapitel 15

Die Sitzhaltung

Alles im Leben, gleich ob man's bildlich oder buchstäblich nimmt, funktioniert am besten, wenn alle daran beteiligten Faktoren miteinander harmonieren. Aufs Fahrrad übertragen heißt das, daß Fahrrad und Radfahrer miteinander harmonieren müssen.

Zu dieser Harmonie gelangt man, wenn der Radrennfahrer, ebenso wie der Langstreckenfahrer oder der Trimmer, auf einem Fahrrad sitzt, das absolut auf seinen Körperbau und seine Maße abgestimmt ist. Dadurch wird er zwangsläufig auch die richtige Sitzhaltung haben.

Ein Hundertmeterläufer wird wohl kaum mit Spikes starten, die zu klein sind; das erscheint jedermann logisch, und gerade deshalb muß man sich fragen, wieso denn soviele Leute auf einem zu kleinen Fahrrad sitzen oder, umgekehrt, auf einem Rad, das zu groß ist. Wir wollen versuchen darzulegen, weshalb man dieser Frage ein so großes Gewicht beimessen muß und wie man zum idealen Sitz findet.

Dabei gehen wir das Risiko ein, falschen Auffassungen, die sich aber durchgesetzt zu haben scheinen, zu widersprechen, aber die Erfahrungen anderer unterstreichen doch wohl den Sinn der folgenden Ausführungen. Weshalb überhaupt eine lange Diskussion über die richtige Sitzhaltung? Der Körper des Radrenn- und des Langstreckenfahrers muß eine gewaltige Muskelarbeit verrichten, um das Fahrrad fortzubewegen; dabei muß er so schnell oder so weit wie möglich kommen. Die Energie kommt aus der Muskulatur und muß auf das Fahrrad übertragen werden. Nun kann einer wirklich eine Topkondition haben und vor Energie nur so strotzen, aber wenn er diese Energie nicht möglichst verlustlos auf das Fahrrad übertragen kann, dann kommt es zu unnützem Kraftaufwand. Der Körper muß die benötigte Energie ohne verkrampfte Haltung und ohne zusätzliche Anstrengung abgeben können. Ein zu stark gekrümmter Rücken ist dabei von Nachteil; auch Beine, die beim Durchtreten überstreckt sind oder zu wenig gestreckt werden können.

Kurz: das Fahrrad muß dem Fahrer angemessen sein. Wichtig ist, daß man das vom ersten Augenblick an begreift. Jemand, der erst beginnt (das gilt vor allem für die Sportjugend), muß auch in dieser Hinsicht den richtigen Start haben. Es ist falsch, auf einem Fahrrad zu beginnen, das „nun einmal vorhanden war" oder auf dem Rad vom großen Bruder, der den alten Schinken nicht mehr fahren wollte. Das Fahrrad muß von Anfang an passen. Vor allem für junge Menschen, die noch wachsen, ist das ganz we-

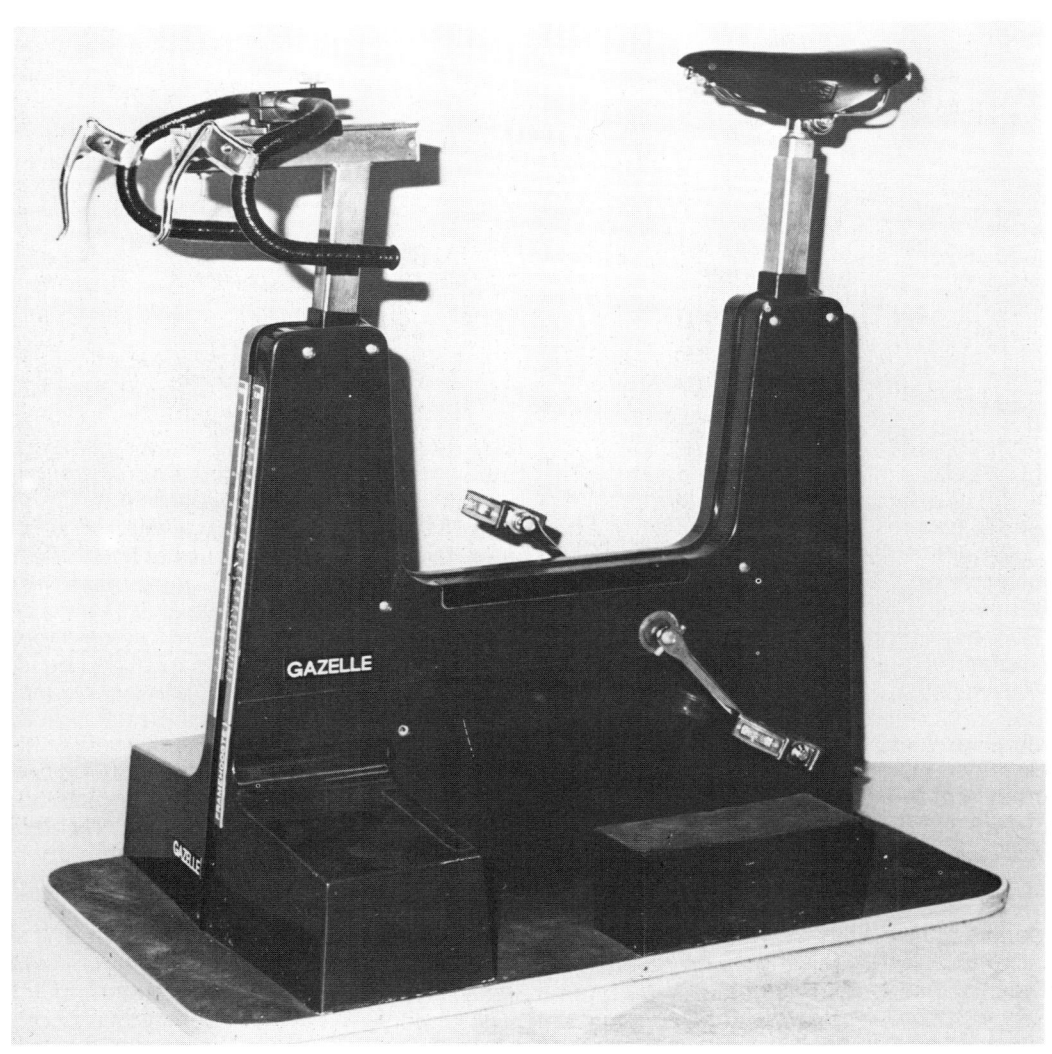

Das „Anprobier-Fahrrad".
Durch eine solche Vorrichtung wird das Anmessen des maßgerechten Fahrrades heutzutage wesentlich erleichtert. Viele renommierte Spezialisten für Rennfahrräder benutzen ein solches Gerät. Die Rahmenabmessungen sind dabei verstellbar. Durch die Verstellbarkeit von Lenker und Sattel kann der Verkäufer die idealen Maße schließlich ablesen, um aufgrund dessen das passende Modell auszuwählen bzw. anzufertigen.

Ein junger Radrennfahrer, der auf einem viel zu kleinen Fahrrad sitzt. Die Knie bleiben in der unteren Pedalstellung noch zuviel durchgebeugt. Es wurde wohl ein wenig manipuliert, damit die Sitzhaltung dennoch stimmt, aber auch das ist nicht gut. Schauen Sie nur, wie hoch die Sattelstütze aus dem Sattelstützrohr herausragt. Das sind hier fast 16 cm . . . Dieser sportliche junge Mann braucht einen um wenigstens 5 cm größeren Rahmen. Damit käme er auch zu einer gestreckteren Sitzhaltung.

sentlich. Ihr Körper stellt sich nämlich sehr schnell auf das falsche Fahrrad ein, und wenn sie dann über längere Zeit damit fahren, könnte es zu Verwachsungen kommen, die es später unmöglich machen, die einmal anerzogene falsche Sitzhaltung noch in die richtige Haltung zu ändern.

Nun ist es aber gerade bei der Jugend ein Problem, von vornherein mit dem richtigen Fahrrad zu beginnen. Wir brauchen uns ja nur einmal unter den gegenwärtigen Preisangeboten in Rennrädern ein wenig umzuschauen; dabei sieht man auch noch, daß immer wieder neue Modelaunen, „der letzte Schrei", angeboten werden, die nach kurzer Zeit wieder vergessen sind. Dann sitzen wir da mit unserem teuren Fahrrad, das nicht gebraucht wird. Aber dieser Einwand kann nicht gegen die Behauptung angeführt werden, daß wir mit dem richtigen Rad beginnen müssen.

Kurz gesagt: die richtige Sitzhaltung hat man nur auf dem richtigen Fahrrad. Das Maß des Fahrrades wird durch die Rahmenhöhe bestimmt, und die Rahmenhöhe hängt mit der Höhe des Sattelstützrohres zusammen. Es gibt eine Faustregel, aus der man die Rahmenhöhe im Verhältnis zur Körpergröße ableiten kann. Diese Regel ist aber nicht unbedingt für alle gültig, es handelt sich dabei nur um grobe Annäherungswerte. Schließlich gibt es ja lange Menschen, die kurze Beine haben und kleine Leute, die außergewöhnlich lange Beine haben. Die

Hier sehen wir unseren Rennfahrer wieder in einer zu hohen Position. Die Beine sind überstreckt. Ein kleinerer Rahmen oder Tieferstellen des Sattels könnte schon eine ganze Menge verbessern.

Beinlänge ist, wie wir gleich noch sehen werden, von größter Bedeutung.

Zunächst einmal das Verhältnis Körpergröße und Rahmenhöhe:
Länge 165 cm, Rahmenhöhe 50 bis 54 cm,
Länge 178 cm, Rahmenhöhe 55 bis 58 cm,
Länge mehr als 178 cm, Rahmenhöhe 59 cm und größer.

Noch eben etwas klarer gesagt: die Rahmenhöhe wird von der Mitte des Tretlagers bis zum oberen Rand des Sattelstützrohrs gemessen. Das sind eigentlich recht unverbindliche Zahlenangaben, die einem nicht mehr geben können als eine ungefähre Vorstellung, zu welcher Körpergröße welcher Rahmen passen könnte, vorausgesetzt, daß man auch einen ganz durchschnittlichen Körperbau hat.

Wenn man einmal einen Rahmen hat, der zur Körpergröße paßt, dann beginnen wir erst mit dem Anprobieren.

Es gibt verschiedene Möglichkeiten, das Fahrrad „auf Maß" zu bringen. Der Sattel kann nach oben oder unten verstellt werden, der Sattelkloben kann nach vorn oder hinten umgelegt werden, der Lenker kann in der Höhe verstellt werden, und schließlich kann man auch Lenkervorbauten unterschiedlicher Länge ausprobieren. Sogar der Lenkerbügel kann breit oder schmal gewählt werden, angepaßt also für Fahrer mit einer schmalen oder breiten Brust. Mit Hilfe all dieser variablen Einzelteile läßt sich die Sitzhaltung vervollkommnen.

Betrachten wir einmal die Methoden zum Anpassen des Fahrrades.

Zunächst also einmal die *Sattelhöhe.* Hier ist gleich zu sagen, daß die Sattelstütze nicht unbegrenzt nach oben oder unten verstellt werden darf. Der Sattel hat seine ideale Höhe im Verhältnis zum Fahrrad, wenn die Sattelstütze zwischen 60 und 110 mm aus dem Sattelstützrohr herausragt. Sind es mehr als 110 mm, dann ist der Rahmen zu klein, und sind es weniger als 60 mm, dann ist der Rahmen zu groß. Wir suchen also eine Stellung zwischen 60 und 110 mm. Zuvor muß aber der Sattel selbst vollkommen horizontal stehen. Das ist mit Hilfe der modernen leichtgewichtigen Sattelstützen sehr leicht zu bewerkstelligen.

Dann setzt man sich auf den Sattel. Zur richtigen Höhenbestimmung des Sattels gibt es zwei Methoden.

Man setze die Absätze des Rennschuhs in der niedrigsten Stellung auf die Pedale. Dabei dürfen die Knie weder gebeugt noch übermäßig gestreckt sein.

Die zweite Methode: man setze die Spitze des Rennschuhs unter das Pedal; das muß bei normal gestreckten Beinen möglich sein. Wenn diese beiden Proben vollzogen sind und so die richtige Sattelhöhe ermittelt wur-

Hier können wir noch einmal aus der Nähe sehen, wie man durch die Einstellung der Sattelhöhe zu mogeln versucht, um doch noch eine brauchbare Sitzhaltung herauszuholen. Wir hatten bereits festgestellt, daß die Sattelstütze mindestens 6 und höchstens 11 cm aus dem Sattelstützrohr herausragen darf. Hier sind diese Grenzen erheblich überschritten worden. Aber diese Manipulation mit der Sattelstütze wird es wohl immer geben, denn viele sagen auch: „Ich hab lieber einen zu kleinen Rahmen, denn der schwimmt nicht so . . ." Die Wahrheit liegt aber nicht in der Mitte, sondern beim Rahmen mit dem richtigen Maß.

de, können wir durch Rechnen und Messen etwas weiteres ermitteln.

Wir messen die Sattelhöhe im Verhältnis zum Pedal in der niedrigsten Stellung.

Das wird folgendermaßen gemacht: das Tretlager wird so gedreht, daß die Kurbel genau in der Verlängerung des Sattelstützrohres nach unten zeigt. Dann mißt man die Entfernung zwischen der oberen Pedalfläche bis an den gedachten Punkt, an dem das durchgezogene Sattelstützrohr die Satteldecke kreuzen würde.

Nun mißt man seine innere Beinlänge, wobei man gerade auf dem Boden stehen und die Radrennschuhe anhaben muß. Gemessen wird vom Boden bis zu der Stelle, an der die beiden Beine zusammenkommen. Die gemessene Sattelhöhe (im Verhältnis zum Pedal) muß ungefähr übereinstimmen mit:

a) Innenbeinlänge plus 10% oder
b) Innenbeinlänge multipliziert mit 1,09.

Das waren also kurzgefaßt ein paar Methoden, die Sattelhöhe zu bestimmen. Aber jetzt geht's weiter.

Wenden wir uns dem *Lenker* zu. Der Einfachheit halber setzen wir den Lenker in der Weise in den Rahmen, daß seine obere Linie mit der Höhe des Sattels ungefähr gleich ist. Das ist die Ausgangsstellung, denn später kann man den Lenker allmählich etwas tiefer setzen, nachdem man sich an die vorgebeugte Stellung gewöhnt hat (und wenn man keine Magenbeschwerden hat!). Dadurch kommt der Rücken in eine mehr horizontale Stellung, und damit kann man den Luftwiderstand reduzieren.

Anschließend können wir mit dem Lenkervorbau experimentieren. Noch eben zur Erinnerung: der Lenkervorbau ist die horizontale Strebe, in die der Lenkerbügel eingeklemmt wird. Die Länge des Vorbaus kann zwischen 60 und 140 mm variieren, und so dürfte man wohl immer den geeigneten Vorbau bekommen können, der einem zur idealen Sitzhaltung verhilft.

Zur Längenbestimmung dieses Vorbaus gibt es wieder zwei bewährte Methoden.

1. Man drücke den Ellenbogen gegen die Sattelnase und strecke den Arm waagrecht nach vorn. Die Fingerspitzen der ausgestreckten Hand müssen jetzt gerade bis auf den Lenkerbügel reichen.

2. Man setzt sich auf den Sattel und stelle den Fuß auf ein nach vorn gerichtetes Pedal, wobei die Tretkurbel parallel zum schräg aufwärts gerichteten Rahmenrohr stehen muß. Jetzt muß man mit dem Ellenbogen des Armes auf derselben Seite das Knie in der höchsten Stellung gerade noch antippen können.

Wenn das alles nun so durchgeführt würde, wie es im Voraufgegangenen steht, dann müßte man damit zur idealen Sitzhaltung auf dem Fahrrad gefunden haben.

Sollten Sie übrigens bei einem sehr großen Lenkervorbau doch noch mit der ausgestreckten Hand über den Lenkerbügel hinaus reichen, dann könnten Sie evtl. dadurch für Abhilfe sorgen, daß Sie den Sattel nach hinten verstellen. Dabei muß man aber darauf achten, daß die Sattelnase mindestens drei und höchstens sechs Zentimeter hinter dem Tretlager liegen darf. Das läßt sich mit einem Gewicht an einer Schnur leicht überprüfen.

Bewußt haben wir einige Dinge ein bißchen extrem beschrieben, und es dürfte wohl jedermann klar sein, daß der goldene Weg stets der Mittelweg ist.

Bei dem anstrengenden Radsport ist die Sache nicht so, da kommt es sehr auf das richtige Maß an. Der junge Radrennfahrer muß mit seinem Fahrrad mitwachsen, das heißt, er muß ein größeres Rad bekommen, wenn er aus dem kleineren herauswächst. Sonst könnte es auch zu Störungen seines Wachstums kommen. Wer einmal daran gewöhnt ist, in der falschen Haltung zu fahren, der wird später immer Schwierigkeiten haben, sich umzugewöhnen.

Kapitel 16

Werkzeug

Bis jetzt haben wir uns mit dem Fahrrad selbst und seinen vielen Einzelteilen beschäftigt, und auch die Funktion kam ausgiebig zur Sprache.

Aber wie in allen technischen Bereichen, kann es auch hier einmal zu Pannen und Störungen kommen, und die müssen schnellstens behoben werden. Es erübrigt

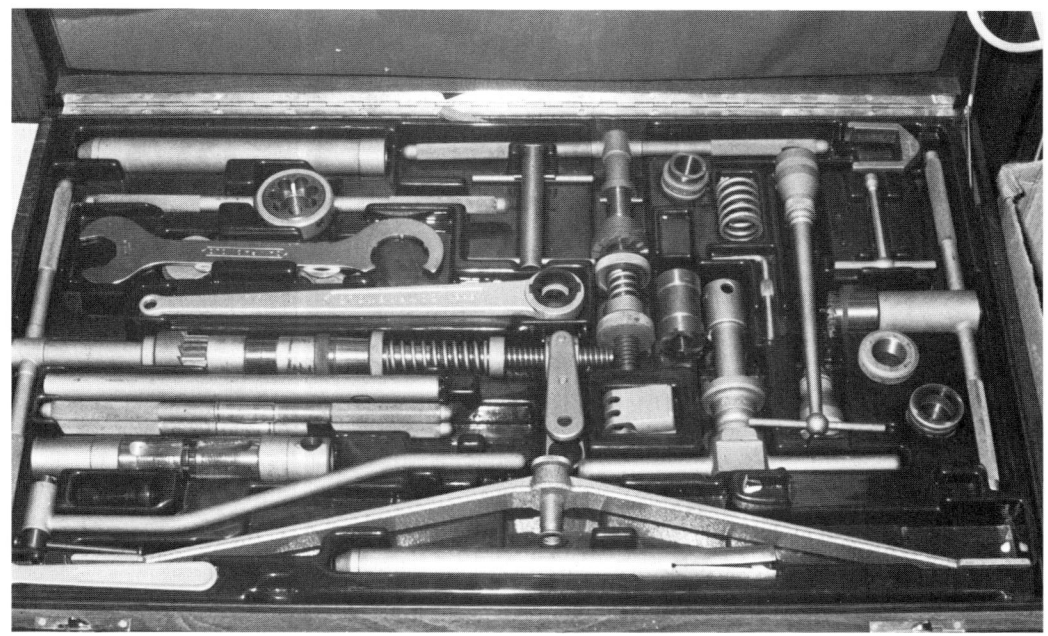

Wer Profi werden will, sollte sich diese Werkzeugkiste von Campagnolo anschaffen. Sie enthält wirklich alles, um ein Fahrrad zusammenzubauen, zu zerlegen, zu richten und instandzusetzen.

Der Kofferraumdeckel-Fahrradträger. Ein sehr praktisches Zubehör zum Auto, wenn wir das Fahrrad mit in die Ferien nehmen wollen, aber die Entfernung zu groß ist, um sie ganz auf dem Fahrrad zurückzulegen. Auch ideal für Sportler, die zu einem entfernten Einsatzort fahren wollen. Normalerweise können die modernen Renn- und Sporträder mit abgenommenen Laufrädern leicht im Kofferraum untergebracht werden. Aber der ist bei der Fahrt in den Urlaub ja voll mit anderem Gepäck.

Bei diesem Fahrradständer kann der Kofferraumdeckel normal geöffnet werden. Die hochstehenden Gabeln, in denen das lose Vorderrad steht, können bei Nichtverwendung niedergeklappt werden, so daß an der Rückseite des Automobils keine scharfen Gegenstände herausragen.

sich fast, zu erwähnen, daß es zum Versagen ebenso durch Verschleiß als auch durch Bruch kommen kann.

Zum Glück gibt es ein dichtes Netz von fachkundigen Fahrradreparateuren, die handwerkliche Arbeit gut verrichten können. Aber für den echten Radamateur ist es doch Ehrensache, sein Fahrrad selbst zu pflegen und zu reparieren. Und in neun von zehn Fällen ist das auch sehr einfach.

Im Normalhaushalt kann man mit dem Schraubenzieher, der Kombizange und dem Hammer schon sehr viel ausrichten. Beim Fahrrad ist die Sache etwas anders, vor allem bei Renn- und Sporträdern; für sie braucht man wenigstens eine bescheidene Anzahl von Spezialwerkzeugen. Darum wollen wir in diesem Kapitel ein paar spezielle Fahrradwerkzeuge anhand von Fotos zeigen.

Die folgende Fotoserie wird, wie wir hoffen, verdeutlichen, um was es geht. Sollte es ein bißchen viel erscheinen, dann sollte man sich vor Augen halten: „Besser Geld für Werkzeuge, als für vermurkste Ersatzteile!"

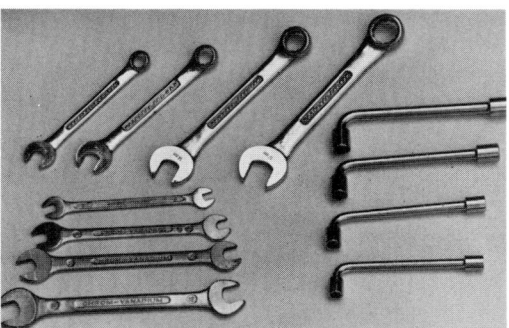

Dieses Werkzeug dürfte uns vertrauter erscheinen. Ein Satz guter Ring-/Gabelschlüssel ist unentbehrlich, wenigstens in den Größen 6 bis 15 mm. Auch ein Satz Steckschlüssel ist praktisch.

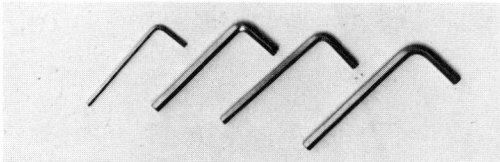

Das sind Inbus-Schlüssel 3, 5, 6 und 10 mm. Inbus-Verschraubungen setzen sich immer mehr durch, ohne diese Schlüssel ist unser Werkzeug unvollständig.

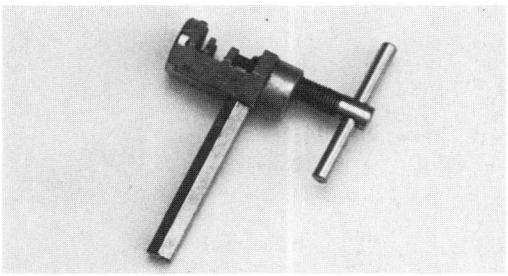

Der Kettennietenentferner. Ein echtes Fahrradwerkzeug, denn mit Hammer und Dorn sollte man eine Fahrradkette nicht öffnen.

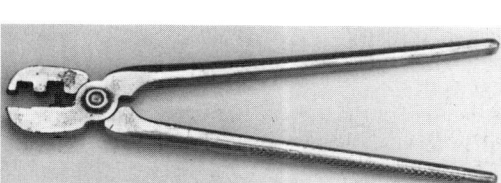

Kettennietenentferner in der Form einer Zange. Wenn die Kette gut im Maul der Zange sitzt, ist der Niet mit einer einzigen Kneifbewegung heraus. Mit der Vorderkante der Zange kann der Niet wieder eingedrückt werden.

Drei beliebige Zahnkranzabzieher. Es gibt deren viele, denn fast jeder Hersteller bringt seinen eigenen Abzieher. Der Abzieher wird auf den Zahnkranz gesetzt, der dann mit einem großen Schlüssel losgedreht wird.

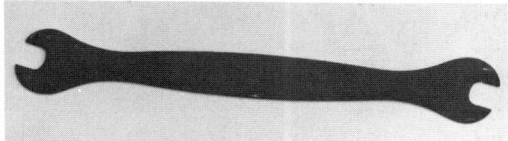

Pedalschlüssel, seine Anwendung dürfte bekannt sein.

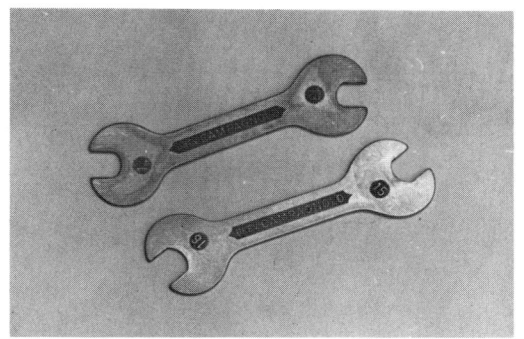

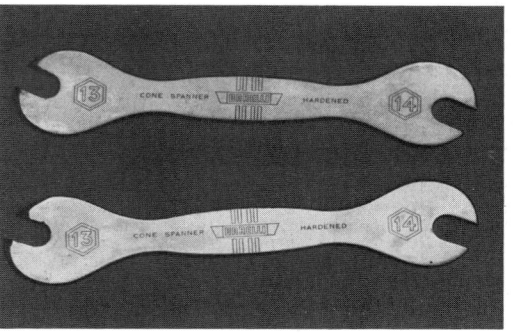

Konusschlüssel in vier Abmessungen. Unerläßlich beim Einstellen von Radlagern, manchen Bremsen und als Gabelschlüssel, wo ein dickerer Schlüssel keinen Platz hat.

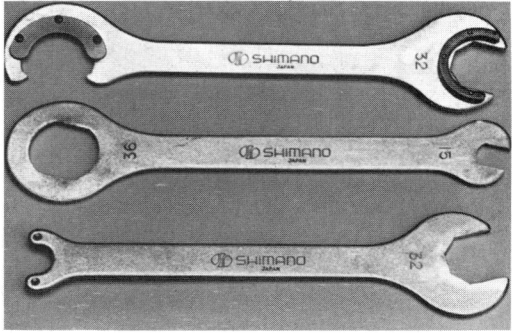

Montagesatz fürs Tretlager, speziell für Shimano. Mit dem 32-mm-Gabelschlüssel kann man auch manche Lenkungslagermuttern anziehen.

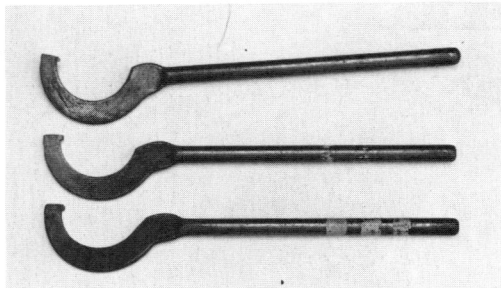

Schlüssel zur Befestigung der Sicherungsringe des Tretlagers. Drei verschiedene Maße.

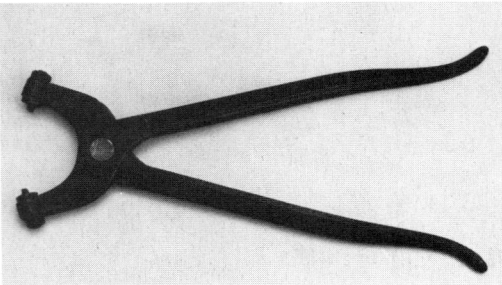

Spezialzange zur Befestigung des Tretlager-Sicherungsringes.

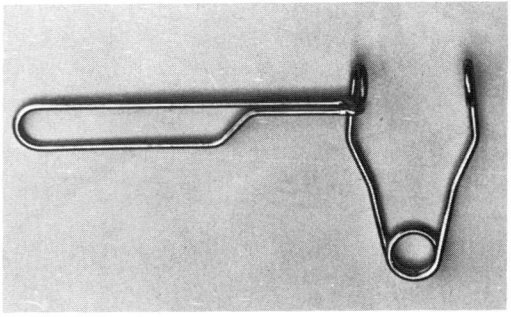

Die Bremseinstellfeder von Weinmann. Die Augen oben rechts werden um die Bremsschuhe gelegt. Die Klötzchen drücken jetzt fest gegen die Felge, und das Bremsseil kann befestigt werden, wozu man beide Hände frei hat.

Tretkurbelabzieher. Auch hier sehen wir wieder verschiedene Ausführungen, weil viele Hersteller ihr eigenes Modell haben (dasselbe Übel wie bei den Zahnkranzabziehern).
Die (im Foto) linke Seite des Abziehers wird in das Tretkurbelloch geschraubt. Dann wird die Abzieherwelle an den abgeflachten Seiten mit einem Gabelschlüssel in das Tretkurbelloch gedreht. So wird die Tretkurbel abgezogen.

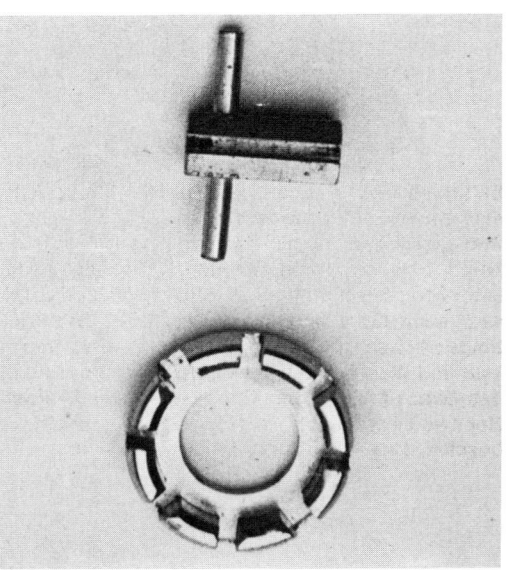

Nippelspanner. Verwenden Sie stets solche in der richtigen Abmessung, sonst werden die Vierkante schnell rund sein.

Bequemlichkeit bei der Arbeit ist und bleibt oberstes Gebot, und denjenigen, die ihr Fahrrad richtig und zugleich bequem reparieren wollen, ist mit einem Fahrradbock sehr geholfen. Durch ihn sind alle Stellen des Fahrrades gut zugänglich, und damit wird auch die Qualität von Reparatur- und Wartungsarbeiten gesteigert. Der Fuß dieses Bocks kann mit Wasser oder Sand gefüllt werden, so daß das Ganze fest auf dem Boden steht. Da man den Bock außerdem leicht verschieben kann, reicht ein beschränkter Raum zur optimalen Arbeit aus.

Ein anderer leichter Fahrradbock. Leicht überall aufzustellen und an jeder Stelle im Haus oder im Freien verwendbar.

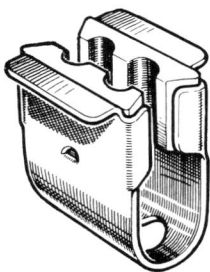

Ein Klemmblöckchen, das man in den Schraubstock einspannen kann. Auf diese Weise wird die Nabenachse unverrückbar eingeklemmt, und da das Material des Blöckchens sehr weich ist, kann das Gewinde der Achse nicht beschädigt werden. Ein praktisches Hilfsmittel zur richtigen Einstellung der Nabenlager. Auch dieses Werkzeug ist ein Produkt des französischen Herstellers VAR.

Kapitel 17

Noch mehr Fahrräder und Zubehör

Wir haben uns bis jetzt eingehend mit den Renn- und Supersporträdern beschäftigt, und zum Schluß dieses Buches erschien es wohl angebracht, anderen Modellen und Arten von Zweirädern noch ein Kapitel zu widmen, denn es dürfte klar sein, daß wir unter dem Thema Renn- und Supersporträder nicht alles behandeln konnten.

Entfernungsmessung

Viele Radfahrer möchten auch gerne wissen, wieviele Kilometer sie zurückgelegt haben. Das war schon immer so, und seit vielen Jahren hat man die zurückgelegte Strekke mit Hilfe eines Kilometerzählers gemessen.

Das Bahnrennrad. Superleicht und ohne Gangschaltung und Bremsen. Die Laufräder haben meist nur 28 Speichen, zuweilen sogar nur 24.

Ein Spezialfahrrad für Zeitrennen. Beachten Sie den Speziallenker und die Vorderradgabel. Diese Gabel kann so aussehen, weil das Vorderrad einen kleineren Durchmesser hat, als das Hinterrad. Die Verkabelung ist in den Rohren versenkt. Der Schalthebel des hinteren Umwerfers befindet sich auf dem Unterrohr, wodurch der Luftwiderstand verringert wird.

So ein Kilometerzähler bestand aus einem emsig tickenden Nocken, der an einer Speiche befestigt war und dem Zahnrad des Zählers bei jeder Radumdrehung einen leichten Stoß versetzte, durch den das Zählerwerk die Entfernung anzeigte. Dieses Geticke wurde später durch eine Rolle behoben, die an der Nabe befestigt wurde und die das Zählerwerk über einen Keilriemen antrieb. Das Ticken änderte sich also in ein leichtes Surren, im übrigen wurde die Entfernung in gleicher Weise gemessen.

Die Wirkungsweise dieses Kilometerzählers, auch die der neueren elektronischen Geräte, beruht auf der Messung des Vorderraddurchmessers. Die zurückgelegte Strek-ke entspricht „pi" mal dem Durchmesser. Pi ist ein konstanter Wert (3,1415), und nur der Raddurchmesser kann unterschiedlich sein. Wenn Sie nun den Raddurchmesser ganz genau bestimmen wollen, dann geschieht das folgendermaßen:

Sie messen präzise den Abstand zwischen der Achsenmitte und dem Boden. Das wird gemessen, wenn der Fahrer auf seinem Rad sitzt. Die gemessene Zahl wird verdoppelt, und damit hat man den Raddurchmesser ermittelt, wie er auch in der Praxis während des Fahrens gilt.

Mißt man statt dessen nur den Außendurchmesser des Laufrades eines unbesetzten Fahrrades, dann erhält man eine im Ver-

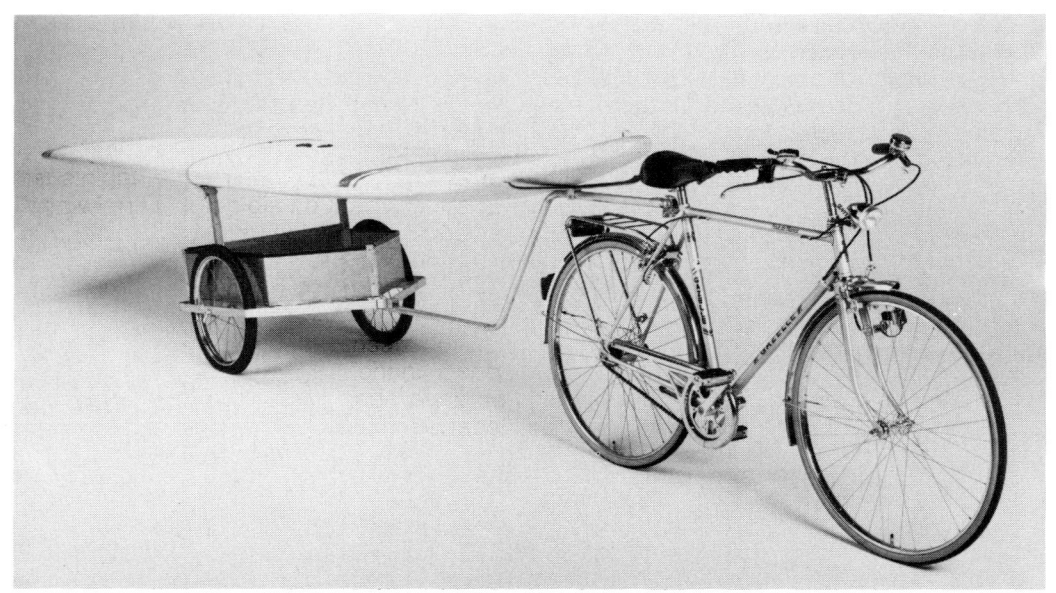

Wieder ein flottes Tandem für größere Tourenfahrten. Dieses Tandem eignet sich für beiderlei Geschlechter, vorn wie hinten, aber es braucht schon geübte Radfahrer.

Auch Gepäcktransport hinter dem Fahrrad ist möglich. Hier ein leichter, praktischer „Allesbeförderer".

Das Steherrad für Rennen hinter schweren Motorrädern. Beachten Sie das kleine Vorderrad und die nach hinten gebogene Vorderradgabel. Alles wurde so entworfen, damit der Fahrer seinem Schrittmacher auf den Fersen bleiben und dessen Windschutz nach bester Möglichkeit ausnutzen kann. Wegen der großen Geschwindigkeiten ist eine besonders große Übersetzung erforderlich, das erkennt man schon an der Größe des Kettenblattes.

Ein Supersport-Tandem. Zu zweit kann man nicht nur tanzen, das gemeinsame Radfahren macht gewiß ebensoviel Vergnügen.

gleich zur Wirklichkeit viel zu große Zahl. In der Zeichnung ist A der Außendurchmesser des Laufrades, aber der richtige Abstand, mit dem wir rechnen müssen, ist B multipliziert mit 2. Nachdem der richtige Arbeitsdurchmesser bestimmt wurde, kann man die Anzeige auf dem Kilometerzähler (für z. B. 27 oder 28 Zoll) durch eine geringfügige Korrektur an den tatsächlichen Durchmesser anpassen, denn es wäre schon ein großer Zufall, wenn der Abstand von 2 × B ganz genau 27 oder 28 Zoll wäre.

Fahrradtransport

Nachdem wir die heimatliche Umgebung allmählich in- und auswendig kennengelernt haben, erwacht das Fernweh. Jetzt erweist es sich als notwendig, das Fahrrad zu transportieren; auch zum Urlaub in fernen Landen muß das Fahrrad ja irgendwie mitgenommen werden können.

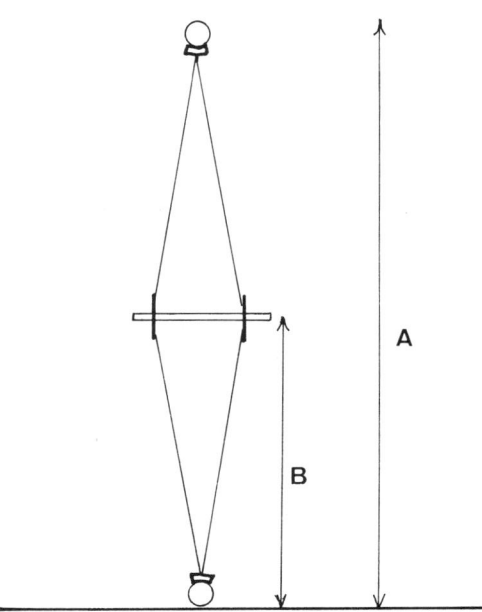

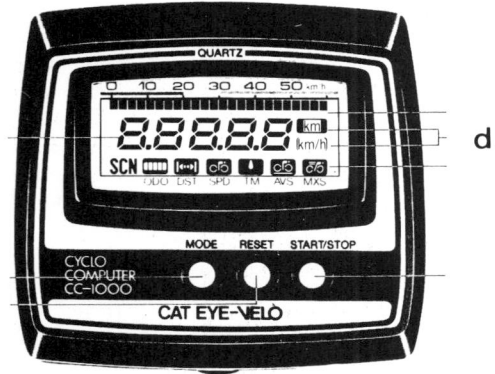

Ein Fahrradcomputer mit vielerlei Möglichkeiten:
a. der Sensorring, der auf dem Vorderrad befestigt wird;
b. der Abtaster, der dem eigentlichen Computer (d) das Signal durchgibt. Der Computer ist mit einem Bügel (c) auf dem Lenker befestigt. Der Bügel läßt sich mühelos abnehmen, so daß man den Computer bei einer Rast in die Tasche stecken kann, damit er nicht geklaut wird.
Der Computer liefert die folgenden Informationen: insgesamt zurückgelegte Kilometerzahl und die gefahrene Strecke seit der letzten Messung, Geschwindigkeit, Durchschnitts- und erreichte Spitzengeschwindigkeit, Zeit und wielange man schon unterwegs ist. Zwei kleine 1,5-V-Batterien liefern die Spannung.

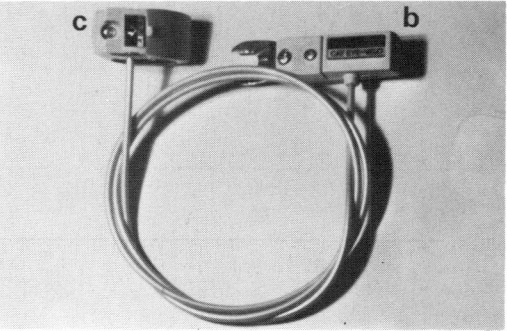

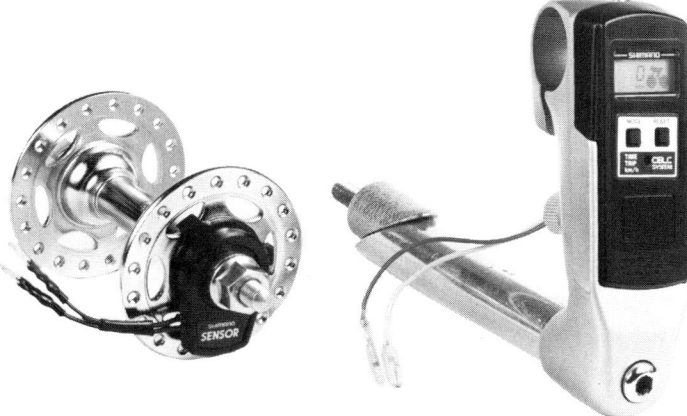

Dies ist das Modell Velover von Motobecane. Der Rahmen ist federnd ausgeführt und die Reifen sind extra breit, so daß man bequem über wellige Sandwege fahren kann. Die sechs Gänge sind „vorwählbar", so daß einem Fehlschalten vorgebeugt ist. Mit Vorder- und Hintergepäckträger ist es zugleich ein Einkaufsrad, das aufgrund seiner niedrigen Aufsteigehöhe für Männer, Frauen, Jungen und Mädchen verwendbar ist. Ein echtes Familienrad.

Noch ein hübscher Fahrradcomputer, der im Lenkerschaft eingebaut ist. Auch hier ein Sensorring und ein Abtaster.
Dieses Gerät liefert die folgenden Informationen:
Fahrgeschwindigkeit, zurückgelegte Strecke und Fahrtdauer. Auch hier wieder Stromversorgung durch Batterien, obwohl dieser Computer sich auch schon für eine Sonnenzelle eignet, die die Batterie überflüssig macht.
Kurz gesagt: auch die moderne Elektronik, die Chips und Mikroprozessoren tragen zur Vervollkommnung des Fahrradvergnügens bei.

Das kann auf dreierlei Weise geschehen, nämlich auf dem Autodach oder auf dem Kofferraum oder, wie man es gegenwärtig oft sieht, auf einem Spezialständer, der auf der Anhängerkupplung des Autos befestigt wird. Wenn wir das Fahrrad auf diese Weise transportieren, dann steht der Kofferraum für das Gepäck und das Wageninnere für die Mitfahrenden zur Verfügung.

Damit wären wir am Ende dieses Buches angelangt, aber mit dem Ende des Buches soll der Freude am Radfahren einer neuer Anfang gesetzt werden.

Ein Redeo-cycle mit Rücktrittbremse. Eine Kreuzung zwischen dem Skateboard und dem Einrad. Das Fahren mit diesem Rad setzt einige Geschicklichkeit voraus, aber man kann mit ihm sowohl Konditionstraining betreiben als auch zugleich damit im Haus bleiben.

Ein experimentelles Fahrrad von Batavus zum Erhalt einer größeren egronomischen Rentabilität und eines geringeren Luftwiderstandes. Man sucht immer weiter nach Modellen, die das Radfahren im Bezug auf die menschliche Muskelkraft wirtschaftlicher machen.

Der Transportständer von Gazelle.

Der Kofferraumträger von Alu-gang.

171

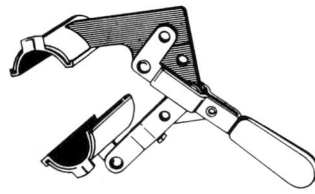

Schematische Zeichnung des Dachträgers von Tecx mit der speziellen Schnellverschlußklemme.

Das Auto steht bereit . . ., das Rad auf dem Ständer . . ., fertig zur Abfahrt in eine verlockende Radfahrgegend oder zu einem anspruchsvollen Wettbewerb.

Ich hoffe, daß der Inhalt dieses Buches dem Leser, gleich ob er nur zur Erholung oder aus sportlichen Gründen radfährt, das nötige Selbstvertrauen vermitteln wird, um sein Fahrrad zu 100% zu genießen. Das Fahrrad sollte jetzt keine Geheimnisse mehr haben.

Dieses Rennrad wurde speziell für Damen entwikkelt. Die meisten Frauen, die auf einem leichtgewichtigen Renn- oder Supersportrad fahren wollen, entscheiden sich für ein Herrenfahrrad. Aber bei gleicher Körperlänge von Mann und Frau hat die Frau nun einmal die längeren Beine. Bei diesem Fahrrad hat man bei der Bestimmung der Maßverhältnisse die abweichende Beinlänge der Frauen berücksichtigt.

Übersetzungstabelle

Die Zahlen in dieser Tabelle geben die Größe der Übersetzung wieder. Dividiert man die Zähnezahl des vorderen Kettenblattes durch die Zähnezahl des Ritzels, und multipliziert man das Ergebnis dann mit 27, so erhält man die Übersetzung. Je größer die Zahl ist, desto schwerer ist die Übersetzung; je kleiner, desto leichter.

Beispiel: vorn 53 Zähne und hinten 14 Zähne.

Die Übersetzung ist dann $\frac{53}{14} \times 27 = 102{,}2$.

Zähnezahl hinten

B	12	13	14	15	16	17	18	19	20	21	22	23	24	25	26	27	28	29	30	
28	63,0	58,1	54,0	50,4	47,2	44,4	42,0	39,7	37,8	36,0	34,3	32,8	31,5	30,2	29,0	28,0	27,0	26,0	25,2	28
29	65,2	60,2	55,9	52,2	48,9	46	43,5	41,2	39,1	37,2	35,5	34	32,6	31,3	30,1	29,0	28,3	27,0	26,1	29
30	67,5	62,3	57,7	54,0	50,6	47,6	45,0	42,6	40,5	38,5	36,8	35,2	33,7	32,4	31,1	30,0	28,9	27,9	27	30
31	69,7	64,3	59,7	55,8	52,3	49,2	46,5	44	41,8	39,8	38	36,4	34,8	33,4	32,1	31,0	29,8	28,8	27,9	31
32	72,0	66,4	61,7	57,6	54,0	50,8	48,0	45,4	43,2	41,1	39,2	37,5	36,0	45,5	33,2	32,0	30,8	29,7	28,8	32
33	74,2	68,5	63,6	59,4	55,6	52,4	49,5	46,8	44,5	42,4	40,5	38,7	37,1	35,6	34,2	33,0	31,8	30,7	29,7	33
34	76,5	70,6	65,5	61,2	57,3	54,0	51,0	48,3	45,9	43,7	41,7	39,9	38,2	36,7	35,3	34,0	32,7	31,6	30,6	34
35	78,8	71,9	67,5	63,0	59,0	55,5	52,5	49,2	47,2	45,0	42,9	41,0	39,3	37,8	36,3	35,0	33,7	32,5	31,5	35
36	81,0	74,7	69,4	64,8	60,7	57,1	54,0	51,1	48,6	46,2	44,1	42,2	40,5	38,8	37,3	36,0	34,7	33,5	32,4	36
37	83,2	76,8	71,3	66,6	62,4	58,7	55,5	52,5	50,0	47,5	45,8	43,4	41,6	40,0	38,4	37,0	35,6	34,4	33,3	37
38	85,5	78,9	73,2	65,0	64,1	60,3	57,0	54,0	51,3	48,8	46,6	44,6	42,7	41,0	39,4	38,0	36,6	35,3	34,2	38
39	87,7	81,0	75,2	70,2	65,8	61,9	58,5	55,4	52,6	50,1	47,9	45,8	43,9	42,1	40,5	39,0	37,6	36,3	35,1	39
40	90,0	83,0	77,1	72,0	67,5	63,5	60,0	56,8	54,0	51,4	49,1	47,0	45,0	43,2	41,5	40,0	38,6	37,2	36,0	40
41	92,2	85,1	79,0	73,8	69,1	65,1	61,5	58,2	55,3	52,7	50,3	48,1	46,1	44,2	42,4	41,0	39,5	38,1	36,9	41
42	94,5	87,2	81,0	75,6	70,8	66,7	63,0	59,6	56,7	54,0	51,5	49,3	47,2	45,3	43,6	42,0	40,5	39,1	37,8	42
43	96,7	89,3	82,9	77,4	72,5	68,2	64,4	61,1	58,1	55,2	52,8	50,4	48,3	46,4	44,6	43,0	41,4	40,0	38,7	43
44	99,0	91,3	84,9	72,9	74,3	69,9	66,0	62,5	59,4	56,6	54,0	51,6	49,5	47,5	45,7	44,0	42,4	40,9	39,6	44
45	101,2	93,4	86,7	81,0	76,0	71,5	67,5	64,0	60,8	57,9	55,2	52,8	50,7	48,6	46,7	45,0	43,4	41,8	40,5	45
46	103,5	95,5	88,7	82,8	77,6	73,1	69,0	65,4	62,1	59,1	56,5	54,0	51,8	49,7	47,8	46,0	44,4	42,8	41,4	46
47	105,7	97,6	90,6	84,6	79,3	74,6	70,5	66,8	63,4	60,4	57,6	55,2	52,9	50,8	48,8	47,0	45,3	43,4	42,3	47
48	108,0	99,2	93,6	86,4	81,0	76,2	72,0	68,2	64,8	61,7	58,5	56,3	54,0	51,8	49,9	48,0	46,5	44,6	43,2	48
49	110,2	101,7	94,5	88,2	82,7	77,8	73,5	69,6	66,2	63,0	60,1	57,5	55,1	52,9	50,9	49,0	47,2	45,6	44,1	49
50	112,5	103,8	96,4	90,0	84,4	79,4	75,0	71,0	67,5	64,4	61,4	58,7	56,3	54,0	51,9	50,0	48,2	46,5	45,0	50
51	114,7	105,3	98,4	91,8	86,1	81,0	76,5	72,5	68,8	65,6	62,6	59,9	57,4	55,1	53,0	51,0	49,2	47,4	45,9	51
52	117,0	108,0	100,3	93,6	87,8	82,6	78,0	73,9	70,2	66,9	63,8	61,0	58,5	56,2	54,0	52,0	50,1	48,4	46,8	52
53	119,1	110,0	102,2	95,4	89,4	84,1	79,5	75,3	71,5	68,1	65,0	62,2	59,6	57,2	55,0	53,0	51,5	49,3	47,7	53
54	121,5	112,1	104,1	97,2	91,1	85,8	81,0	76,7	72,9	69,4	66,2	63,3	60,7	58,3	56,0	54,0	52,0	50,2	48,6	54
55	123,7	114,2	106,0	99,0	92,8	87,3	82,5	78,1	74,2	70,7	67,5	64,5	61,8	59,4	57,1	55,0	53,0	51,2	49,5	55
56	126,0	116,3	108,0	100,8	94,5	88,9	84,0	79,0	75,6	72,0	68,7	65,7	63,0	60,4	58,1	56,0	54,0	52,1	50,4	56
	12	13	14	15	16	17	18	19	20	21	22	23	24	25	26	27	28	29	30	

(Linke Randbeschriftung: Zähnezahl vorn)

Betrachten wir beide Tabellen zusammen, dann sehen wir:

A. Zu einer großen Übersetzung gehört eine schwere Entfaltung. Zu einer kleinen Übersetzung gehört eine leichte Entfaltung.

B. Eine schwere Übersetzung ergibt eine große Entfaltung. Eine leichte Übersetzung ergibt eine kleine Entfaltung.

C. Von den 10 oder 15 Übersetzungen des modernen Renn- oder Sportrades werden einige einander gleich sein. Man kann diesen Nachteil umgehen, indem man einen Zahnkranz zusammenstellt, der die erforderlichen Varianten ergibt.

Entfaltungstabelle

Unter Entfaltung versteht man den in Metern zurückgelegten Weg bei einer vollständigen Umdrehung des vorderen Kettenblattes. Je größer die Zahl in dieser Tabelle ist, desto größer oder schwerer ist die Entfaltung. Ausschlaggebend für die Berechnung in dieser Tabelle ist der Durchmesser des Laufrades **mit** Reifen. Im allgemeinen kann man davon ausgehen, daß der Raddurchmesser 27 englische Zoll oder ungefähr 700 mm ist; Abweichungen gibt es natürlich.

Unsere Tabelle geht von einem Raddurchmesser von 680 mm aus.

Beispiel:
Wie groß ist die Entfaltung bei: vorn 53 Zähnen und hinten 14 Zähnen?

Berechnung: Ein Rad mit 680 mm Durchmesser hat einen Umfang von
$\times d = 22/7 \times 680$ mm $= 213,7$ cm.

Die Entfaltung ist dann $\frac{53}{14} \times 2,137 = 8,09$.

Durch Abrunden kann es zu Abweichungen von $\pm 0,01$ bis 0,02 mm kommen.

Zähnezahl hinten

	12	13	14	15	16	17	18	19	20	21	22	23	24	25	26	27	28	29	30	
28	4,98	4,59	4,27	3,98	3,75	3,51	3,32	3,14	2,99	2,84	2,71	2,60	2,48	2,39	2,30	2,21	2,13	2,06	1,99	28
29	5,14	4,76	4,42	4,12	3,88	3,64	3,44	3,25	3,09	2,94	2,81	2,68	2,57	2,47	2,38	2,29	2,21	2,13	2,06	29
30	5,34	4,92	4,58	4,27	4,01	3,77	3,56	3,36	3,20	3,05	2,91	2,76	2,68	2,55	2,46	2,36	2,29	2,20	2,13	30
31	5,51	5,08	4,73	4,41	4,14	3,89	3,68	3,48	3,31	3,15	3,01	2,84	2,75	2,64	2,54	2,44	2,36	2,28	2,21	31
32	5,69	5,24	4,89	4,55	4,27	4,02	3,80	3,59	3,41	3,25	3,10	2,92	2,84	2,72	2,62	2,52	2,44	2,35	2,28	32
33	5,87	5,41	5,04	4,69	4,40	4,14	3,92	3,71	3,52	3,35	3,20	3,00	2,93	2,81	2,71	2,60	2,52	2,42	2,35	33
34	6,04	5,57	5,19	4,84	4,53	4,27	4,04	3,83	3,63	3,45	3,29	3,09	3,02	2,90	2,79	2,69	2,60	2,49	2,42	34
35	6,22	5,74	5,34	4,98	4,67	4,40	4,16	3,94	3,75	3,56	3,39	3,17	3,11	2,99	2,87	2,76	2,68	2,57	2,48	35
36	6,40	5,90	5,49	5,12	4,80	4,53	4,27	4,05	3,85	3,66	3,49	3,25	3,20	3,08	2,95	2,84	2,75	2,64	2,56	36
37	6,58	6,07	5,75	5,27	4,93	4,65	4,38	4,16	3,95	3,76	3,59	3,34	3,29	3,17	3,03	2,92	2,83	2,72	2,63	37
38	6,77	6,23	5,80	5,41	5,07	4,78	4,50	4,27	4,06	3,86	3,70	3,42	3,38	3,25	3,11	3,00	2,90	2,79	2,70	38
39	6,94	6,40	5,94	5,55	5,21	4,90	4,62	4,38	4,16	3,96	3,79	3,62	3,47	3,33	3,20	3,08	2,97	2,86	2,77	39
40	7,12	6,57	6,10	5,69	5,34	5,02	4,74	4,50	4,27	4,07	3,88	3,71	3,56	3,42	3,28	3,16	3,05	2,94	2,84	40
41	7,30	6,73	6,25	5,84	5,47	5,15	4,86	4,61	4,37	4,17	3,98	3,80	3,64	3,50	3,36	3,24	3,13	3,01	2,92	41
42	7,47	6,90	6,40	5,98	5,60	5,27	4,98	4,72	4,48	4,27	4,07	3,90	3,75	3,58	3,45	3,32	3,20	3,08	2,99	42
43	7,65	7,06	6,56	6,12	5,74	5,40	5,10	4,83	4,59	4,37	4,17	3,98	3,82	3,67	3,53	3,40	3,28	3,16	3,06	43
44	7,83	7,23	6,71	6,26	5,87	5,52	5,22	4,94	4,70	4,47	4,27	4,08	3,91	3,76	3,61	3,48	3,36	3,24	3,13	44
45	8,01	7,39	6,86	6,40	6,00	5,65	5,34	5,05	4,80	4,57	4,37	4,18	4,00	3,84	3,69	3,56	3,43	3,31	3,20	45
46	8,18	7,55	7,01	6,55	6,14	5,78	5,45	5,17	4,91	4,67	4,46	4,27	4,09	3,93	3,78	3,64	3,51	3,39	3,28	46
47	8,36	7,72	7,17	6,69	6,27	5,90	5,57	5,28	5,02	4,78	4,56	4,36	4,18	4,01	3,86	3,72	3,59	3,46	3,35	47
48	8,54	7,88	7,32	6,83	6,40	6,03	5,69	5,39	5,12	4,88	4,66	4,45	4,27	4,10	3,94	3,80	3,66	3,53	3,42	48
49	8,72	8,05	7,47	6,97	6,54	6,15	5,81	5,50	5,23	4,98	4,75	4,55	4,36	4,18	4,02	3,87	3,75	3,60	3,49	49
50	8,90	8,21	7,63	7,12	6,67	6,28	5,93	5,62	5,34	5,08	4,85	4,64	4,45	4,27	4,10	3,95	3,82	3,68	3,56	50
51	9,07	8,38	7,78	7,26	6,81	6,40	6,05	5,73	5,44	5,18	4,95	4,73	4,54	4,35	4,19	4,03	3,89	3,75	3,63	51
52	9,25	8,54	7,93	7,40	6,94	6,53	6,17	5,84	5,55	5,29	5,04	4,83	4,62	4,44	4,27	4,11	3,97	3,82	3,70	52
53	9,43	8,70	8,08	7,54	7,07	6,66	6,29	5,95	5,66	5,39	5,14	4,92	4,71	4,52	4,35	4,19	4,04	3,90	3,77	53
54	9,61	8,87	8,23	7,69	7,20	6,78	6,40	6,07	5,76	5,49	5,24	5,01	4,80	4,61	4,43	4,27	4,12	3,97	3,85	54
55	9,78	9,03	8,39	7,83	7,33	6,90	6,52	6,16	5,87	5,59	5,34	5,10	4,89	4,70	4,51	4,34	4,19	4,04	3,92	55
56	9,97	9,20	8,54	7,97	7,47	7,03	6,64	6,29	5,98	5,69	5,43	5,20	4,98	4,78	4,59	4,42	4,27	4,12	3,98	56
	12	13	14	15	16	17	18	19	20	21	22	23	24	25	26	27	28	29	30	

Zähnezahl vorn

Fahrräder –
Technik · Pflege · Zubehör

Mein Fahrrad
Vom Umgang mit Fahrrädern. Von Siegfried Rauch

Radfahren ist „in". Wer heute ein Fahrrad kauft, möchte beraten sein.
Welches Modell aus der großen Vielfalt des Angebots
ist für seine Verhältnisse und Absichten das Richtige?
Um das beurteilen zu können, muß man jedoch ein wenig mehr mit der
Technik vertraut sein, man muß wissen, welche Unterschiede zwischen
Touren- und
Sportmodellen,
zwischen einem
Rennsport- und
einem Rennrad
bestehen.
Dieses Buch
gibt erschöpfend
Auskunft und
ist ein zuver-
lässiger Berater.

**168 Seiten,
163 Abbildungen,
gebunden
DM 25,–**

Postfach 13 70 · 7000 Stuttgart 1

Fahrrad-Touren – Abenteuer auf 2 Rädern

Außergewöhnliche Fahrrad-Touren
Vorbereitung, Ausrüstung, Routen
Von Thomas Schulz

Die äußerst lebendigen Routenvorschläge richten sich weniger an Sonntags-Radler und Klapprad-Besitzer als an bereits leidenschaftliche Radfahrer. Zwölf mitreißende Schilderungen selbst erfahrener Radtouren durch Europa beweisen, wie aufregend und unvergeßlich Rad-Wanderungen auch heute noch sein können.
232 Seiten, 117 Abb., 12 Karten Großformat, broschiert, DM 29,–

Auf zwei Fahrrädern ans Ende der Welt
Von Alain Guigny

Nachdem Alain Guigny schon einmal im Alleingang die Erde mit dem Fahrrad umrundet hat, beschließt er, erneut auf Fahrt zu gehen; diesmal zusammen mit seiner Gefährtin. Beide verlassen Frankreich im Juli 1980, um in drei Jahren 50 000 km in die Pedale zu treten – quer durch Mittel- und Südamerika, nach Japan, China, Rußland.
256 Seiten, 49 Abb., davon 20 farbig gebunden, DM 39,–

Der Verlag für Abenteuer

Postfach 13 70 · 7000 Stuttgart 1